私たちが描く新地域支援事業の姿

地域で助け合いを広める鍵と方策

編著
堀田　力（公益財団法人さわやか福祉財団会長）
服部真治（医療経済研究機構研究員）

中央法規

編著者紹介

堀田　力（ほった　つとむ）

●公益財団法人さわやか福祉財団　会長・弁護士

1961年、検事任官。東京地検特捜部検事、法務大臣官房人事課長、法務大臣官房長などを歴任後、1991年、定年を待たずにボランティアの世界へ転身。さわやか福祉財団を拠点として、新しいふれあい社会づくりの実現（互助・共助の拡大）に向け市民活動、社会活動を展開。現在は新地域支援事業における住民主体の助け合いのある地域づくりを全国へ精力的に働きかけている。

高齢者介護研究会座長（2003年、厚生労働省）、24時間地域巡回型訪問サービスのあり方検討会座長（2010～2011年、厚生労働省）、東京都社会福祉協議会会長（2001～2005年）などを歴任。

服部　真治（はっとり　しんじ）

●一般財団法人　医療経済研究・社会保険福祉協会
医療経済研究機構　研究部研究員　兼　研究総務部次長

1996年、東京都八王子市入庁。2005年より健康福祉部介護サービス課。その後、介護保険課主査、財政課主査、高齢者支援課課長補佐、高齢者いきいき課課長補佐を経て、2014年より厚生労働省老健局総務課・介護保険計画課・振興課併任課長補佐。2016年より現職。

老健局では新しい総合事業のガイドラインの作成から普及までを一貫して担当。さわやか福祉財団主催「新しい地域支援のあり方を考えるフォーラム」（総称）でも全国で講演を行った。

左から堀田、服部

はじめに

何をするか、答えを持っているのは住民

公益財団法人さわやか福祉財団　会長　堀田　力

「あなたの任務は助け合いを創り出すことである」と言われたら、私はひるんだと思います。

57歳で検事を辞めてから25年間、私は助け合いを創り出すことに専念してきました。辞めてすぐに「さわやか福祉財団」の基となる任意団体を設立、「新しいふれあい社会の創造」を旗印にして、全国の仲間たちと頑張ってきました。厳しい事態にも遭いましたが、楽しい毎日でした。今も楽しく、いきいきしています。けれども、それが任務だと言われたら、大丈夫かなと考えてしまいます。いつできるかの見通しが立たないだけでなく、どう創り出して良いかのマニュアルもないからです。

だから、はじめて生活支援コーディネーターに任命された多くの方々が、「私は何をすれば良いのでしょうか」と戸惑われ、彼ら、彼女らをバックアップする行政の担当官たちも、「さて、何をしてもらえば良いのでしょうか」と戸惑っておられるのも、当然のことだと思います。

しかし、もうやるしかないのです。地域の高齢者や困っている方々が、もっと元気に、最期までその人らしく暮らしていただくために。この本は、生活支援コーディネーターあるいは協議体構成員に選ばれて、この難しい任務をどうにか果たしたいという義務感に責められている良心的な方々の心に寄り添いたいと願ってつくりました。その任務の難しさを直視して、素直に、迷いなくこれに取り組んでいけるようになって欲しいのです。だから、その任務が持つ多くの課題をありのままに語り合い、解決の方向を探りました。ガイドラインのように、型を決めて提示する本でもなければ、行政の提示する型に当てはめて事を運ぶためのハウツー本でもありません。この任務の持つ奥深さに立ち向かい、先の見えない道を拓いていくために自ら考えていただくための情報を提供する本なのです。

ここまで読んで、もうややこしい任務は返上しような

ど思わないで下さい。

　この任務は、本気で取り組めば、とてつもなく元気が出てくる、いきがいとやりがいに満ちた任務です。では、難しく重いと感じる任務を活力ある任務に転換するにはどうすれば良いのでしょうか。それは、任務を忘れることです。任務として取り組む意識を捨てて、住民とつながり、その助け合いの心を引き出し、一緒に新しい社会と新しい幸せを創り出す喜びを実感すると、心も身体も自然に動き出します。どうすれば良いのかわからないことだらけだった任務に、すっと1本の道が浮かび上がってきます。実は、答えは単純なのです。

「何をするか、それを決めるのは住民だから、住民に聞こう」

　それが答えです。

　この本で本心をさらけ出して語り合った服部真治さんは、八王子市役所から見込まれて厚生労働省に移り、「助け合い」をもって「給付」に代えるという、過去に例を見ない制度の立案、実現とその実施を実務上の責任者として担当された貴重な実体験者であり、助け合いの真髄を頭とハートで理解されている人物です。その服部さんとの率直な対話から、ぜひ、住民主体で助け合いを創り出す作業をやりやすくしたいという心意気を感じ取って下さい。住民が楽しくやること、そしてあなたもそれを楽しむことが、この任務成功の鍵です。

　本書中のコラムは、さわやか福祉財団で民間、住民主体の立場からこの事業に取り組んでいる理事長と職員たちが書いてくれました。Ｐ２２４にその顔写真を紹介しています。いつでも手弁当で市区町村の事業に協力したいと願っている面々です。活用して下さい。

はじめに
助け合いの創出は、行政と住民の協働で

医療経済研究機構　研究員　　服部　真治

最近、「新しい総合事業を最も理想的に実施している市区町村を教えて欲しい」と尋ねられることが多くなってきました。新しい総合事業への移行期限は平成29年4月。移行まであと1年を切って、できるだけ効率的に移行したいというのが主な理由です。私も、もし市役所にいて、人事異動で急に新しい総合事業への移行準備を担当することになったとしたら、きっとそう考えると思います。仕事を担当する以上、責任があるからです。

しかし、私はそんな質問に対して期待されているような回答をすることができず、また、その場でその理由を簡潔に説明することもできません。私は、つい3月末まで老健局で新しい総合事業を担当していて、老健局には全国の事例が数多く集まります。それなのに、です。

そんな時に堀田先生との対談の企画が決まって、私はこの対談を、時間をかけてお答えしなければならない、その質問の回答にすることができると思いました。新しい総合事業という制度の構築普及を担当していた者が何を考え、何を目指していたのかを率直に飾らずに堀田先生にお話しすることで、その先にいる読者の皆さまにきっと届くだろうと思ったからです。

堀田先生とは、平成26年4月に老健局で新しい総合事業を担当することになって、まだ一月も経たない4月25日、福岡で初めてお会いしました。さわやか福祉財団が全国各地で開催されている「新しい地域支援のあり方を考えるフォーラム」でのことです。その時はガイドライン案を作成中で、まだまだ内容も固まっていない頃。しかし、堀田先生はすでに全国でのフォーラム開催に取り組まれていました。25年間、助け合いの創出に打ち込んでこられた堀田先生は、この事業の主体は住民にあり、住民にとってやりがいがあって何より楽しい事業ですが、だからこそ、軌道に乗せるだけでも相当な時間がかかることを誰よりもご存じでした。それから2年間、局

内の分担などのご縁もあって、何度もフォーラムでご一緒させていただきました。財団職員を除けば、おそらく私が日本一、堀田先生のお考えを伺うことができたと思います。私個人としては、生き方を見直すほどの学びをいただいて、これを得たことで私のこの本でのもう一つの狙いは、読者の皆さまにぜひ堀田先生のお考えをお伝えしたいということになりました。後からテープ起こしの原稿を見て、堀田先生にこんな失礼な質問をしていたのかとヒヤヒヤしましたが、それはこのような強い思いがあったからでした。

この本は、生活支援コーディネーターや協議体の構成員の方々、市町村の担当者や地域包括支援センター職員、さらには高齢者の生活を支える全ての方々に向けてまとめた本ですが、私は八王子市で18年間、厚生労働省で2年間、公務員をやってきましたから、私の発想はどうしても行政寄りになると思います。また、行政や公務員に対する私の発言は少し行き過ぎているところがあるかもしれません。でも、それは行政にしかできないことの重さを痛感し、しかし、だからと言って行政だけで取り組まなくてはならないわけではなく、住民や地域の様々な主体と協働できること、そして、協働の力と楽しさを知った公務員のそのいきいきとした笑顔を何度も見てきたからこその発言ということで、お許しいただけたらと思います。

「やらされ感からやりがい感、しばりから自由選択、義務感から満足感」と住民自らのまちづくりを進める上でのポイントを示していただいた平塚市の木村課長代理、「まずは現場に行って話をしましょう。必ず答えは現場にあります」と教えていただいた大垣市の篠田課長、「住民と連携して、地域の課題解決と地域づくりに取り組めることにやりがいを感じる」と意気込みを伝えてくれた小坂町の三政主事、「市民と共に考え、方針を定め、デザインを描いて、それを共有化していく」と方針を示された流山市の早川次長のほか、稲城市の石田副市長、松戸市の中沢課長、高浜市の竹内、磯村リーダー、生駒市の田中室長、苫前町の加賀谷主幹、竹田市の甲斐補佐、寒河江市の片桐補佐など、私たち担当者はここでは名前を挙げきれない本当に数多くの方々から教わることで、新しい総合事業を組み立てることができました。この場をお借りして、皆さまにお礼を申し上げます。

目次

4 生活支援コーディネーター・協議体構成員が果たすべき役割

資　料

第1部　総論

新地域支援事業とは

服部真治

1 新地域支援事業とは

1 地域支援事業の全体像

平成26年の介護保険制度改正では、消費税財源を活用して、「在宅医療・介護連携推進事業」、「認知症総合支援事業」、「地域ケア会議推進事業」、「生活支援体制整備事業」の四つの事業が地域支援事業内に新たに設けられたほか、平成24年改正で創設され、市区町村の選択により実施されてきた「介護予防・日常生活支援総合事業」を見直し、全国一律の予防給付（訪問介護・通所介護）と介護予防事業を再構成した、新しい「介護予防・日常生活支援総合事業」（以下、新しい総合事業）を全市区町村が実施することになりました**〔図表1〕**。

これらの事業は平成27年4月より実施するものですが、市区町村が条例で定める場合は、新しい総合事業は

〔図表 1〕

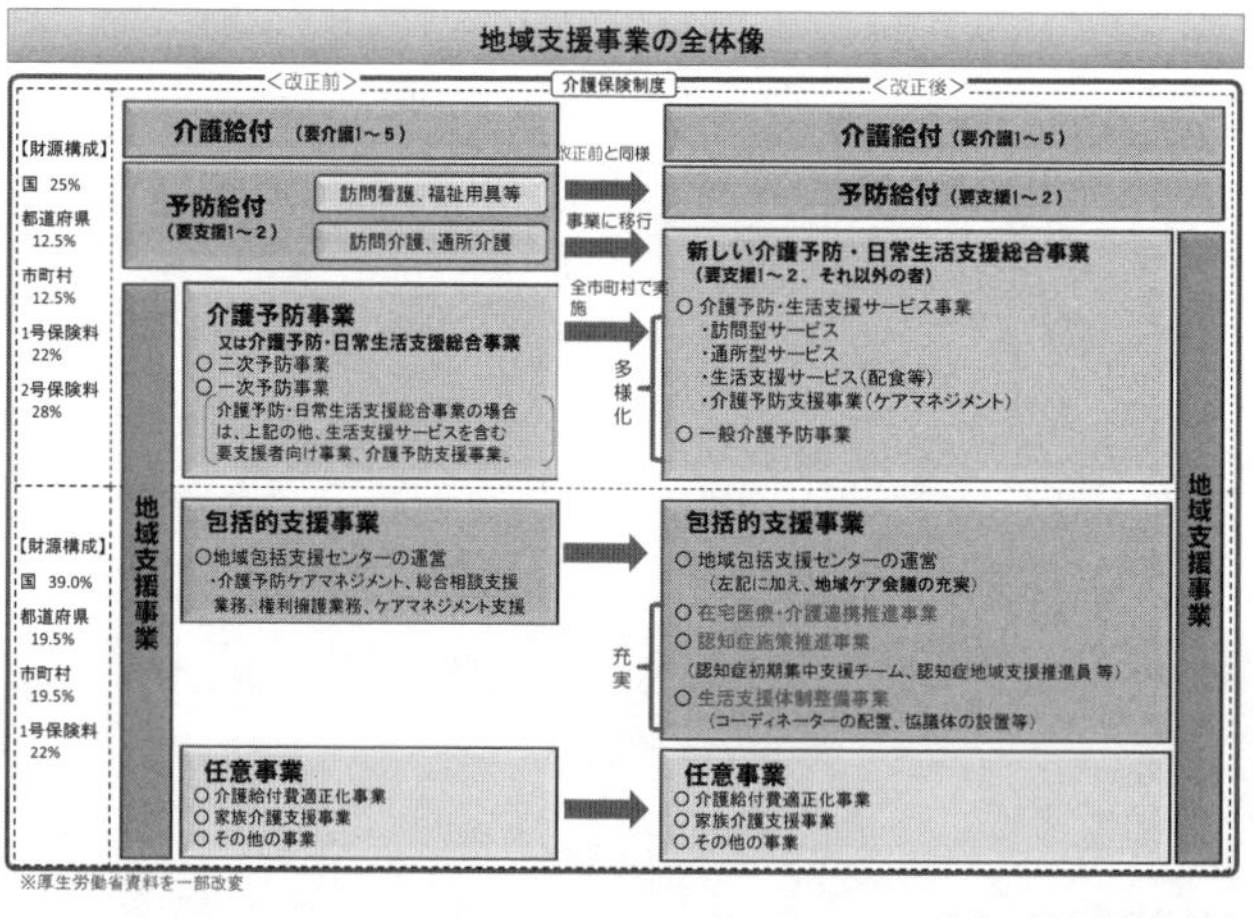

出典：厚生労働省資料

※この本では、改正により充実した地域支援事業を「新地域支援事業」と称し、そのうち、「新しい介護予防・日常生活支援総合事業」と「生活支援体制整備事業」について取り上げています。

平成29年４月、これまでも包括的支援事業で実施されていた地域ケア会議推進事業を除く３事業は平成30年４月まで猶予可能です。

２ 日本の人口ピラミッドの変化と介護人材不足

これらの改正が行われた根本的な背景には、日本の「高齢化」と「人口減少」があります。〔図表２〕は日本の人口ピラミッドを介護保険制度が創設された２０００年から、２０１４年、２０２５年、２０４０年、２０５０年、２０６０年と並べて、その変化を追ったものです。

日本の人口には二つの大きな山があります。戦後１９４７～49年に生まれた団塊の世代と、その子世代である団塊ジュニア世代（１９７１～74年生まれ）です。人口の多い世代の子世代の人口が多くなるのは当然のようですが、しかし、団塊ジュニア世代の子世代に人口の大きな山は存在しません。団塊ジュニア世代が子どもを

〔図表２〕

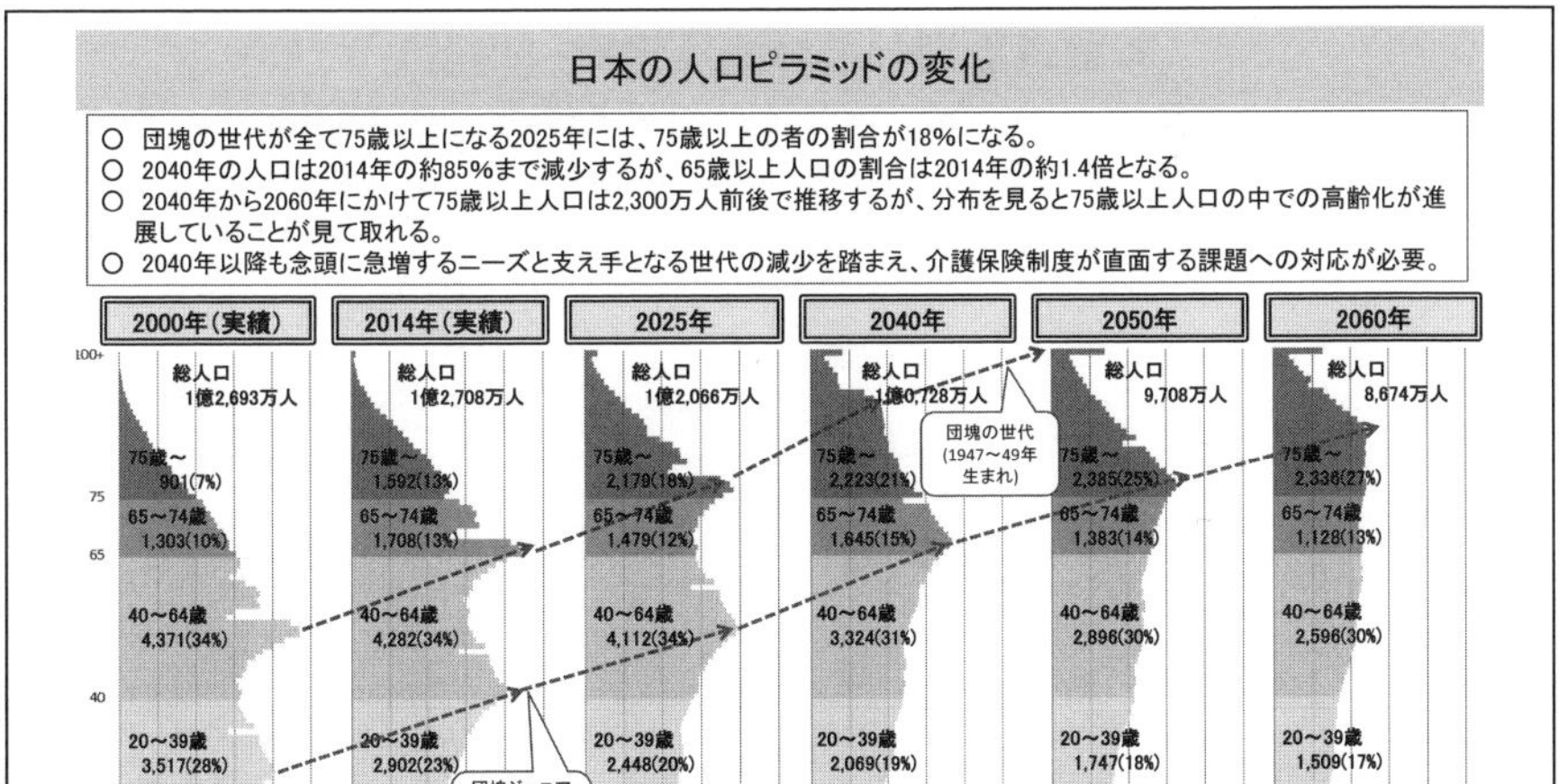

出典：厚生労働省資料

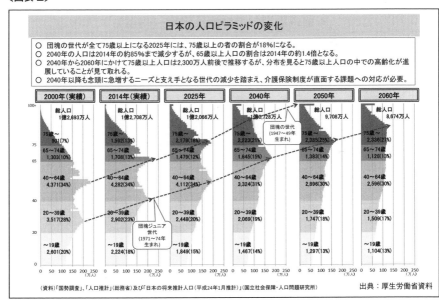

それほどつくらなかったからです。
日本は少子化の影響ですでに人口減少が始まっています。２０００年に３５１７万人いた20～39歳は２０１４年で２９０２万人に減少し、２０２５年には２４４８万人、２０６０年には１５０９万人まで減っていく推計です。０～19歳まで、40～64歳も同様に減り続けます。一方で、75歳以上は２０００年の９０１万人から、２０２５年には２１７９万人に急増、その後も２０００万人台前半で推移します。

このことは高齢者の生活に非常に深刻な影響をもたらします。**〔図表３〕**にあるように、年齢を重ねるごとに要介護認定率は上昇し、75歳以上の認定率は31％と実に３人に１人に達します。すなわち、今後、75歳以上人口の急増に伴い、要介護認定者も急増します。しかしながら、支える側の労働者人口は減り続けていき、ヘルパーなどの介護人材の確保はますます難しくなります。つまり、支えてもらいたくても支えられる人がおらず、要介護認定を受けてもサービスが使えない事態が予想されるのです。厚生労働省は、このままでは２０２５年時点で37・7万人、全体の約15％の介護人材が不足すると推計

〔図表３〕

年齢階層別の要介護認定率（推計）

○　要介護（支援）認定率は、年齢とともに上昇し、85歳～89歳では約半数が認定を受けているが、一号被保険者全体で認定を受けている率は、約18％程度である。
○　後期高齢者医療での受診率は96．9％であるのに対し、75歳以上の要介護（支援）認定率は31％となっている。

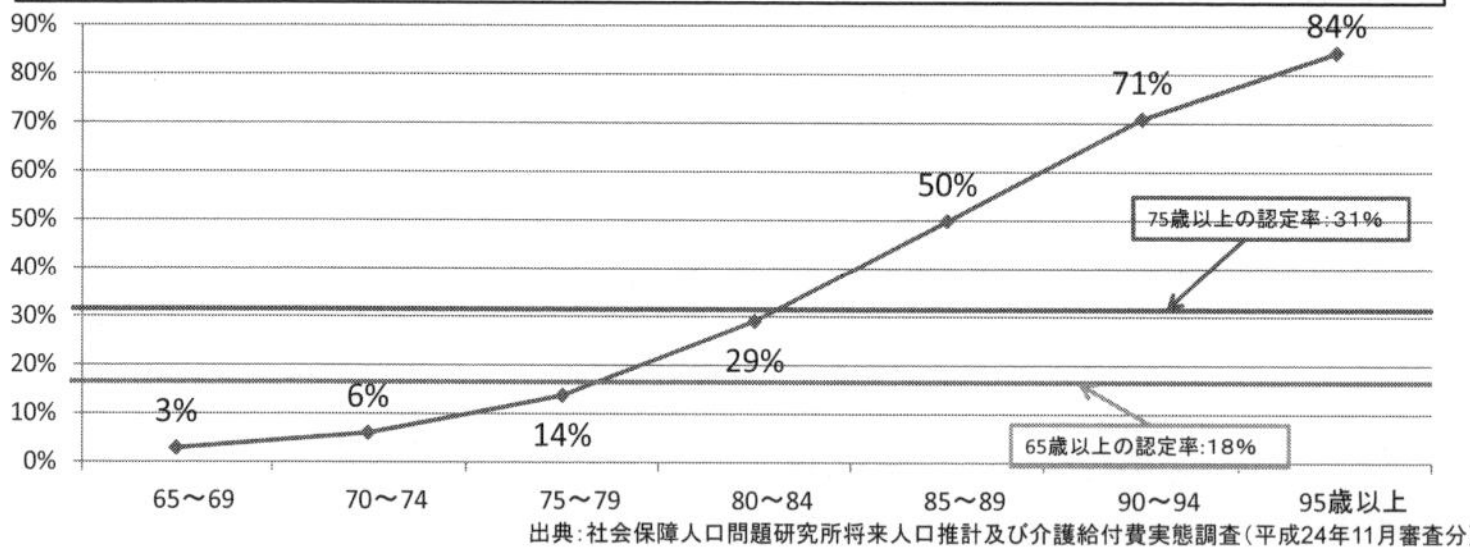

出典：社会保障人口問題研究所将来人口推計及び介護給付費実態調査（平成24年11月審査分）

【参考】平成22年度１年度間において、入院、入院外又は歯科のいずれか１医療機関以上で診療を受けた者（合計）の割合

協会（一般）	84.8%
組合健保	85.0%
国民健康保険	84.0%
後期高齢者医療	96.9%

（資料）平成22年度　医療給付実態調査

出典：厚生労働省資料

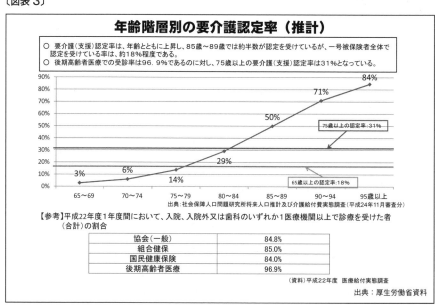

しています。

さらに、認知症高齢者は２０２５年には約７００万人と高齢者の5人に1人になり、高齢者の単身世帯や老老世帯も増加すると予測され、例えば、単身の認知症高齢者をどのように支えていくのかは大きな課題です。一方で、人口が減少するということは、購買者も納税者も減少するということです。地域経済への悪影響が懸念されるとともに、介護保険の被保険者も２０２１年をピークに減少していきますから、介護保険料は利用者の増と被保険者の減が重なることで、さらに厳しい上昇が見込まれます。もちろん、支援を受けられない人をそのまま放置できるわけではありませんから、家族で介護を担うしかないとすれば、それは介護離職を引き起こす要因となるでしょう。

なお、人口推計は悲観的な推計ではなく、確度の高いものです。仮に今後の少子化対策が順調に成果を上げたとしても、労働者人口が増えるまでには相応の年数を要しますから、団塊世代が後期高齢者となる２０２５年以降への介護人材不足の対応策としてはすでに遅すぎると言えます。

3 地域包括ケアシステムの構築と新しい総合事業

今回の地域支援事業の充実は、これらの背景を受け、地域包括ケアシステムの構築を目的に行われたものと説明されています。地域包括ケアシステムとは、慶応義塾大学の田中滋名誉教授が座長を務める地域包括ケア研究会において「ニーズに応じた住宅が提供されることを基本とした上で、生活上の安全・安心・健康を確保するために、医療や介護のみならず福祉サービスを含めた様々な生活支援サービスが日常生活の場（日常生活圏域）で適切に提供できるような地域での体制」と定義されています。

なお、介護保険法上は第5条第3項で国及び地方公共団体の努力義務として地域包括ケアの理念が規定されているほか、「持続可能な社会保障制度の確立を図るための改革の推進に関する法律（社会保障制度改革プログラム法）」の第4条第1項において「地域包括ケアシステム」は定義づけられ、社会保障制度における重要な政策目標となっています。

〔図表4〕

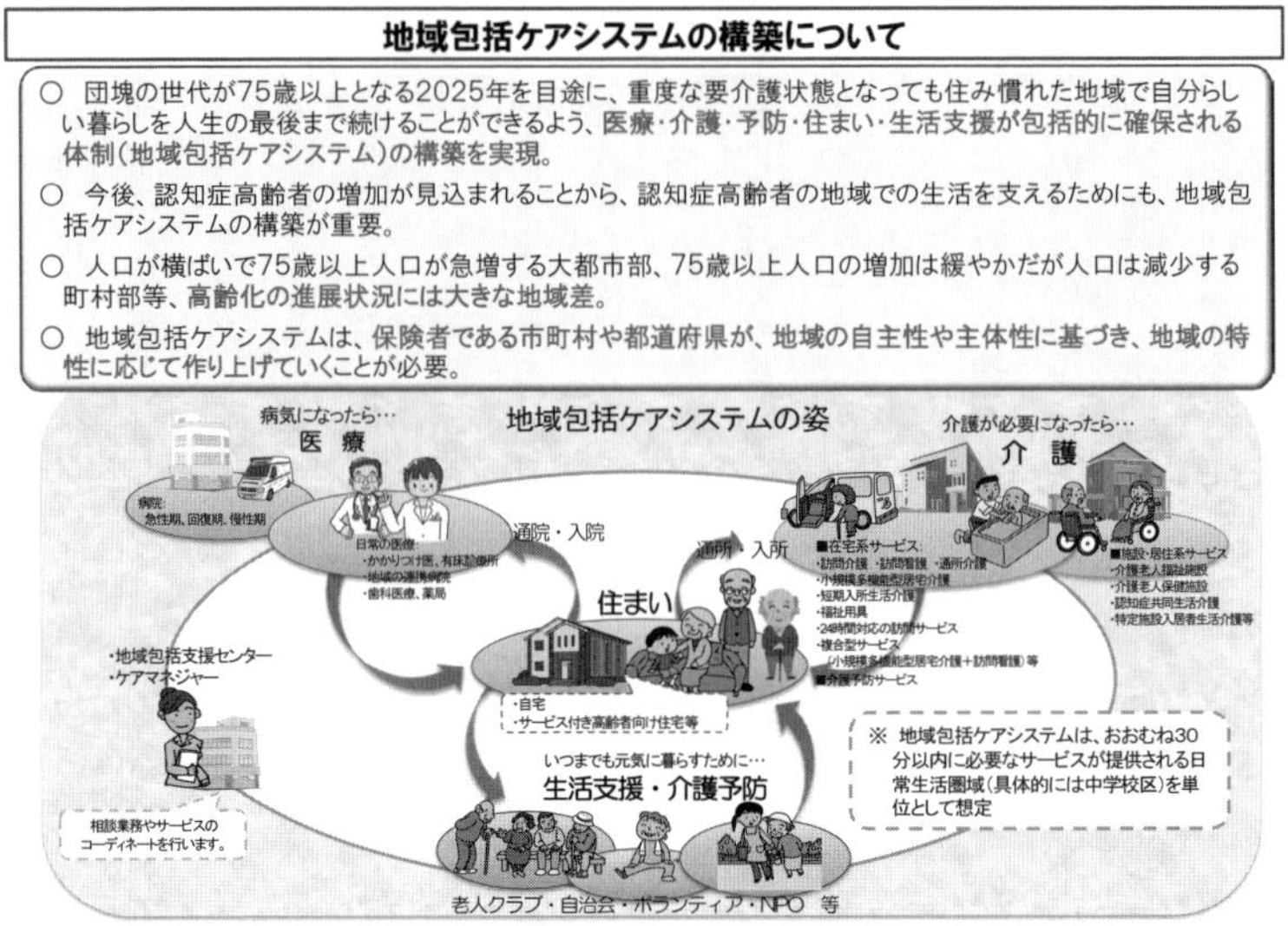

出典：厚生労働省資料

厚生労働省は〔図表4〕のように、「団塊の世代が75歳以上となる2025年を目途に、重度な要介護状態となっても住み慣れた地域で自分らしい暮らしを最後まで続けることができるよう、医療・介護・予防・住まい・生活支援が包括的に確保される体制の構築（地域包括ケアシステム）を実現」すると目標を掲げています。また、「高齢化の進展状況には大きな地域差」があり、「地域包括ケアシステムは、保険者である市区町村や都道府県が、地域の自主性や主体性に基づき、地域の特性に応じて作り上げていくことが必要」ともしています。

地域包括ケアシステムの五つの構成要素（医療、介護、予防、住まい、生活支援）の関係を理解するために、地域包括ケア研究会では植木鉢〔図表5〕に例えて説明しています。なお、この植木鉢の絵は、ある1人の住民の地域生活を支える地域包括ケアシステムの構成要素として提示されているもので、その住民が抱える課題によって「医療・看護」の葉が大きく、「保健・福祉」の葉が小さく表現される場合もあれば、「すまいとすまい方」の鉢が大きく表現される場合もあります。つまり、本来は住民の数と同じ数だけ植木鉢があるという概念ですが、ここでは地域の資源として関係を見ていきます。

この図で、「医療」や「介護」といった専門職が提供するサービスは葉で表されていますが、今後の介護需要の急増に備えるためには、この葉っぱを大きく育てていかなければなりません。しかし、人口減少の中で育てていくことになりますから、まず、そのためにも生活の基盤である「すまいとすまい方」が「鉢」に例えられるようにしっかりとしている必要があります。さらに、植木鉢に満たされる養分を含んだ「土」に例えられる一人ひとりの「介護予防」や、介護保険制度外の市場サービスから近隣住民の支え合いまでを含む幅広い「生活支援」が充実しなければ、専門職は専門職でなければ提供できないサービスに集中することができず、枯れてしまうことでしょう。さらに、皿で表されているように、それら全ての基礎として、それぞれの個人やその家族には今後、地域の状況がどのように変化していくかを知り、自ら選択し、心構えを持つことが求められます。

すなわち、地域包括ケアシステムとは、人口減少社会における介護需要の急増という困難な課題に対して、地域の住民一人ひとりから専門職に至るまで、さらには地域の住環境も含めて、それぞれの役割を果たすことで対応していこうという、いわば地域の資源を総動員するシステムです。

その中で、新しい総合事業とは、その名称が「介護予

〔図表５〕

出典：三菱UFJリサーチ＆コンサルティング「平成27年度厚生労働省老人保健健康増進等事業　<地域包括ケア研究会>地域包括ケアシステムと地域マネジメント（地域包括ケアシステム構築に向けた制度及びサービスのあり方に関する研究事業）」2016

防・日常生活支援総合事業」であるように、この「土」である「介護予防」と「生活支援」を豊かにしていくための事業です。また、生活支援体制整備事業もその名称のとおりの事業です。〔図表4〕で例示されているように、「生活支援」と「介護予防」の担い手として、老人クラブや自治会、ボランティア、NPO等が想定されていますが、実際に地域を振り返って、それらは充実してきているでしょうか。むしろ、年々、会員数が減少したり、役員を引き受けてくれる人が見当たらなかったり、ボランティアもNPOもなかなか育っていないのが現実ではないでしょうか。そこで、これらを強力に推進する仕組みが必要とされたのです。

なお、厚生労働省の方針を受け、多くの市区町村（保険者）の介護保険事業計画で地域包括ケアシステムの構築が目標に置かれるようになっていますが、市区町村の幹部や担当者に尋ねてみると、この概念が十分に届いていないように思います。例えば、「地域包括ケアシステムは人口密度が高く資源が豊富な都市型モデルでありケアも非効率。わがまちでは本当は施設を充実したい」「住み慣れた地域で最後まで暮らし続けられることは理想だと思うが、住まいや医療は県の仕事で、わがまちには生活支援や介護予防の担い手とされるボランティアなどいない。いずれも市役所がどうこうできることではなく、実現可能性が低い」といった声を実際に聞きました。しかし、では、どの程度の状態になったら施設に移り住むべきとお考えでしょうか。また、施設を建設したとしても人材を確保できる見込みはあるのでしょうか。さらに、地域包括ケアシステムの構築が困難な仕事であることは確かですが、では、他にこの課題を解決する手段はあるでしょうか。

あふれ出す介護需要をどのような体制で受け止め、安心して暮らし続けられる地域をつくっていくのか、あるいは介護需要が膨らまないようにいかにそれぞれが介護予防をするのか、これは「ひとごと」ではありません。各市区町村、各地域、各個人で「わがこと」として対応していくしかないのです。

4 新しい総合事業のコンセプト

介護予防事業については、これまでは高齢者を基本チェックリストによって一次予防事業対象者、二次予防事業対象者と区分し、主に要支援・要介護状態となるおそれのある二次予防事業対象者に対して、運動器の機能向上プログラムや栄養改善、口腔機能の向上プログラムを実施することに注力してきました。しかし、その参加率は全国平均で高齢者のわずか０・８％程度と非常に低く、地域レベルではほとんど効果が見られないといった指摘を受けてきました。そこで新しい総合事業においては、**〔図表６〕**で示されるように基本的な考え方が見直されています。

これまで述べてきましたように、強力に「生活支援・介護予防サービス」を充実していく必要があり、そのことをこの図では左側の円で表しています。ニーズにあった多様なサービスを住民、ＮＰＯ、民間企業等多様な主体によって提供していきたい。具体的には地域サロンの開催から見守り、外出支援、家事支援等、様々なサービ

〔図表６〕

出典：厚生労働省資料

スが必要と考えられます。そして、それらの担い手としては、どうしても地域住民の参加に期待せざるを得ません。そのことが中央の「地域住民の参加」の円で表されています。そして右側には「高齢者の社会参加」の円が重ねられています。これは、高齢者がいきいきと地域に参加し、地域で活躍されることが人口減少社会の中での地域の活力になるということですが、介護予防の観点からは社会に参加すること、社会で役割を持つことこそがいきがいにつながり、それが介護予防になるということを表しています。社会参加の形は誰からも強制されるものではありません。一人ひとりが興味関心のあること、それは就労という形もあれば趣味活動という形もあれば、ボランティア活動という形もあるでしょう。その中で、一部の高齢者に生活支援の担い手になっていただければ、それは虚弱な高齢者を元気な高齢者が支える地域社会をつくることになります。中央で円が重なっているのは、そのことを表しています。

このコンセプトを実現するためには、制度的な支援の仕組みが必要です。そこで、新しい総合事業に加えて、生活支援体制整備事業が創設され、生活支援コーディネーター（地域支え合い推進員）や協議体が配置されることになりました。

そして、介護予防事業は**〔図表7〕**のように見直しが行われました。高齢者を年齢や心身の状況等によって区別するのではなく、「一般介護予防事業」として全ての高齢者（第1号被保険者）を対象とし、市区町村が住民に対して強い動機づけを行って住民自らが運営する通いの場（居場所、サロン等）を充実し、人と人とのつながりを通じて、参加者や通いの場が持続的に拡大していくような地域づくりを推進することになりました。また、介護人材の不足に対応するためにも、リハビリテーション専門職等については個別の「利用者」に対するサービス提供にとどまらず、その知識や技術を活かして「地域」に貢献できるよう新たに地域リハビリテーション活動支援事業が追加され、例えば住民主体の体操教室の立ち上げ時の体操指導や、地域ケア会議等での技術的な助言が行えるようになっています。

〔図表７〕

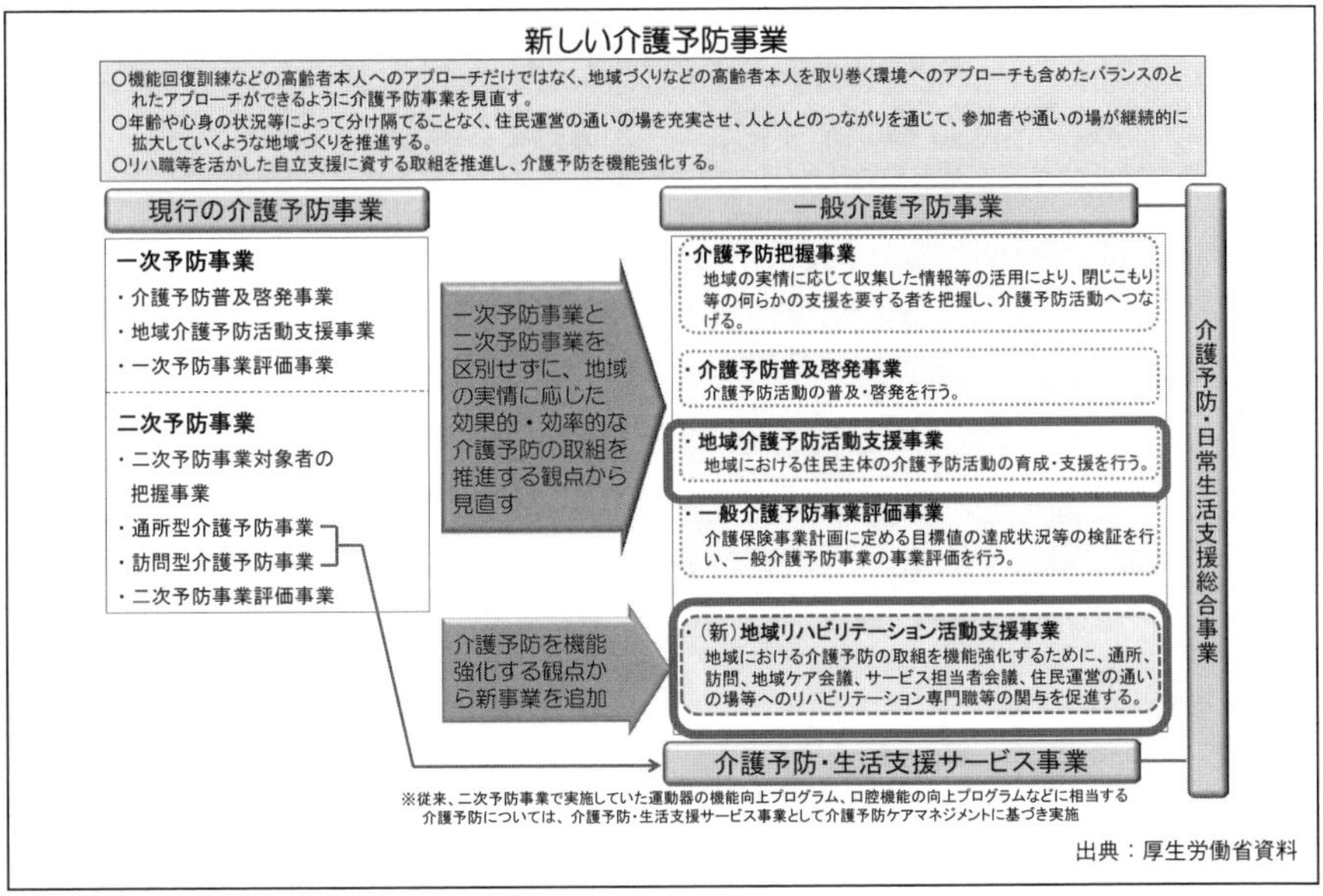

5　新しい総合事業の概要と予防給付の見直し

新しい総合事業は、要支援者等に対して必要な支援を行う「介護予防・生活支援サービス事業」と、先述の「一般介護予防事業」から構成されます。

「介護予防・生活支援サービス事業」は、**〔図表８〕**のように、従来は予防給付として提供されていた全国一律の介護予防訪問介護、介護予防通所介護を市区町村の実施する総合事業に移行することにより、要支援者等の多様な生活支援ニーズに対して、介護予防の理念のもとに要支援者自身の能力を最大限活かしつつ、ＮＰＯや民間企業、ボランティアなどの地域の多様な主体による多様なサービスを総合的に提供可能にする仕組みです。

「介護予防・生活支援サービス事業」の実施にあたっては、ボランティア活動との有機的な連携を図る等、地域の人材を活用していくことが重要です。できる限り多くの高齢者が地域で支援を必要とする高齢者の支え手にもなることで、高齢者の介護予防にもつながっていきます。また、たとえ支援される側になったとしても、支援

〔図表８〕

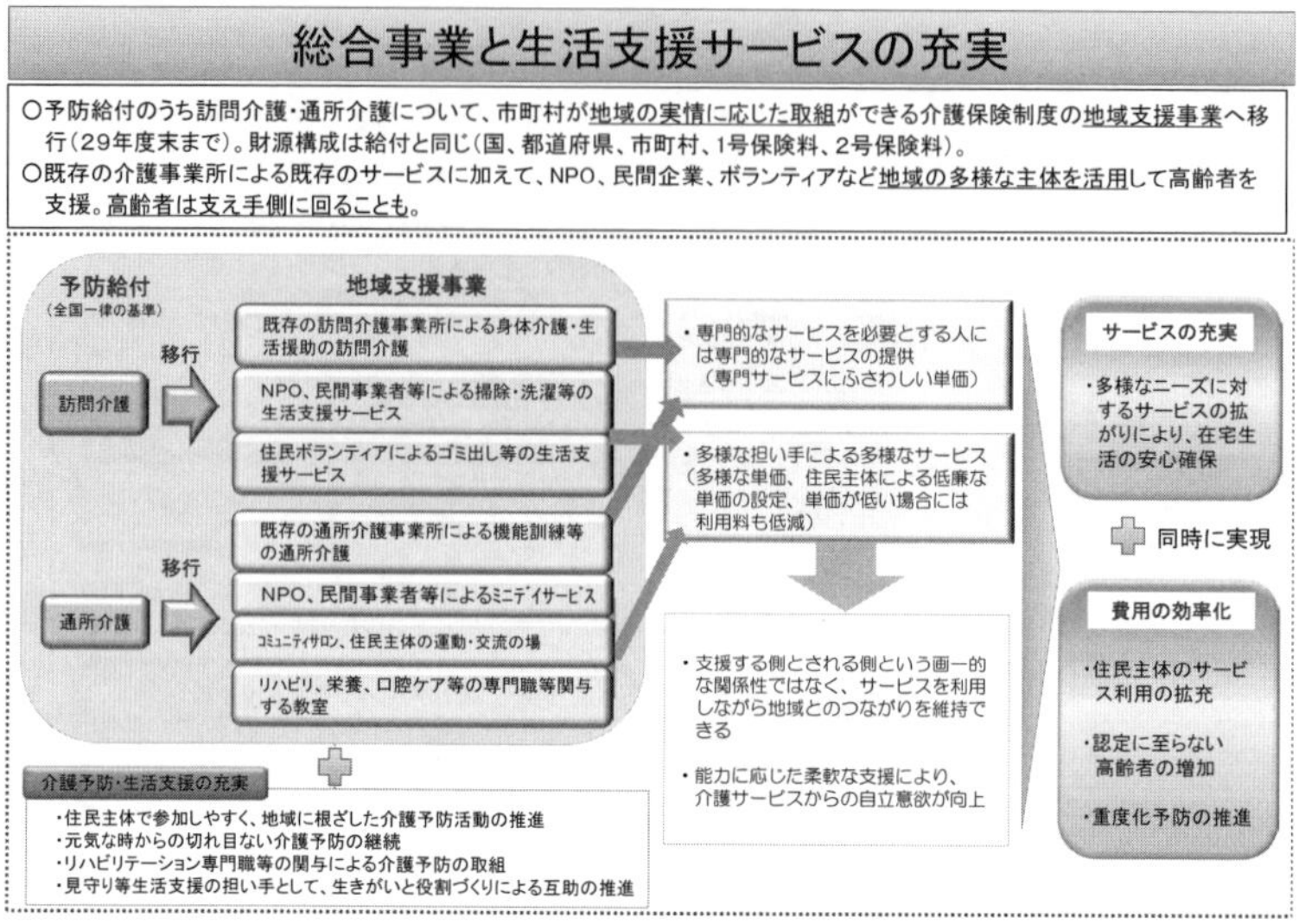

出典：厚生労働省資料

する側とされる側という画一的な関係性ではなく、サービスを利用しながらも地域とのつながりを維持し、かつ能力に応じて自らできることを大切にすること、すなわち自立支援を目指していきます。したがって、今の給付で提供されている掃除や洗濯、買い物、調理といったサービスを、そのまま別の担い手に担わせるのではなく、本人の能力を最大限引き出しつつ、必要な支援のみを補うきめ細かい支援体制を構築していくことが求められます。

それらの取り組みにより、要支援者等の選択できるサービス・支援が充実し、在宅生活の安心確保を図るとともに、住民主体のサービス利用の拡充、要介護・要支援認定に至らない高齢者の増加、重度化予防の推進等により、結果として費用の効率化も図られると考えられます。

総合事業の概要をまとめると、**〔図表９〕**のようになります。まず、二次予防事業対象者を把握するための基本チェックリストの配布は行わず、「一般介護予防事業」では高齢者を支援の必要性で区別することはしませんので、元気な高齢者から要介護者に至るまで、全ての高齢者は「一般介護予防事業」の住民運営の通いの場等に参

〔図表９〕

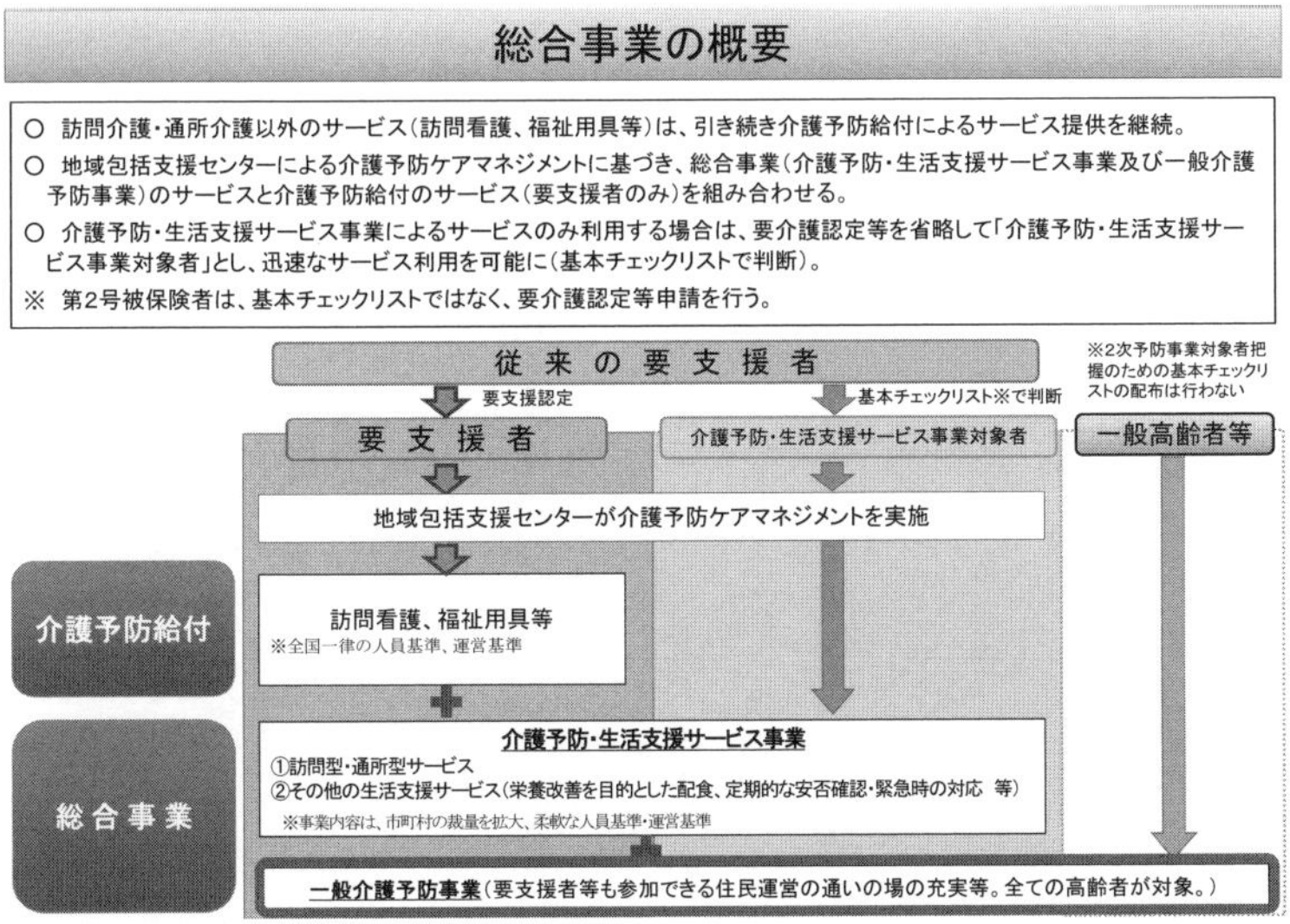

出典：厚生労働省資料

加することができます。地域の身近な場所に数多くの住民運営の通いの場を展開し、仮に要支援者、要介護者になったとしても、できる限り、その場に通い続けられるような、地域とのつながりを保ち続けられるような体制をつくっていきます。

そして、「介護予防・生活支援サービス事業」の対象者は、要支援者と介護予防・生活支援サービス事業対象者（以下、事業対象者）です。引き続き予防給付で提供される訪問看護や福祉用具などを利用する場合には要支援認定が必要ですが、「介護予防・生活支援サービス事業」のサービスのみを利用する場合には、事業対象者はこれまで二次予防事業対象者の把握のために使用されてきた基本チェックリストにより判断され、要支援認定が省略されますので迅速なサービス利用が可能です。要支援認定とは判断基準が大きく異なりますから状態像も異なりますが、何らかの支援を必要として窓口に相談に来た高齢者の要支援認定の実態から、従来の要支援者の状態像と同様と想定されており、先行している市区町村でも、このことにより対象者が増えたという指摘は特にあがっていません。

6 サービスの類型

厚生労働省から示されている「介護予防・日常生活支援総合事業のガイドラインについて（老発0605第5号 平成27年6月5日）（以下、ガイドライン）」において、**〔図表10〕**のようにサービスの類型が示されており、現行の訪問介護、通所介護相当のサービスからA、B、C、訪問についてはDまでが多様なサービスの典型例として示されています。

ただし、このサービス類型については、厚生労働省のQ＆A（「介護予防・日常生活支援総合事業のガイドライン案」についてのQ＆A【9月30日版】）にあるように、あくまでも典型的な例が参考に示されたものであって、全てのサービス類型を揃える必要がないだけでなく、既存の地域の活動を無理に類型に適合させる必要もありません。

改めて、ガイドラインにおける新しい総合事業や生活支援体制整備事業の背景と基本的な考え方を振り返ると、下図のイからへのように整理されており、新しい総

イ　多様な生活支援の充実

住民主体の多様なサービスを支援の対象とするとともに、NPO、ボランティア等によるサービスの開発を進める。併せて、サービスにアクセスしやすい環境の整備も進めていく。

ロ　高齢者の社会参加と地域における支え合い体制づくり

高齢者の社会参加のニーズは高く、高齢者の地域の社会的な活動への参加は、活動を行う高齢者自身の生きがいや介護予防等ともなるため、積極的な取組を推進する。

ハ　介護予防の推進

生活環境の調整や**居場所と出番づくり**などの環境へのアプローチも含めた、バランスのとれたアプローチが重要。そのため、リハビリ専門職等を活かした自立支援に資する取組を推進する。

ニ　市町村、住民等の関係者間における意識の共有と自立支援に向けたサービス等の展開

地域の関係者間で、自立支援・介護予防といった理念や、高齢者自らが介護予防に取り組むといった基本的な考え方、**地域づくり**の方向性等を共有するとともに、多職種によるケアマネジメント支援を行う。

ホ　認知症施策の推進

ボランティア活動に参加する高齢者等に研修を実施するなど、認知症の人に対して適切な支援が行われるようにするとともに、認知症サポーターの養成等により、**認知症にやさしいまちづくり**に積極的に取り組む。

へ　共生社会の推進

地域のニーズが要支援者等だけではなく、また、多様な人との関わりが高齢者の支援にも有効で、**豊かな地域づくり**につながっていくため、**要支援者等以外の高齢者、障害者、児童等がともに集える環境づくり**に心がけることが重要。

出典：厚生労働省資料から抜粋

〔図表 10〕

サービスの類型

○ 要支援者等の多様な生活支援のニーズに対して、総合事業で多様なサービスを提供していくため、市町村は、サービスを類型化し、それに併せた基準や単価等を定めることが必要。そこで、地域における好事例を踏まえ、以下のとおり、多様化するサービスの典型的な例を参考として示す。

①訪問型サービス

※ 市町村はこの例を踏まえて、地域の実情に応じた、サービス内容を検討する。

○ 訪問型サービスは、現行の訪問介護に相当するものと、それ以外の多様なサービスからなる。
○ 多様なサービスについては、雇用労働者が行う緩和した基準によるサービスと、住民主体による支援、保健・医療の専門職が短期集中で行うサービス、移動支援を想定。

基準	現行の訪問介護相当	多様なサービス			
サービス種別	①訪問介護	②訪問型サービスA（緩和した基準によるサービス）	③訪問型サービスB（住民主体による支援）	④訪問型サービスC（短期集中予防サービス）	⑤訪問型サービスD（移動支援）
サービス内容	訪問介護員による身体介護、生活援助	生活援助等	住民主体の自主活動として行う生活援助等	保健師等による居宅での相談指導等	移送前後の生活支援
対象者とサービス提供の考え方	○既にサービスを利用しているケースで、サービスの利用の継続が必要なケース ○以下のような訪問介護員によるサービスが必要なケース （例） ・認知機能の低下により日常生活に支障がある症状・行動を伴う者 ・退院直後で状態が変化しやすく、専門的サービスが特に必要な者　等 ※状態等を踏まえながら、多様なサービスの利用を促進していくことが重要。	○状態等を踏まえながら、住民主体による支援等「多様なサービス」の利用を促進		・体力の改善に向けた支援が必要なケース ・ADL・IADLの改善に向けた支援が必要なケース ※3～6ケ月の短期間で行う	訪問型サービスBに準じる
実施方法	事業者指定	事業者指定／委託	補助（助成）	直接実施／委託	
基準	予防給付の基準を基本	人員等を緩和した基準	個人情報の保護等の最低限の基準	内容に応じた独自の基準	
サービス提供者（例）	訪問介護員（訪問介護事業者）	主に雇用労働者	ボランティア主体	保健・医療の専門職（市町村）	

②通所型サービス

※ 市町村はこの例を踏まえて、地域の実情に応じた、サービス内容を検討する。

○ 通所型サービスは、現行の通所介護に相当するものと、それ以外の多様なサービスからなる。
○ 多様なサービスについては、雇用労働者が行う緩和した基準によるサービスと、住民主体による支援、保健・医療の専門職により短期集中で行うサービスを想定。

基準	現行の通所介護相当	多様なサービス		
サービス種別	① 通所介護	② 通所型サービスA（緩和した基準によるサービス）	③ 通所型サービスB（住民主体による支援）	④ 通所型サービスC（短期集中予防サービス）
サービス内容	通所介護と同様のサービス 生活機能の向上のための機能訓練	ミニデイサービス 運動・レクリエーション　等	体操、運動等の活動など、自主的な通いの場	生活機能を改善するための運動器の機能向上や栄養改善等のプログラム
対象者とサービス提供の考え方	○既にサービスを利用しており、サービスの利用の継続が必要なケース ○「多様なサービス」の利用が難しいケース ○集中的に生活機能の向上のトレーニングを行うことで改善・維持が見込まれるケース ※状態等を踏まえながら、多様なサービスの利用を促進していくことが重要。	○状態等を踏まえながら、住民主体による支援等「多様なサービス」の利用を促進		・ADLやIADLの改善に向けた支援が必要なケース　等 ※3～6ケ月の短期間で実施
実施方法	事業者指定	事業者指定／委託	補助（助成）	直接実施／委託
基準	予防給付の基準を基本	人員等を緩和した基準	個人情報の保護等の最低限の基準	内容に応じた独自の基準
サービス提供者（例）	通所介護事業者の従事者	主に雇用労働者 ＋ボランティア	ボランティア主体	保健・医療の専門職（市町村）

③その他の生活支援サービス

○ その他の生活支援サービスは、①栄養改善を目的とした配食や、②住民ボランティア等が行う見守り、③訪問型サービス、通所型サービスに準じる自立支援に資する生活支援（訪問型サービス・通所型サービスの一体的提供等）からなる。

出典：厚生労働省資料

合事業や生活支援体制整備事業の目的は「サービスづくり」ではなく、「地域づくり」であり、特に住民も含め関係者が中長期的な視点で方向性を共通し、取り組む必要があります。

以上のことから、ガイドラインで示されている類型を自助・互助・共助（・公助）に分類して整理してみると、〈図表11〉のように表現できると考えられます。

新しい総合事業について、「共助」である予防給付をベースに検討できる類型としては、給付相当（従前相当）のサービスを中央に置けば、より専門性を高めたC類型と、給付相当（従前相当）の基準を緩和したA類型が挙げられます。この三つの類型については、二次予防事業等で用いられている「委託」の仕組みや給付での「指定」の仕組み（C類型は不可）で事業化するものであり、介護保険課や高齢者福祉課等、行政が事業者との調整で検討していく、一般的な行政の手法（〈図表11〉では「一般的な行政のベクトル」としています）で構築可能な事業です。

しかし、新しい総合事業や生活支援体制整備事業における「地域づくり」とは、「共助」をベースに制度的に取り組むものではなく、住民一人ひとりの個別ニーズをベースに、地域の「自助」「互助」を活性化させる方向性（〈図表11〉では「地域づくり（整備事業）のベクトル」としています）で取り組まれるものです。

改めて、地域包括ケア研究会の整理における「自助」「互助」「共助」「公助」の関係性を振り返れば、「公助」は公による負担、つまり税による負担であり、「共助」は介護保険や医療保険のような被保険者による相互の負担です。また、「自助」は「自分のことを自分でする」ということだけでなく、自らの健康に注意を払い自ら責任を持って介護予防に努めることや、市場サービスを購入するという方法も含まれます。そして「互助」は、相互に支え合っているという意味では「共助」と共通ですが、費用負担が制度的に裏付けられていない自発的な支え合いを区分したもので、親しいお茶飲み仲間づくりや住民同士のちょっとした助け合い、自治会など地縁組織の活動、ボランティアグループによる生活支援、そしてNPO等による有償ボランティアまで、幅広い様々な形態が想定されます〈図表12〉。

そして、地域包括ケアシステムの構築におけるあるべ

〔図表 11〕

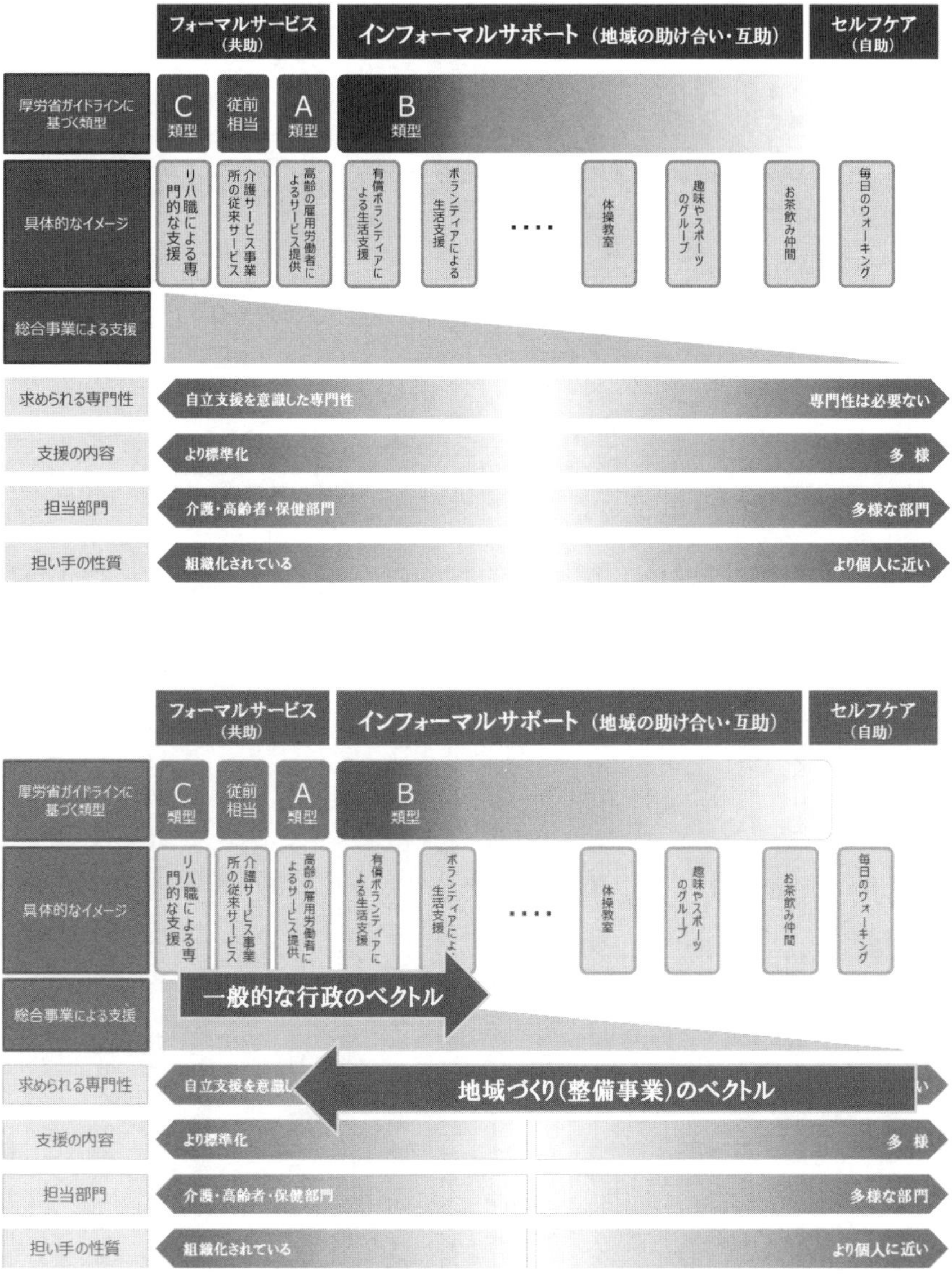

出典：三菱 UFJ リサーチ＆コンサルティング「平成 27 年度 厚生労働省老人保健健康増進等事業　新しい総合事業の移行戦略　地域づくりに向けたロードマップ（地域支援事業の介護予防・日常生活支援総合事業の市町村による円滑な実施に向けた調査研究事業報告書）」2016

〔図表 12〕

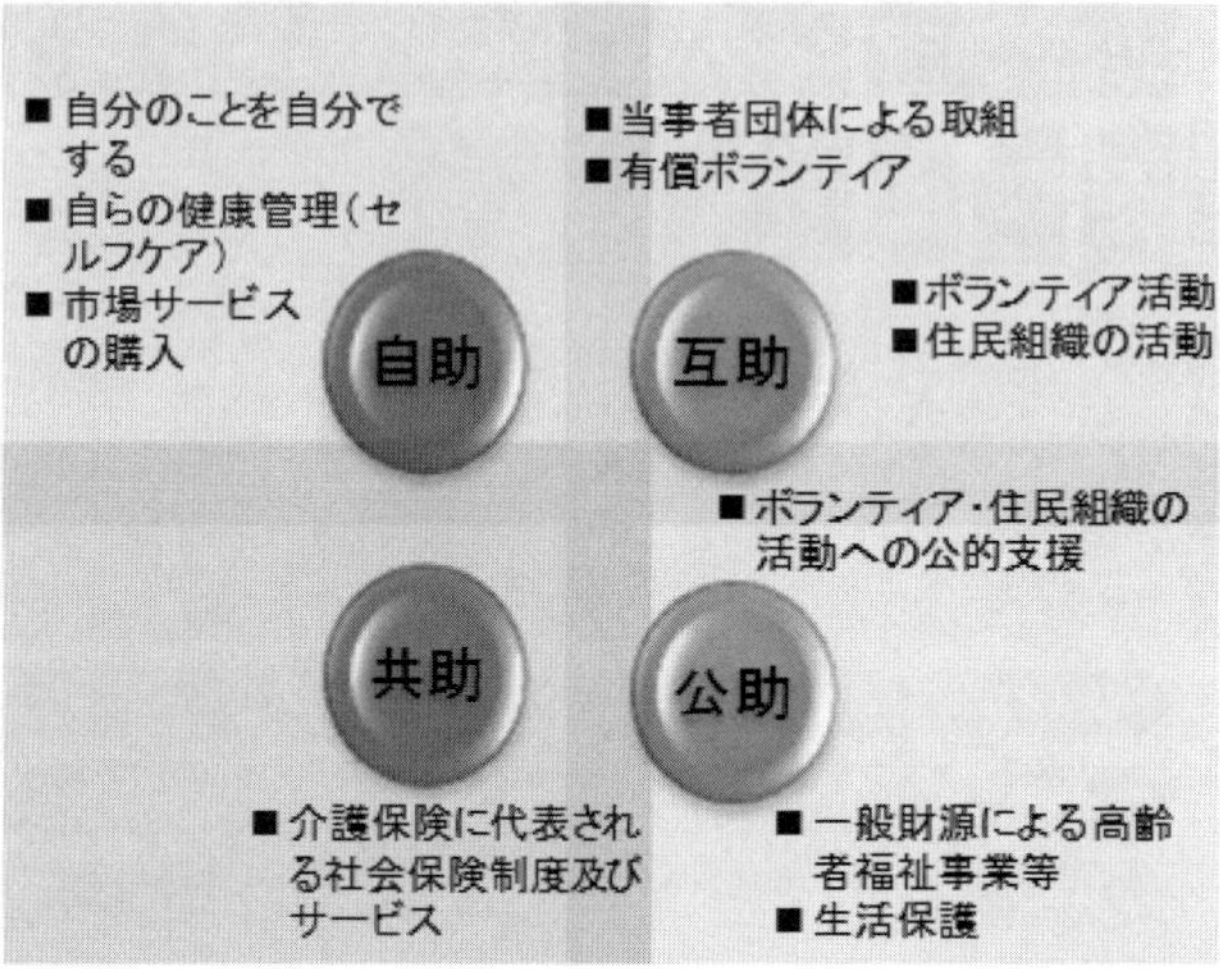

出典：三菱 UFJ リサーチ＆コンサルティング「平成 24 年度厚生労働省老人保健健康増進等事業　<地域包括ケア研究会>地域包括ケアシステムの構築における【今後の検討のための論点整理】－概要版－（持続可能な介護保険制度及び地域包括ケアシステムのあり方に関する調査研究事業）」2013

き姿としては、「共助」である介護保険制度そのものが「自助」や「互助」を置き換えることを目的に創設されたものではないことを確認する必要があります。介護保険法の第1条、第4条の規定にあるように、介護保険制度は、要介護者等が「尊厳を保持し、有する能力に応じ自立した日常生活を営むことができるよう」支援するものであり、国民は、「自ら要介護状態となることを予防するため、加齢に伴って生ずる心身の変化を自覚して常に健康の保持増進に努めるとともに、要介護状態となった場合においても、進んでリハビリテーションその他の適切な保健医療サービス及び福祉サービスを利用することにより、その有する能力の維持向上に努める」ものであって、そもそも一人ひとりの「自助」を基礎に成り立っています。

「自助」や「互助」からのアプローチとは、制度から最も離れた住民の地域での日々の暮らしから取り組んでいくことであり、今あるものを把握し、それを強化することから始めていくなど、相応の時間を要するものです。また、それは一般的な行政のベクトルではなく、地域づくり（整備事業）のベクトルで検討されるべきで

〔図表 13〕

■介護保険制度の改正による新しい総合事業（介護予防・日常生活支援総合事業）との関係

サービス内容		介護保険事業の該当の可否・サービス種別		対象者	事業の実施方法	市町村の負担方法	その他
買い物支援	買い物代行や同行	○	訪問型サービスA/B	要支援1～2事業対象者	事業者指定 委託 補助（助成）	（指定）国保連経由 （委託）包括払い、出来高払い （補助）間接経費等の一部を補助	事業者指定を行い、国保連経由で支払いを行う場合は、限度額管理も行われるところ、高齢者本人に対する支援という位置づけであるため、現在の要介護者への訪問介護と同様に、家族の部屋の掃除等は不可。
	配達、移動販売	×	－	－	－	－	市町村が地域の実情に応じて、「その他生活支援サービス」として見守りを兼ねた配達等を認める場合がありえる
	地域商店の運営	×	－	－	－	－	市町村が地域の実情に応じて、通所型サービスBや一般介護予防事業の「地域介護予防活動支援事業（通いの場関係）」の場で、日用品の販売等を認める場合がありえる
家事支援	ゴミ出し、清掃等	○	訪問型サービスA/B	要支援1～2事業対象者	事業者指定 委託 補助（助成）	（指定）国保連経由 （委託）包括払い、出来高払い （補助）間接経費等の一部を補助	事業者指定を行い、国保連経由で支払いを行う場合は、限度額管理も行われるところ、高齢者本人に対する支援という位置づけであるため、現在の要介護者への訪問介護と同様に、家族の部屋の掃除等は不可。
	庭木の剪定	△	訪問型サービスB	要支援1～2事業対象者	補助（助成）	（補助）間接経費等の一部を補助	庭・生垣・庭木の剪定は H17 年に軽度生活援助事業として実施されていたものが一般財源化されているため、指定や委託の形では実施できない。庭木の剪定等を含め地域のニーズを踏まえた生活支援サービスを提供している団体の活動に着目し、その活動の維持に係る間接経費等の一部を補助するものである。
雪かき、雪下ろし	屋根の雪下ろし、雪よせ	△	訪問型サービスB	要支援1～2事業対象者	補助（助成）	（補助）間接経費等の一部を補助	雪おろし、除雪はH17年に軽度生活援助事業として実施されていたものが一般財源化されているため、指定や委託の形では実施できない。雪下ろし等を含め地域のニーズを踏まえた生活支援サービスを提供している団体の活動に着目し、その活動の維持に係る間接経費等の一部を補助するものである。
送迎サービス	通院等をする場合における送迎前後の付き添い	○	訪問型サービスD	要支援1～2事業対象者	補助	間接経費の一部等を補助	移送に関する直接経費は対象外
	通所型サービスＢにおいてその送迎のみ別主体で実施する場合	○	訪問型サービスD	要支援1～2事業対象者	補助	立ち上げ経費や活動費用等に対する補助	
外出支援サービス	コミュニティバスの運行等	×	－	－	－	－	三位一体の改革で一般財源化された「外出支援サービス事業」は対象外
配食サービス	弁当宅配、給配食サービス（調理）	○	その他の生活支援サービス	要支援1～2事業対象者	事業者指定 委託 補助（助成）	（指定）国保連経由 （委託）包括払い、出来高払い （補助）間接経費等の一部を補助	食材料費などの実費は報酬の対象外 ※まず市場におけるサービス提供の活用を前提として、市場では提供されないサービスを提供するもの。
声かけ、見守り	戸別訪問等	○	その他の生活支援サービス	要支援1～2事業対象者	委託・補助（助成）	（委託）包括払い、出来高払い （補助）間接経費等の一部を補助	市町村が地域の実情に応じて事業内容は定めていくが、住民主体の声かけ、見守りが基本
交流	住民主体による通いの場、高齢者サロンの運営	○	通所型サービスA/B	要支援1～2事業対象者	事業者指定 委託 補助（助成）	（指定）国保連経由 （委託）包括払い、出来高払い （補助）間接経費等の一部を補助	食事代等の実費は報酬の対象外（利用者負担） （補助の場合） 通いの場には、障害者や子どもなども加わることができる一般介護予防事業と異なり要支援者等を中心に定期的な利用が可能な形態を想定
		○	一般介護予防事業	要介護者 要支援者 事業対象者 一般高齢者	委託・補助（助成）	（委託）包括払い、出来高払い （補助）間接経費等の一部を補助	市町村が介護予防に資する取組としたものが実施される。 食事代等の実費は報酬の対象外（利用者負担） （補助の場合） 通いの場には、障害者や子どもなども加わることができる

出典：総務省地域力創造グループ「地域における生活支援サービス提供の調査研究事業報告書（概要版）」2015

す。今回、生活支援体制整備事業の中で生活支援コーディネーターや協議体という仕組みが創設されたのは、こうした地域づくり（整備事業）のベクトルに基づいた取り組みを実現することを意図したものです。

なお、地域における生活支援と新しい総合事業との関係については、地域のニーズを踏まえた生活支援サービスを提供している団体の活動に着目した間接経費等の補助は可能となっており、〔図表13〕で整理されていますので参考にしてください。

7 生活支援コーディネーター（地域支え合い推進員）と協議体

これまで整理してきたように、生活支援体制整備事業において新たに設けられた生活支援コーディネーターは、協議体を構成する地域の多様な主体（ＮＰＯ、民間企業、協同組合、ボランティア、社会福祉法人、社会福祉協議会、地縁組織、介護サービス事業所、シルバー人材センター、老人クラブ、家政婦紹介所、商工会、民生委員等）等、生活支援を担う事業主体と連携しながら、日常生活上の多様な支援体制の充実・強化と高齢者の社会参加（介護予防）の推進を一体的に図って行くことを目的としています。

生活支援コーディネーターは〔図表14〕に図示されているように、第1層（市町村全域）と第2層（日常生活圏域）に配置され、協議体のサポートを受けながら、地域に不足するサービスの創出、サービスの担い手の養成、高齢者等が担い手として活動する場の確保等の資源開発に加え、ネットワーク構築やニーズと取り組みのマッチングなどを担います。

また、協議体は、生活支援コーディネーターと多様な提供主体等が参画する定期的な情報の共有・連携強化の場として構想され、特に第2層の協議体においては、住民主体の活動を広める観点から、地縁組織や意欲ある住民の参加が望ましいとされており、積極的に高齢者を含めた地域住民の参加を促していくことが重要です。

〔図表 14〕

コーディネーター・協議体の配置・構成のイメージ

○ コーディネーターとして適切な者を選出するには、「特定の団体における特定の役職の者」のような充て職による任用ではなく、例えば、先に協議体を設置し、サービス創出に係る議論を行う中で、コーディネーターにふさわしい者を協議体から選出するような方法で人物像を見極めたうえで選出することが望ましい。
○ 協議体は必ずしも当初から全ての構成メンバーを揃える必要はなく、まずは最低限必要なメンバーで協議体を立ち上げ、徐々にメンバーを増やす方法も有効。
○ 住民主体の活動を広める観点から、特に第2層の協議体には、地区社協、町内会、地域協議会等地域で活動する地縁組織や意欲ある住民が構成メンバーとして加わることが望ましい。
○ 第3層のコーディネーターは、サービス提供主体に置かれるため、その提供主体の活動圏域によっては、第2層の圏域を複数にまたがって活動が行われたり、時には第1層の圏域を超えた活動が行われたりすることも想定される。

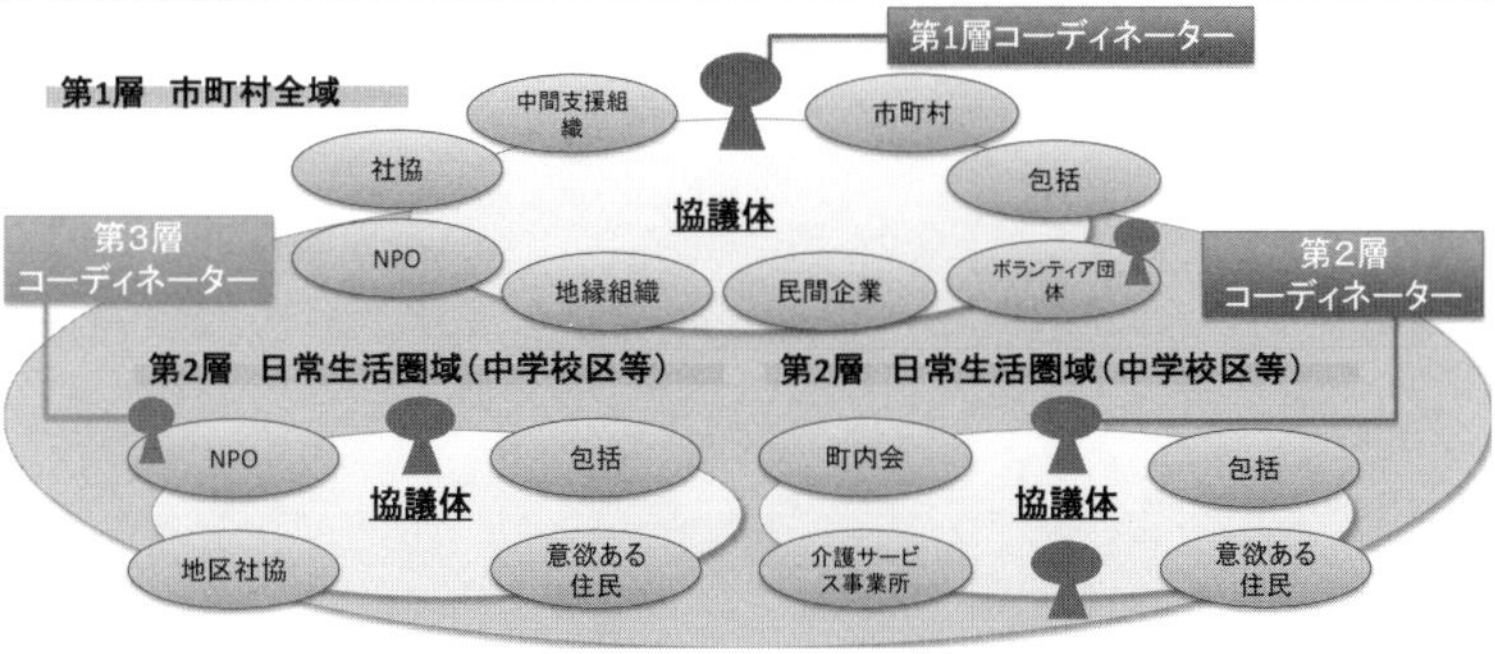

出典：厚生労働省資料

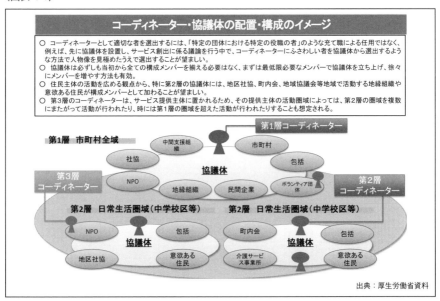

第２部　対談

私たちが描く新地域支援事業の姿

堀田　力×服部真治

1

新地域支援事業はなぜ始まったのか

生活支援コーディネーター・協議体の具体的な任務は何か

1 いわゆるA型サービスの実施はその任務か

【いわゆるA型サービス】

要支援者等に対して提供される新しいサービスの類型。サービスAは、市区町村から指定または委託を受けた事業者が、雇用した労働者を主力にして提供する生活援助等のサービス。一方、サービスBは、ボランティア団体等が、ボランティア主体で提供するサービス。いずれも、訪問型と通所型がある。サービスAは、助け合いではない。

通所A型、訪問A型をどう考えるか（服部）

服部　議論に入る前に、まずA型サービスがどのようなサービスなのか確認しておきましょう。「緩和した基準によるサービス」と整理していますが、大きく二つに分ければ、介護サービス事業所が予防給付の基準を緩めて実施するタイプと、NPOや老人クラブ、シルバー人材センター、生活協同組合（以下、生協）等、現在、保険外で実施されている、いわゆるインフォーマルサービスを活用するタイプがあります。

そして、もう1点確認しておきたいのですが、介護予防・日常生活支援総合事業（以下、新しい総合事業）のガイドラインには「可能な限り住民主体の支援に移行していくことが重要」と書いています。A型とB型の比較においても、例えば「通所型サービスAの利用の場合も、一定期間後のモニタリングに基づき可能な限り住民主体の支援（通所型サービスBや一般介護予防事業）に移行していくことが重要」と書きました。生活支援コーディネーター・協議体には、まずこのことを踏まえていただく必要があると思います。

また、生活支援コーディネーター・協議体について、私は主に「自助」や「互助」（P16参照）を広げていくために必要な仕組みであると考えています。A型のうち、特に介護サービス事業所が予防給付の基準を緩めて実施するタイプは「共助」である予防給付からのアプローチになりますから、今、新しい総合事業を実施している市区町村の例を見ても、市区町村が介護サービス事業者と調整して基準を定めることで実施されていまして、生活支援コーディネーター・協議体が関わっているケースはほとんどありません。

以上を前提として、介護サービス事業所ベースのA型について生活支援コーディネーター・協議体の役割を考えるということですが、通所型と訪問型に分けて考えたいのですが、まず通所型については、介護サービス事業所ベースのA型は、そもそも実施すること自体がなかなか難しいだろうと私は思っています。それは、通所介護事業所の大半が、要支援者から要介護者まで同じ場所で混じって過ごす形で運営されていますから、その状態で基準を緩めて実施すると要介護者にまで影響が出てしまうので、場所や時間を分ける必要があるからです。

一方、訪問型については1対1で行うサービスなので、要介護者を訪問する場合と、要支援者や事業対象者を訪問する場合との区分は問題になりません。そして、地域に介護人材が不足していてニーズに応えられない時に、資格を持っていないけれど働きたいという方、特に元気な高齢者や主婦を受け入れてサービスを維持していくことはあり得ると思っています。例えば、在宅で中重度の方のニーズに応えるために定期巡回・随時対応型訪問介護看護を増やしていきたいが介護スタッフがいないというのであれば、生活援助の担い手として新たな人材の力を借りることによって、予防訪問介護を担当していた介護福祉士に定期巡回・随時対応型訪問介護看護に移っていただくことが可能になります。

A型の実施や単価等の設計にも関わって欲しい（服部）

服部　いずれにしても、生活支援コーディネーターは地域が不安にならないようにしないといけないと思うのです。それは生活支援コーディネーターの大きな任務で、今まで生活を支えてきたサービスが「明日から使えなくなります」というわけにはいきません。

可能な限りB型でと考えて地域をつくっていくわけですが、実際には徐々に移行していくことになるので、その中でしっかりと見ていく。その時に生活支援コーディネーターとして大切なことは役所だけに任せないこと。A型を実施するかしないか、単価をいくらにするかについては役所と事業所間で決めているのが実態ですが、そこに生活支援コーディネーターに関わっていただきたいのです。後ほど詳しく考えたいと思いますが、A型はB型の発展を阻害する可能性があり、生活支援コーディネーターには地域のサービスを俯瞰的に見て、適正なバランスを考えていただきたいと思います。

特に単価について、生活援助が1回あたり自己負担300円程度で実施されているところを、基準を緩め、地域の資格を持たない方々が担い手になるので、1回を150円にしますと。そして、「それは利用する方にとって良いことです」と説明される場合がありますよね。しかし、私は必ずしもそうとは言えないと思っています。確かにサービスを安く利用できるようになることは良いことですが、150円で使えるなら掃除をもっとやってもらいたい、もっと楽になるとなったら、それは利用者の自立を損なうことになるかもしれません。理想的には、適正な自己負担の額はいくらなのか、保険からいくら出すのかという設計にも、生活支援コーディネーターにはぜひ関わっていただきたいと思っています。

B型・助け合いに専念するのが筋ではなかろうか（堀田）

堀田　サービスを途切れなく、みんなに提供しなくてはいけないというお立場から見れば、非常によくわかる話で、このA型サービスをやる従来の事業所はもっと責任のある重度のほうに行ってもらい、それで足りなくなったところに専業主婦とか助け合いの人をA型のほうへ持っていくことも必要じゃないかというわけですね。都市部などを考えると、それが必要なことは確かではあります。

本来は、無償か謝礼金の範囲内の助け合いで何とかみんなを良くしていきたいという気持ちのある人を、B型の助け合いのほうに持っていきたい。しかし、それはなかなか大変なことだから、生活支援コーディネーター・協議体が助け合いが広がるようにしっかり働きかけるというのがその役割のはずです。なのに、生活支援コーディネーター・協議体にA型の方も目配りしろよと言われても、つまり「あなた、A型に行ったら給料をもらえるんだから、A型に行きなさいよ。あっちも必要なんだから」と、そういうことを生活支援コーディネーター・協議体が言わなくてはいけないのか。

それを言ったって、「やっぱり私は助け合いをやりたい」と言う人は助け合いしかやらないだろうし、「お金をもらってやります」と言う人たちは、そもそも生活支援コーディネーターたちが誘わなくてもA型に行ってしまう。もしA型に人が集まらないなら、お金を上げてあげればA型の方へ行くので、それは生活支援コーディネーター・協議体がやらなくても良い。A型の方は雇用者だから、雇用の世界でしっかり解決して欲しいと思います。

生活支援コーディネーター・協議体を入れるのは、なかなか人がただではやりたがらないというのが今の状況だから、やりたがらない人を助け合いのところでやってもらうために、わざわざ公費を入れてこの事業をつくっているわけだし、B型を増やしたいわけだから、生活支援コーディネーターはやっぱりB型に専念するというのが本来の筋じゃなかろうか。

服部　私が考えているのは、予防給付よりも安価なサービスが新たに生まれることで、「自助」や「互助」の広がりが阻害されかねないので、そこは生活支援コーディネーターが関わるべきではないかということなのですが、そこはもう仕方がないということでしょうか?

堀田　これは確認ですが、お金で働いてくださいということは、きちんと対価を払わなくてはいけないのに、何か助け合いみたいな衣をまぶして、本来労働として対価を払わなくてはいけないのを安い値段で、ねぎって働かせる。
　そういうのが出てしまうのは絶対にいけないので、それは当然、労働基準監督官等がしっかりと監督するべきですが、それもなかなかそうならないのであれば、生活支援コーディネーターにも頑張って言ってもらわなきゃいけない。それも助け合いと労働との境界をはっきりさせるため、ということでしょうか？

B型を広めるために提言することは大事（堀田）

服部　新しい総合事業で実施するのですから、それは市区町村が指定基準や委託の仕様を定める際に留意すべきことだと思いますが、生活支援コーディネーターにとっては、利用者の自己負担額が重要だということです。有償ボランティアで実施されるB型と比較すると、総額はA型のほうが高いです。しかし、自己負担額を安く設定されてしまうとB型が選択されない可能性がありますから、その自己負担額を決める時に、生活支援コーディネーターが絡むか、絡まないかだと考えています。

堀田　なるほど。自己負担額の問題は後に出てくるA型とB型の競合の問題として議論したいのですが、一般論として、助け合いをしっかり広めるために生活支援コーディネーターが口をはさみ、提言することはすごく大事なことだと思います。

服部　はい。B型を増やしていきたいのですが、予防給付のサービスがほとんどという状態から生活支援コーディネーターは出発するわけですから、自己負担額のあり方は、B型の発展を見据えて考える必要があり、そこは生活支援コーディネーターが関わる必要があるということですよね。

協議体の構成員は地域に関わる全分野から（服部）

服部　もう一つ、議論しておきたいのですが、基本的に介護サービス事業所が行っているサービスは、ヘルパーがご自宅に行って、お台所をお借りして料理を作るとか、買い物、掃除、洗濯をするといった内容です。
　そして、これからはB型を大きく育てていこうということですが、そっくりそのまま、給付と同じ形でB型に移していくのかということを、生活支援コーディネーターは考える必要があると思っています。

例えば、買い物の支援の仕方っていろいろありますよね。買い物バスを走らせる方法もあれば、生協さんに持って来てもらう方法もあります。年を取って視力が落ちてきて、注文するのが大変といった困り事がある場合も、では、その注文をお手伝いしますといった支援もあり得ます。そうなると、私はA型とB型の垣根、さらに言えば生協のような民間サービスとの垣根はそもそもつけづらいのではないかと思うのです。結局、全部ひっくるめて考える必要があるのではないかと思っています。

生活支援コーディネーター・協議体が検討する対象サービスについて説明させていただく時には、私は新しい総合事業のことだけではなくて、地域の助け合いとか市場で行われているサービスも全部含めて考える必要があるでしょうと強調しています。したがって、協議体を編成する時は、地域で生活の支援に関わっている関係者全員を呼びましょうと。その中では考えていなかったようなことも起こり、例えば企業が社会貢献で実施したい

生活支援・介護予防サービスの分類と活用例

サービスの分類	サービス事業	一般介護予防	任意事業	市町村実施	民間市場	地域の助け合い	備考
①介護者支援			総合事業の対象外であり、任意事業、市町村の独自事業での実施を想定。介護者の集い、介護教室等。				
②家事援助	訪問型サービスで実施。NPO、ボランティアを主に活用			要介護者の生活支援は任意事業で実施可能。一般財源化された軽度生活支援は市町村独自で実施可能。			
③交流サロン	要支援者を中心に定期的な利用が可能な形態は総合事業の通所型サービス、その他の地域住民の通いの場は一般介護予防事業を主に想定。住民、ボランティア等を中心に実施。						
④外出支援	訪問型サービスDで実施。担い手はNPO、ボランティア			左記以外は、市町村・民間事業者が独自に実施			
⑤配食＋見守り	その他の生活支援サービスを活用可。担い手はNPO、民間事業者等		左記以外は、任意事業又は市町村・民間事業者が独自に実施				サービス事業では、民間市場で提供されないサービスを提供
⑥見守り・安否確認	その他の生活支援サービスを活用。担い手は住民、ボランティア等		左記以外は、地域の地縁組織・民間事業者等による緩やかな見守り				

※　上表中、地縁組織は地区社会福祉協議会、自治会、町内会、地域協議会等を意味する。

出典：厚生労働省資料

という申し出も出てくるのではないかと思っています。ここまで考えると、A型だけを除くというのはなかなか難しくなってくると思うのです。

幅広い連携が必要（堀田）

堀田　しつこいようですが、大きな流れで言えば、やっぱり生活支援コーディネーター・協議体は、なかなかみんながやってくれない助け合いをつくる人たちで、助け合いでないA型をつくる人ではない。しかし、助け合いをつくろうとすれば、助け合いで本来やるところをA型でやるのはおかしいじゃないかと提言して、押し戻したりする一方、市場のサービスでやれるところはやってもらうなど、そちらとも連携しなければならない。そこのところは、生活支援コーディネーター・協議体には大いに頑張ってもらわなくてはいけない。

だから、服部さんがおっしゃっていることと、私が言っていることは、この境界線のところの話で、そう整理すれば、やっぱり垣根のところもしっかり頑張ってくれないと困るよということを認識してもらうことは大変大事だろうと思います。

ただ、全国を回っていると、今日も千葉県のある市に行きましたが、非常に進んでいる所ですが、やっぱり生活支援コーディネーターはとりあえずA型をつくると書いている。でも、それは生活支援コーディネーターの役割じゃないでしょうと思いました。そこのところは誤解がないように、役割をはっきりさせておいた上で、しかし、全体としてバランス良い仕組みをつくらなくちゃいけないんだから、A型に無関心であってもいけないし、助け合いとは違う事業所にも頑張ってもらわなくてはいけない。だから、生活支援コーディネーターは幅広い勉強がいるということですね。

服部　地域の実態から言うと、給付から移行した従来の介護予防給付相当のサービスとA型の2つがすでにある状況で生活支援コーディネーターが就任するような場合もあり、この段階からどう助け合いを広げていけば良いのだと、最初から行き詰まることも考えられます。

堀田　特に都市部のほうがそういう状況ですね。

服部　そこから出発しなくてはいけないとすると、生活

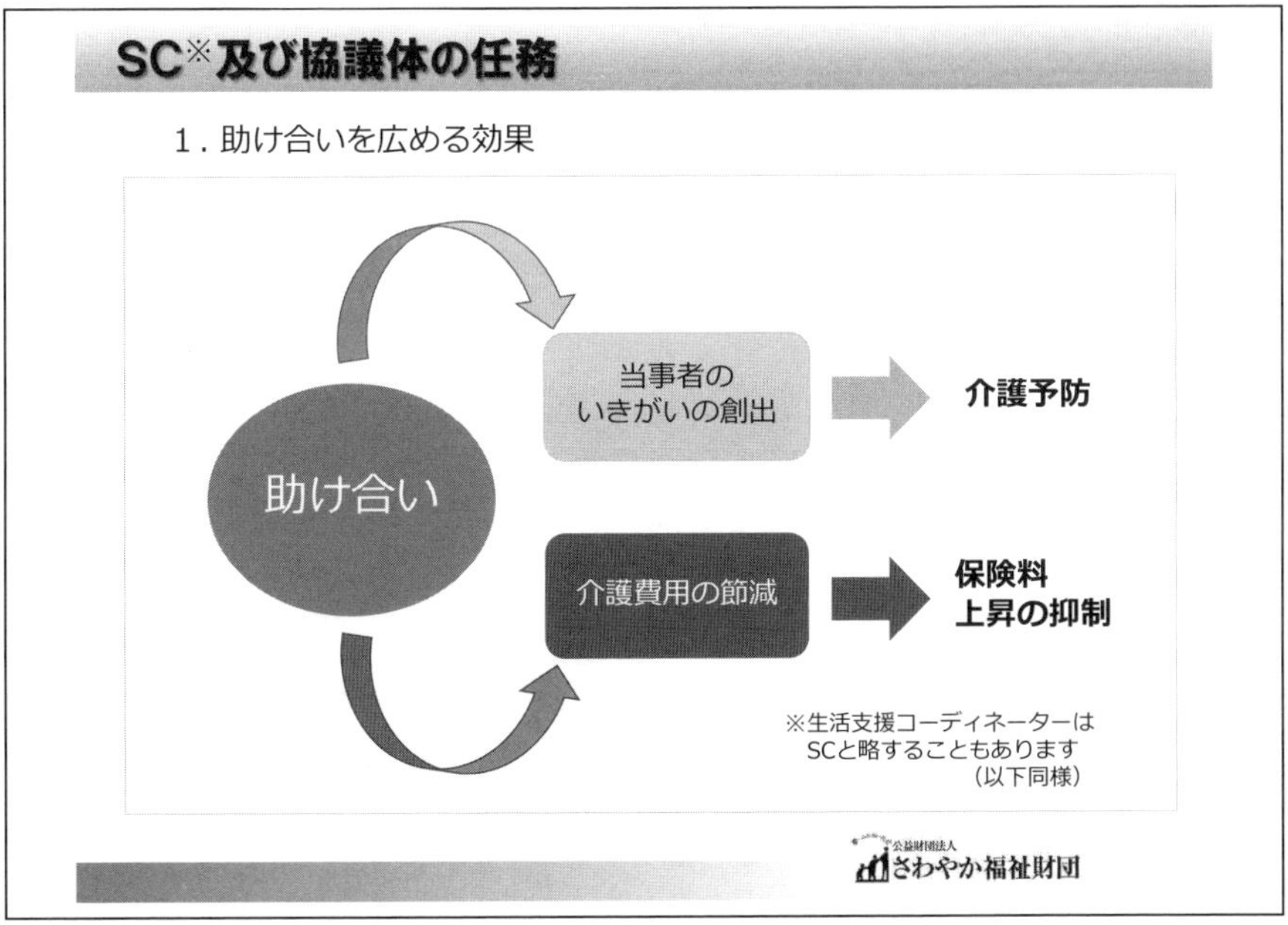
SC※及び協議体の任務
1．助け合いを広める効果
助け合い
当事者の
いきがいの創出
介護予防
介護費用の節減
保険料
上昇の抑制
※生活支援コーディネーターは
SCと略することもあります
（以下同様）
公益財団法人
さわやか福祉財団

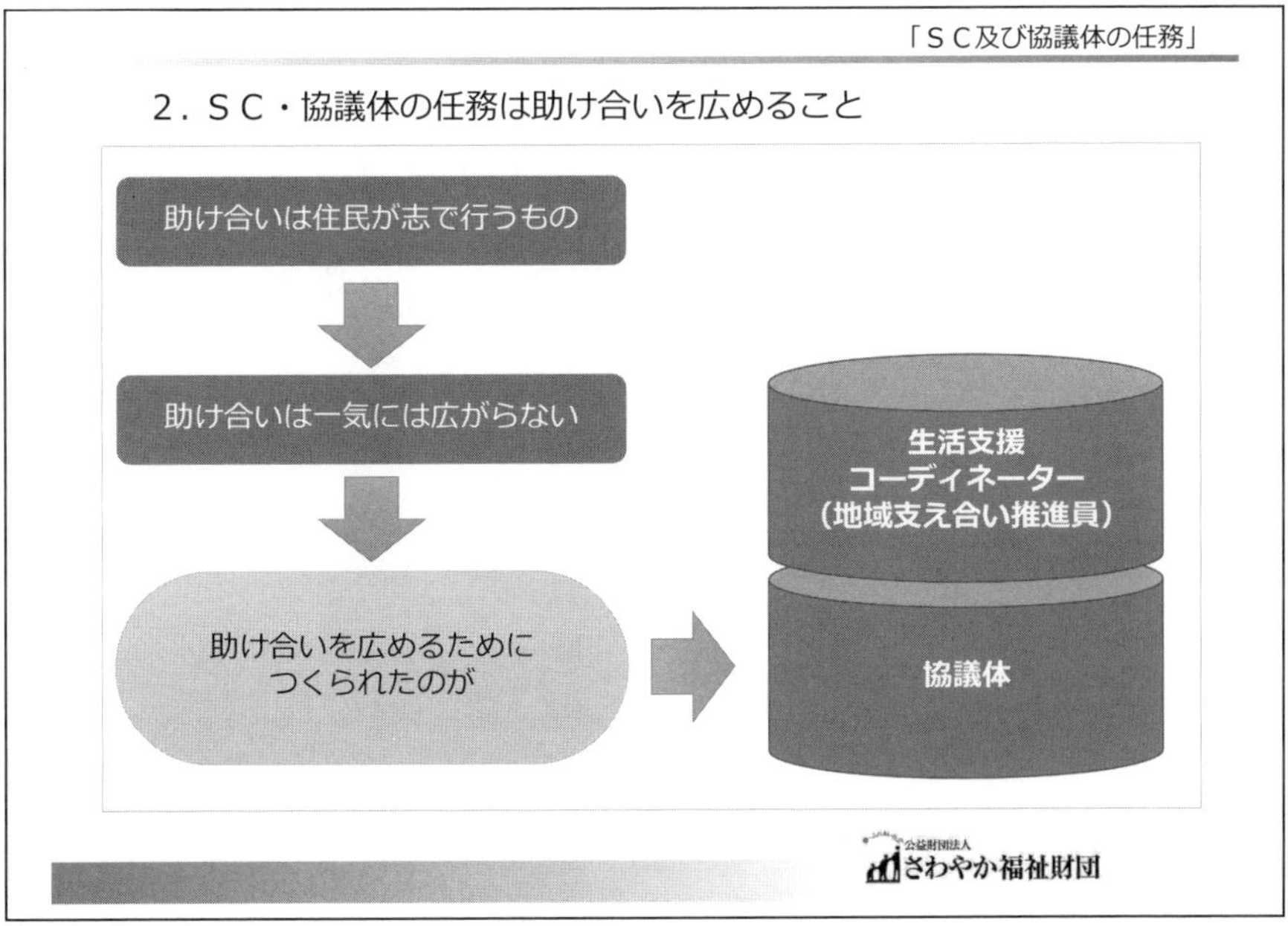
「ＳＣ及び協議体の任務」
2．ＳＣ・協議体の任務は助け合いを広めること
助け合いは住民が志で行うもの
助け合いは一気には広がらない
助け合いを広めるために
つくられたのが
生活支援
コーディネーター
（地域支え合い推進員）
協議体
公益財団法人
さわやか福祉財団

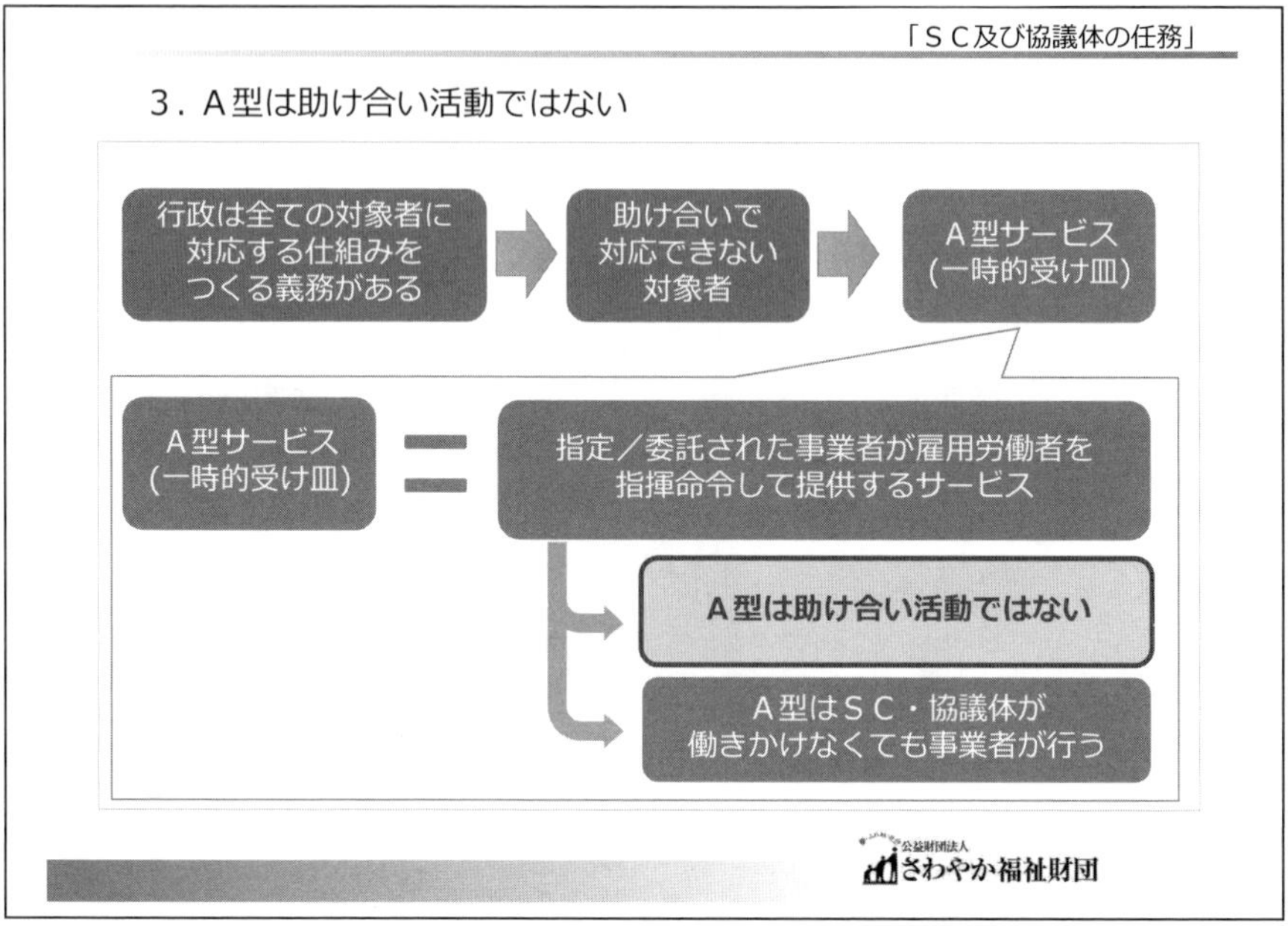
「ＳＣ及び協議体の任務」
3．A型は助け合い活動ではない
行政は全ての対象者に対応する仕組みをつくる義務がある
助け合いで対応できない対象者
A型サービス（一時的受け皿）
A型サービス（一時的受け皿）
指定／委託された事業者が雇用労働者を指揮命令して提供するサービス
A型は助け合い活動ではない
A型はＳＣ・協議体が働きかけなくても事業者が行う
公益財団法人
さわやか福祉財団

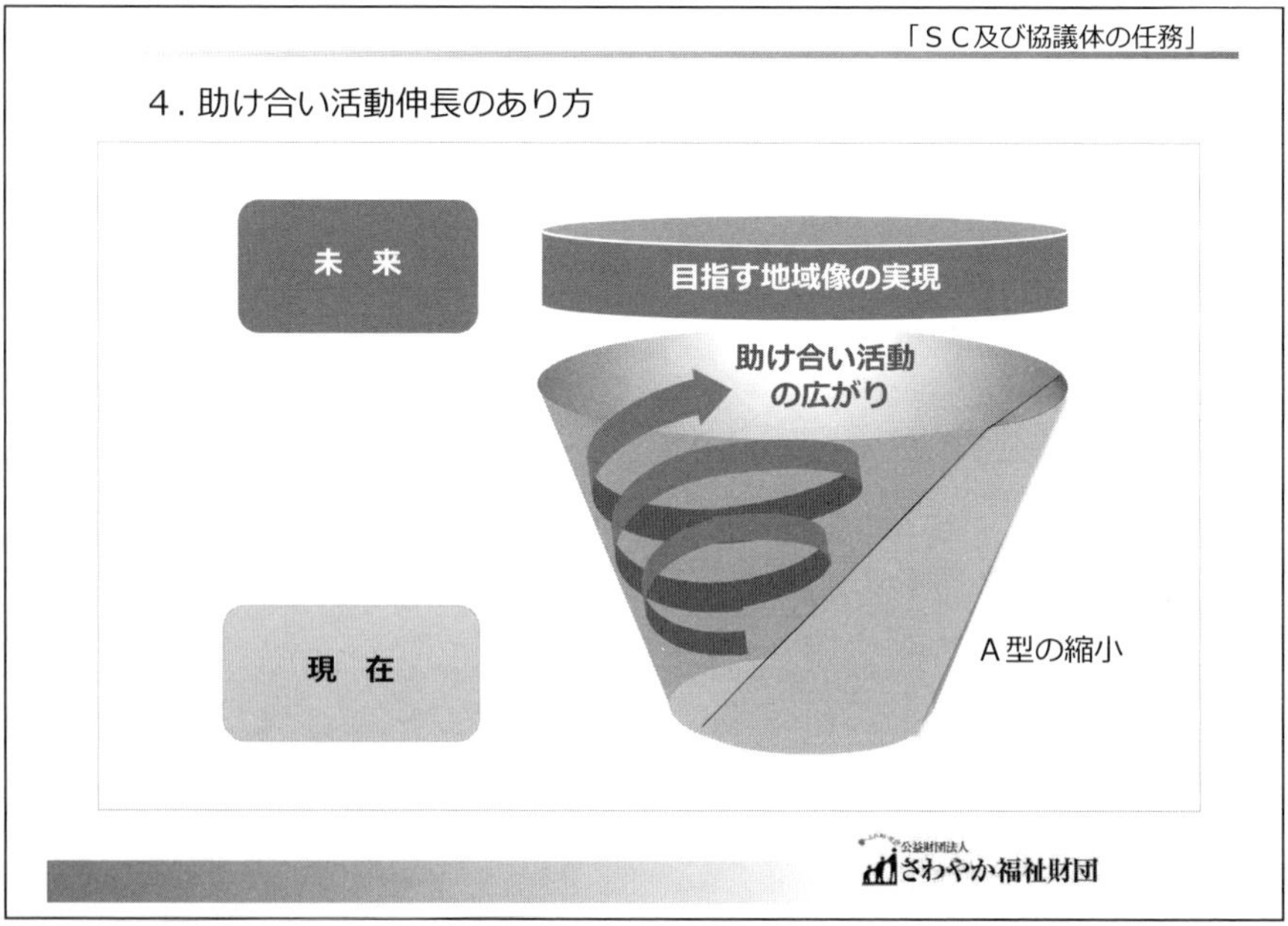
「ＳＣ及び協議体の任務」
4．助け合い活動伸長のあり方
未　来
目指す地域像の実現
助け合い活動の広がり
A型の縮小
現　在
公益財団法人
さわやか福祉財団

支援コーディネーターはB型を育てていくために、従来相当やA型の手じまい方も考えなくてはいけないということになります。

堀田　生活支援コーディネーターは、助け合いだけを見ていれば良いのではなく、全体を見なくちゃいけないというのはおっしゃる通りですね。

しかし、見た上で生活支援コーディネーターは何を考えるかというと、やっぱりB型を広めていかなくちゃいけないと思います。

服部　そうですね。

2　助け合い活動を広げにくい大都市中心部では、生活支援コーディネーター・協議体は何をするか

市場サービスが豊かな大都市部の特徴（服部）

堀田　改めて、大都市部で、助け合いのほとんどない所での生活支援コーディネーター・協議体は何をするのでしょうか。

服部　助け合い活動とは何かということを大都市部の人にどう伝えるかということをよく考えます。値段をつけられないこと、気持ちで行うことが助け合いですといった単純な説明で良いのか。

というのは、大都市部では助け合い活動は確かに広げにくいですが、買い物や調理などの生活支援の市場サービスは非常に豊富なのです。例えば、配食サービスがある、ネットスーパーや移動販売もある、公共交通機関も充実している、ジムもカルチャーセンターもたくさんある。しかも、市区町村も地方に比べて財政力が高い。東京都武蔵野市はテンミリオンハウスという施策を行っていますが、つまり、居場所に毎年１０００万円を上限に補助するという事業ですよ。

堀田　すごい。

服部　そういう様々な資源がある中での助け合いですから、例えば、人口密度が低く高齢化率40％超の大分県竹田市の助け合い（**P66・P168参照**）とは違いますよね。

堀田　全然違う。

服部　そうなのです。大都市での助け合いについて、堀田さんはどのようにお考えでしょうか。

堀田　生活支援コーディネーター・協議体は助け合いを広げるためにあると言えば、広まりっこない大都市部で生活支援コーディネーターはつくらなくてもいいんじゃないのというところまで議論が押し詰まっていってしまう。

しかし、そんな大都市部で、なぜ助け合いを広めるのか。だいたい自分の稼いだお金で生活できている。助け合いというのは温かくてすごく感動的という点もあるけれど、一方、わずらわしくて気を遣わなくてはいけない点もある。大都市に住んでいてお金でやれる人というのは、わずらわしいことはしたくない、お金でやれるなら、それでやっていきたいと言う。そういう考えが根底にあるから挨拶するのさえ面倒だと、そもそも助け合いの基盤がなくなっているのが大都市部の特徴だろうと思います。

本質的に、将来的に、助け合いは必要（堀田）

堀田　大都市部にいる人は、地方での今までの人間関係で、いちいち「そういうやり方がおかしい」とか、あーだこーだ言われるのが面倒くさくて都市部に移り住んでいる。だから、干渉されるのが面倒くさくて、もう助け合いはいらない、金で行こうと頑張ってきた人が多い。そういう人の集まりなので、なかなか大都市部で助け合いは広まらない。

でも、全く助け合いなしで、最期までお金だけでやれるかというと、一つは、もうそれをやれる人はごく少数になっている。お金だけでやる場合、例えば体が動かなくなって、今と同じように自由勝手にやろうと思ったら、24時間ヘルパーさんをつけないといけない。それには8時間勤務の人に1日3交代で来てもらわないといけないし、その人件費を介護保険費用と関係なしに、市場価格で払っていったら月に600万円くらいはかかります。最期までできるほどお金を持っている人がどれだけいるのか。本人はわずらわしいから自分のお金でやろうと思っているけれど、実は、経済上できない厳しい状況になっている。

もう一つ。わずらわしくないことを一番にして、人と挨拶をしない、好きに生きていきたいと思っていて、高いお金でサロンに行ったり、夜楽しんでいたりするけれど、そういう人も実はやっぱり寂しい。人と人としてのつながりが欲しいと言う。これは人間の本質的な部分であって、そこの部分が満たされているかというと満たされていない。

この両面を考えると、やはり助け合いというのは、今都市部の人が求めていなくても、いわば本質的に、将来を考えると必要なものなんじゃないだろうか。最期になって「俺の考え方は間違っていた、みんな頼むよ」と言われたって、なかなかそうはうまくいかないだろう。だからこそ早い時期から助け合っていくという生き方を、大都市でも広めていかなくてはいけないんです。

となると、生活支援コーディネーター・協議体は、苦労はするけれども、そういう仕組みを大都市部でも、少しずつ努力して広げておくことが大事で、10年先、20年先になって、お金だけではやれない、助け合いをしていこうという人が出てきた時の事態に備えて、努力を重ねていく必要があります。

挨拶をする、ちょっと困った時は助け合う、そういう地域をつくりましょうという話を、都市部の小学校でもやって、親たちにも話す。それが20年先、30年先、40年先に予想される、お金だけではやれないという、みんながそう思う社会に対する備えになるのではなかろうか。

だから、東京の生活支援コーディネーターを見ていると、みんなにあまり望まれていないのに、みんなを引っ張っていかなくてはいけないから、かわいそうな気もしますが、やはり頑張ってもらうしかないのかなあと思います。

都市部での助け合いの広げ方（服部）

服部　しかし、都市部に助け合いがないかというと、それはそうでもなくて、例えば、東京都世田谷区には700か所を超すサロンやミニデイがありまして、都内のサロンの3分の1は世田谷区に集中しているということです（P38参照）。様々な主体がやっていて、内容も様々です。大学が居場所を提供していたり、喫茶店だったりとか。

なぜ、サロンが次々と生まれ、そして地域が協力しているのかというと、地域の方々にサロンが必要だと思われているからだとも思います。

そもそも、助け合いでなければ難しいサービスがあって、それは市場に乗らないものですが、例えば、見守り、ごみ捨て等の「ちょこっとボランティア」と言われてきたものは都市部でも助け合いで実施されてきました。東京の都心でも、小学生の登下校の見守りをボランティアがやっている姿を見かけたりします。

都市部では豊富に市場サービスがあったり住民もお金を持っていたりで、確かに広げにくいのでしょうけれど、生活支援コーディネーター・協議体は、助け合いでなければ難しいものから、まずやっていくことになるのではないかと思っています。

心の効果が大きい（堀田）

服部　その時に、先ほどの話に戻るのですが、豊富な市場サービスがある環境下での助け合いの形を提示できないかなと思っています。

例えば、他人の家に行って、何を買ってきて欲しいかを聞いて、スーパーに行って買って帰ってくるということはしませんと。市場サービスで持ってきてくれるから。だけれども、持ってきてもらうための支援が必要な場合があり、それを助け合いでやりましょうといった形を、都市部の生活支援コーディネーターが思いついても良いんじゃないでしょうか。

堀田　まったく同感です。人は、まず楽をしたいから、今までやっていた家事をどんどん市場に外注して、食事も掃除も何でもお金でやってもらう方向に動いてきた。ただ、機械的に食事を届けてくれるので良いのかというと、実は、もの足りない。

夫婦がお互いにちょっとしたサービスをやるというのは、ちょっとしたサービスで助かるというだけではなく、「これをやっているのは、私の愛情なんですよ」という、心を届ける部分がすごく大きい。だから、やってもらったほうも、これをこの人がやってくれたという愛情、つながりの確認、そういう効果が大きい。だから、市場だけで何でもやればいいというものではない。

そういうことが確認され出して、いったんは全部市場の方で、お金で解決する方向に行っていたのが、心、気持ちをお互いに届ける、愛情を交換するというのが大事だなあっていうことがわかり出してきた。お金、市場に振れた生き方が、心、精神、愛情の方に振り戻されている。それは人間の本性に合っているからです。世田谷区で、サロンが増えつつあるのも世田谷区の社会福祉協議会（以下、社協）とか福祉公社が頑張ってきたからですよね。あれで助け合いを経験した人が、なかなか良いじゃないかというふうになって復活しつつある。

だからまさに服部さんがおっしゃったように、そういう活動を復活させることはすごく意義が大きくて、都市部でも、人の心、そういうことにもう一度目覚めるようにしていけば、かなり助け合いは広がるし、それで元気になったり、支える人が増えたりする。これはおっしゃる通りで、完全に意見が一致しています。

服部　そうですね。豊富な市場サービスも活かした助け合いを工夫しながらやっていく。例えば、調理という生活支援を週1回と、配食サービスを週1回、あるいはみんなでの会食会を週1回、食事を支援するという意味では同じですが、何が良いですかと選んでもらうことも考えたら、生活支援コーディネーターはやることがたくさんあると思うのです。

堀田　わずらわしくないような助け合いをいかにするか。これは人類の進歩の過程で、だいたい自助と互助だけでやってきた人類が、初めて公助という、他の動物にはないことをやりまして、ぱっと公助のほうに流れていったのが、もういっぺんあるべき姿に戻っていく。人間に一番適した自助、互助、共助、公助のバランスを取り戻す過程にあるんでしょう。これは都市部においても変わらないでしょう。

大都市部

大都市部で展開できる居場所や助け合いの特徴

〝大都市〟と言っても地域性は様々あるが、ここでは、東京を例にいくつかの取り組みをご紹介しよう。

多様な連携でつながりづくり「こまじいのうち」

地区町会連合会に地域の住民が空き家を提供して誕生した「こまじいのうち」（東京都文京区）には、地域の人たちがふらっと集まってくる。

顔なじみの高齢者はもちろん、近くの子どもや母親たち、初めての人も気軽に入って来られるあったかい雰囲気だ。一方で、この居場所は区社会福祉協議会や駒込地域活動センターがしっかりサポートしている。設立時から、民生委員や青少年委員、ボランティア他メンバーが参画した実行委員会を組み、運営は地域住民を主体とした50人のボランティアがスタッフを務めるなど、計画の段階から地域を広く巻き込んでいった。

外部に向けてフェイスブックによる情報発信にも力を入れている。

大都市圏では、今後高齢者人口の増加が顕著であり、地域での孤立化・支え手不足が深刻な問題となる。人間関係の希薄化を解消して、どう助け合いを生み出すかが大きな課題。意図的な居場所への導きが必要だ。

入口は企画型プログラムが有効？ 選択のための情報を求めている

東京都が平成27年に行った65歳以上の在宅高齢者の実態アンケート調査（対象・男女６０００人・回答率73・2％）によれば、地域とのつながりが「以前と変わらず弱い」が約3割。「少し弱くなっている」「弱くなっている」との回答と合わせると6割を超えている。一方、「1年間に行った活動」「参加してみたい活動」では、どちらも突出して、「趣味、学習、スポーツ活動」が一番だ。

そして「高齢者のボランティア活動等に必要な行政の支援」との問いには、「活動に関する情報提供」「場所の提供」が最も多い。他の、例えばリーダー養成講座の開催や、活動希望者の登録制度の充実などはどちらもその半分以下の割合にとどまっている。

居場所では、プログラムもなく自由に過ごせる場づくりが一般によく言われるが、この調査から見ると、例えば、趣味やスポーツをテーマにしたプログラム企画をつくり、その情報を提供する。これらが、自宅の近くに多様に多彩にあることが有効ではないかと予測される。

「こまじいのうち」でも、実は「囲碁カフェ」「脳トレ健康麻雀」「こどもあそび隊」「こまじいキッチン」「ガンバルーン体操」等々、読むだけでも楽しそうなプログラムが組まれ、地域住民の参加につなげている。

Ｐ35で紹介している世田谷区では、区社会福祉協議会が区と共に地域に働きかけながら、ふれあい・いきいきサロンや支えあいミニデイを区内全域に広げている。これらを行う団体数は700を超え、延べ参加者数は23万6000人、延べボランティア数は4万5900人を数える。サロンはいずれも高齢者だけでなく、障がい者や子育て中の親など誰でも参加できる。自宅開放型で、食事を一緒に食べたり、「子育てサロン」であっても先輩の中高年ママも参加して多世代交流が図られたりしている。

また今、東京都は「プロボノ」による支援等を実施する「東京ホームタウンプロジェクト」を進めている。専門知識や技術・経験を地域に活かす仕組みで、これも多くの企業が存在する東京ならではのアプローチと言えるだろう。

防災と環境と、そして助け合い「コープ南砂」の取り組み

「コープ南砂」（東京都江東区）は、入居から35年が経つ全165戸・入居者約360人の中規模集合住宅。管理組合・自治会に加え、自主防災組織の「コープ南砂防災委員会」（災害協力隊）を設置している。さらに自治会の呼びかけで10年前に「コープ南砂助け合いの会」が設立され、困った時はお互いさまのちょっとした助け合い活動を住人同士が有償ボランティアで行っている。利用料は350円／30分。現在、入居世帯の約8割が会員だ。

ここのポイントは、防災、環境という居住者が関心を持ちやすい取り組みから子育て支援、介護支援・高齢者の日常生活支援の活動までを一

体となって行いながら、一方で、互いに入り込み過ぎず、認め合ってほど良い距離を保っていること。日頃からつながりを維持するために、ふれあい喫茶室（毎月2回）やハイキング、観桜会、親睦会など多彩な企画のコミュニティ活動も行っている。（清水）

多世代が集う居場所・
こまじいのうち

コープ南砂・管理組合と
自治会による清掃活動

コープ南砂・自治会と
秋祭り実行委員会による秋祭り

3 助け合い活動で要支援者の生活支援をしても、介護保険料削減効果はほとんど期待できないのか

状態の維持改善、介護予防による削減効果がある（服部）

堀田　「助け合い活動で要支援者の生活支援をしても、介護保険料削減効果はほとんど期待できない」という指摘もありますが、どのようにお考えですか？

服部　そのご指摘の趣旨は、介護予防訪問介護が総給付額の中でどれだけを占めているのかと言えば５％もいかないと。だから介護保険料削減効果は全体から見ればわずかに過ぎないということだと思います。

しかし、中・長期的に保険料の削減効果はあると考えています。まず、これまでよりも状態の維持改善の効果が期待できるのではないかと考えているということで、私個人の意見ですが、これは助け合いの効果と言い換えても良いと思います。できることは自分自身でやっていくという自立支援の考え方は、助け合いの世界では言うまでもないことではないでしょうか。給付は基本的にサービスを提供すればするほど事業者の売り上げが増えますから、利用者が自分自身でできることでも、できるだけ楽をしたい、サービスを使いたいと希望があった時に、事業者側が「それはあなたのためになりません」と言えるかというと難しい。助け合いでは、それは問題になりませんよね。「いやいや、あなた、自分でできることはやりなさい。そうすれば良いことがあるよ」と本人の力を期待するのが自然ですよね。

もう一つは、元気な高齢者にぜひ地域でご活躍いただきたい、生活支援の担い手になっていただきたいと思っていまして、その方々の将来の介護予防の効果が大きいということで、保険料削減効果は十分に期待できると考えています。

実態は保険料が安くなっている（堀田）

堀田　ここも服部さんの考えに、まったく異論はなく、同じ考え方です。

計算上の話ではなくて、実態として、助け合いが広ま

り、あるいは、住民主体で楽しい介護予防が始まっている地域は、認定率も下がるし、保険料も安くなっているし、計算と全然違う実績が現に出ているわけです。

それがなぜ出ているかというと、介護保険の世界に入ってこない人がどんどん増えている、あるいは、入っている人も良くなっていっている。助け合いにはそういう大きな効果があって、そこが計算に出ていないということでしょう。

ここでは、助け合いが広まれば、実態は保険料が下がるということを確認しておきたいと思います。

4 助け合い活動の効果は何か、それは証明されているか

助け合いの効果は証明されている（服部）

堀田 今の話でも出てくるんですが、助け合い活動をやったために、どれだけ介護保険料を納めなくて良くなったのかとか、それでどういう経済効果が生まれたのかなど、これはなかなか証明が難しい。

服部 はい。今、介護予防の効果が大きいと言いましたが、活発に活動していることが健康維持につながることについて証明するのは難しいと言われてきました。その理由は単純で、助け合い活動をしたから元気なのか、元気だから助け合い活動をしているのかということですよね（笑）。どっちが先かわからない、因果関係がわからないということです。

そこで、千葉大学の近藤克則先生が経年での変化を追ってこられた実証研究をご紹介しているのですが、助け合いの多い地域のほうが認知症リスク者が少なかったとか、同居している人以外の人との交わりが毎日ある人と、週1回の人と、月1回の人と比べると、毎日会っている人のほうが認知症になりにくいし、認定も受けていないということがわかった。なんと1・3倍も違ったということです。

助け合い活動に参加することが介護予防につながるということは証明されていると言って良いのではないでしょうか。

現象として証明されている（堀田）

堀田　今は、何でも社会科学は、証明しないといけないと言っていますが、心の因果関係というのは証明が難しい。そもそも心自体が科学的に把握されていないからです。

現象で証明しようとする研究もアメリカに源流があって、カリフォルニアで何十年間かかけて、何百人かの追跡をやって、困った事を打ち明けられる人がたくさんいる人ほど長生きするという研究を行っています。そういう証明はいろいろ出てきている。

助け合いということの快感というか、自分が生きているいきがいというか、毎日の張り合いというか、そういうものを持って暮らしている人については免疫力が高まるということが、もう一息、医学的生理学的証明まで来ていないんだけれど、かなり証明されつつある。

日本で最初に地域包括ケアを提唱された広島県尾道市の公立みつぎ総合病院名誉院長の山口昇先生の目の前で私は講演して、「ボランティアは免疫力が高まる効果があるに違いない」と話したら、先生は「地域包括ケアでボランティア活動をやっている人は、私の病院に来ても元気で長生きしているので、それは堀田さん間違いない」と言われました。完璧な証明まではいかないけれど、事象的にも医学的にも認められつつある。

逆に困るのは、社会のリーダーと言われる有識者。有識者は、だいたいしっかり者で、自分で稼いだお金で暮らしているから、そもそも助け合いはわずらわしいと反感を持っている人が少なくない。でも、ここまで来たら、助け合いの効果を、疫学的、事象的には証明がついていることとして、認めて欲しいと思います。

5　要支援者に対する生活支援を従来型あるいはA型で行う事業者たちの将来設計

介護サービス事業者には、専門職でなければできないことを考えて欲しい（服部）

服部　まず確認しておきたいのですが、新しい総合事業の対象者は要支援者、事業対象者ですから、基本的には

要支援1〜要介護2の認定調査結果

要支援者のほとんどは、身の回りの動作は自立しているが、買い物など生活行為の一部がしづらくなっている。

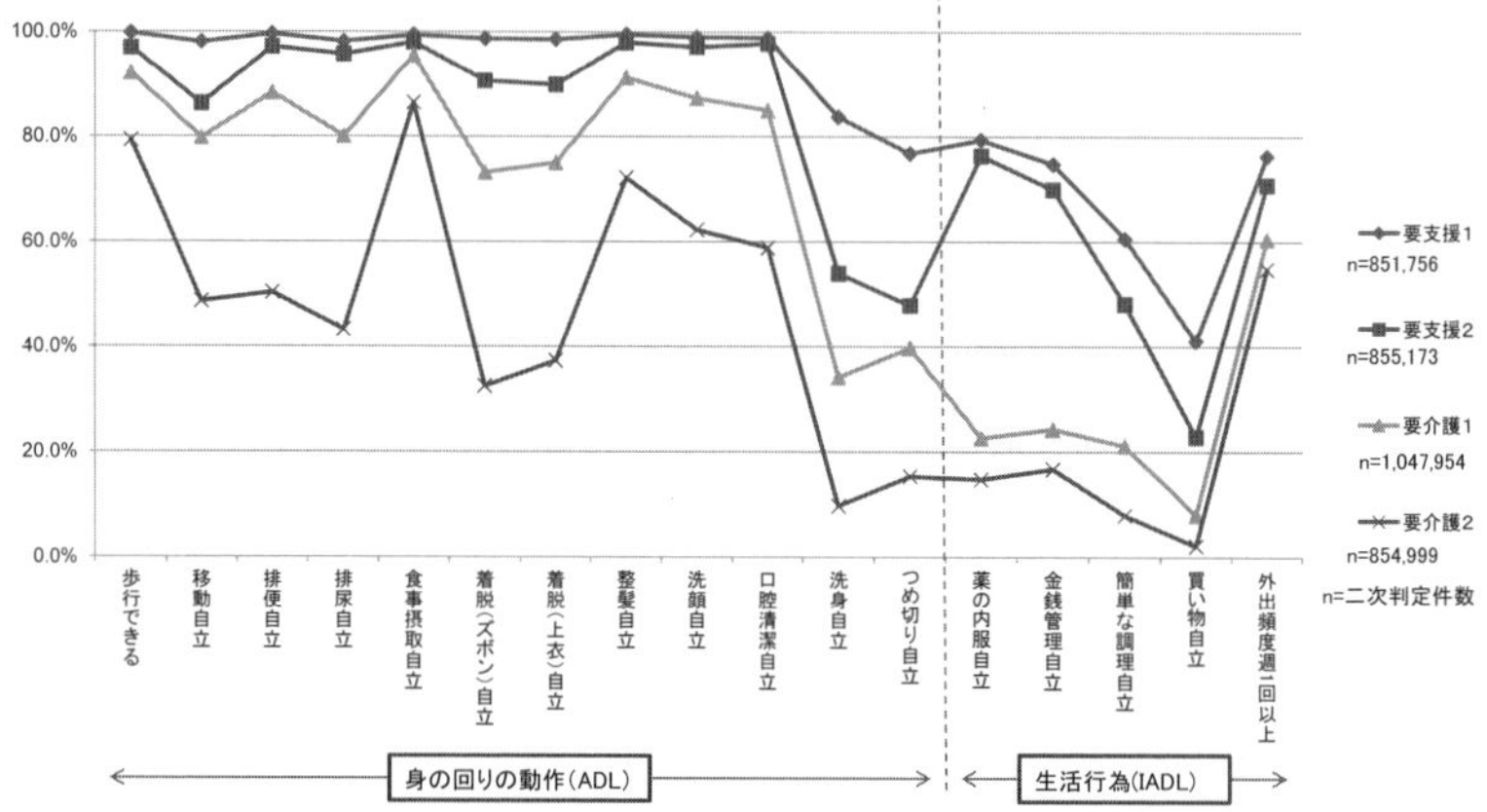

※1 「歩行できる」には、「何かにつかまればできる」を含む。
※2 平成23年度要介護認定における認定調査結果(出典:認定支援ネットワーク(平成24年2月15日集計時点))

出典：厚生労働省資料

ＡＤＬ（日常生活動作）はほぼ自立、ＩＡＤＬ（手段的日常生活動作）で支援が必要な部分があるという状態像です。つまり、まだまだ自分でできることは多いですし、適切な事業に参加することで改善し元気になれる余地が十分にある方は少なくない。そこで、まず専門職が実施すべきことは短期集中の専門サービス、いわゆるＣ型だろうと考えています。３か月から６か月の間で、できるだけその方の状態を引き上げる。それは厚生労働省で、平成24年、25年とモデル事業をやってきた成果で、その代表例が奈良県の生駒市や大分県の竹田市です。一度、要支援認定を受けても、多職種が適切に支援することで元気になれる方はたくさんいらっしゃるのです。

その上で生活支援ですが、要支援者に対する生活支援の６～８割は掃除ですので、掃除を誰がどのように担うのかということで考えてみたいと思います。掃除は、民間サービスでもありますが、かなり金額が高いです。また、民間サービス以外で毎週継続的に来てくれる掃除サービスはあるかというと非常に少ない。要支援者に対する掃除は、現時点では介護予防訪問介護事業者が大半のシェアを握っているとも言える実態だということです。

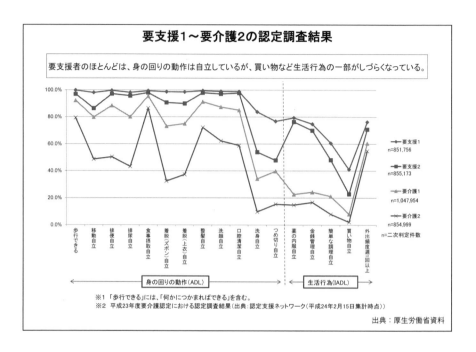

予防モデル事業における要支援者等の自立支援の考え方

- 要支援者等に対し、一定期間の予防サービスの介入（通所と訪問を組み合わせて実施）により、元の生活に戻す（又は可能な限り元の生活に近づける）ことを行い、その後は、徒歩圏内に、運動や食事を楽しむことのできる通いの場を用意して、状態を維持する。
- 活動的な高齢者にサービスの担い手となってもらうなど、地域社会での活躍の機会を増やすことが、長期的な介護予防につながる。

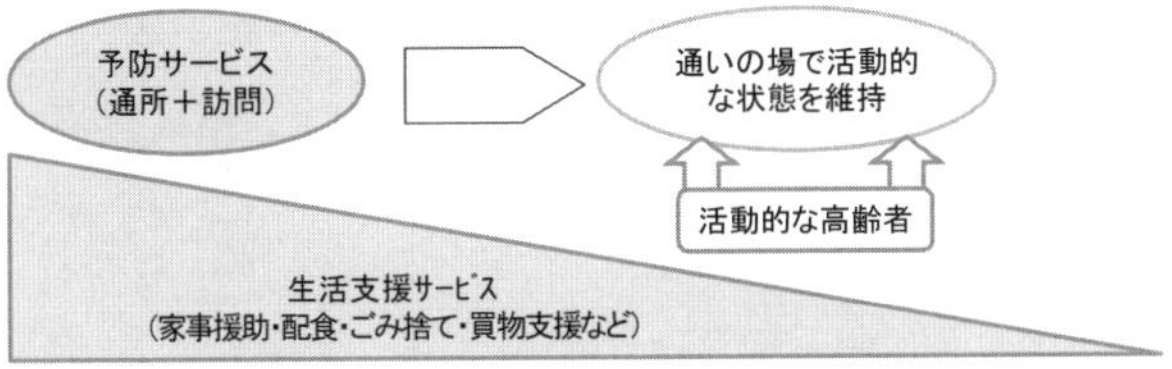

自分で行うことが増えるにつれて、生活支援サービスの量が必要最小限に変化

・通所に消極的な閉じこもりがちの対象者は、当初は訪問で対応しながら、徐々に活動範囲を拡大。（用事を作り外出機会を増やす、興味・関心を高め外出の動機付けを行うなど）

出典：厚生労働省資料

しかしながら、介護サービス事業者はどのような状況にあるかというと、後期高齢者が急増していく一方で労働力人口が減少していきますので、人材の確保が大きな課題になっているわけです。その状況では、中・重度者への対応、身体介護の担い手の確保が優先されるのではないかと思いますが、そうなると掃除を担う人はいなくなってしまうのでしょうか。堀田さんはどのようにお考えですか？

生活援助は助け合いで（堀田）

堀田　生活援助と言えば、今までは市場サービスなしに家族の間で支え合い、単身者も自分の生活は自分で維持してきて、本来市場の入る余地のない領域でした。ただ社会が進歩するにつれ、少しでも外で働く労働力を増やすために、自分の生活を外で稼いできたお金で賄うというので、市場サービスがいろいろ代替するようになってきたけれども、基本的には、市場はいらない、専門性もいらない、自分たちでやれる性質のものでしょう。

そこが基本だと思うので、後から入ってきた市場サービスが生活面の援助の専門性をどれだけ持っているかというと、私も週末以外は一人暮らしをしているし、掃除をあまりしないものだから、ひどくなった時は頼むんですけど、2万、3万、5万、ちょっとやってもらったら、むちゃくちゃ高いですよ。それなら、自分でやったほうが良いかなと（笑）。あんなに高いお金を普通に払えるはずがない。確かにきれいにやってくれてはいるけれど、ちょっと綿ぼこりがあったって、別にどうってことない（笑）。

服部　（笑）

堀田　端っこに若干ゴミが残っていようと、そんなものはまっさらにしてもらう必要はない。生活というのはそういうもので、事業者が専門性を主張して、「俺らがやるべきだ」とバカなことを言って欲しくないし、そんなことを言ったって、誰も納得しない。だから、生活援助の部分は、間違いなしに助け合いの分野ですよ。

身体介護も毎回教わる必要はない（堀田）

堀田　問題は、身体にかかわるリハビリとか介護予防などの部分なので、それは確かに身体に関することだから素人が誰でもやれるものではないけれど、それも「こういう点で体を維持したい人はこんな体操をやったほうが良い」とか、「ここが弱っている人はこういうスクワットをしたほうが良い」とか、基本的な知識を教えてもらったら、みんなでそれをやれば済むんではないか。毎回専門家に来てもらって教えてもらう必要はない。基本は、確かに特別な知識が若干いるだろうけれど、いったん習ってしまえば、専門家が教えてくれるのと同じ効果を上げられるので、専門性を理由にこの分野で事業をしてもらう必要はない。彼らには「もっと専門的なことを勉強して、もっと高度なことをやったほうがお金もたくさん払ってもらえて良いじゃないですか。高度なほうに行って頑張ってください」と言いたい。

だから、生活援助の部分はもちろんのこと、身体に関する部分も、軽度者に関する介護予防の分野では、保健師とか専門職があっちこっち回って、やり方を教えてくれれば、あとは素人同士でやっても同じ効果を上げられると思います。

やはり、専門職でなければできないことに特化していくべき（服部）

服部　堀田さんのお話を受けて、改めて新しい総合事業の背景を確認しておきたいと思いますが、本来、介護保険は「自助」「互助」では対応しきれない部分について補う制度であって、さらに、介護保険法の第４条では給付の前提として要介護状態となることを予防する努力義務が定められています。しかしながら、今は「自助」「互助」でできるにもかかわらず介護保険のサービスで置き換えているところが現実にあって、それを見直そうということです。

堀田さんがご指摘になった介護予防ですが、大阪府大東市がそうですね。まさに専門職から立ち上げ等の必要な支援を受けつつも、住民主体でやっています。そして、しっかりと効果も出ているということですね。

一方で、要支援者になった原因を細かく見ていくと、人それぞれ、様々です。例えば、「食べる」ということに支障が出てきたとして、それには様々な原因があって、原因に応じて医師、栄養士、歯科衛生士等、専門職の力を借りていく必要がある場合は当然にあります。例えば、脳梗塞で軽い麻痺が残って要支援になった場合では、作業療法士が住宅改修や家の中の導線の工夫、包丁の使い方の助言等を行い、自立的な生活を取り戻していただく支援を行っています。事業者、専門職には、そのような「自助」「互助」では難しいことについて、これまで以上に役割が求められていると思います。

天童市（山形県）

B型はこれまでの助け合いのやり方を変えずに実施できる

居場所が持つ大きな効果

B型サービスの通いの場は住民主体による活動でありながら、対象は要支援者がメインという要件がある。これでは本来の居場所「いつ行っても良い、誰が行っても良い、何をしていても良い自由な場所」になりにくい。誰が行っても良い場所だから、子どもから高齢者まで様々な人たちがふれあい、お互いの良さや不自由さ、悩みなどに気づき、助け合いに発展するという大きな効果を持つ。本来の居場所がB型でできるようにモデルとして打ち出したのが、山形県天童市である。

いつ誰が行っても良い「の〜んびり茶の間」

NPO法人ふれあい天童が取り組んでいる居場所「の〜んびり茶の間」はいつ誰が行っても良い、自由な常設型の居場所である。天童市は「の〜んびり茶の間」をB型モデルとした。どんな仕組みになっているかと言えば、まず、チェックリストを受けた高齢者が新しい総合事業に該当すれば、その方の介護予防や生活機能の改善を目的にケアマネジャーは事業者が運営する通所型サービス等に通えるようにプランを立てる。通所型サービス等に通うことにより生活機能の改善が見られた場合は、住民主体の地域の居場所へ移行するか、同じく住民主体で活動している「の〜んびり茶の間」へ通えるようにプランを考える。つまり、一度、介護予防を目的とする事業者で「の〜んびり茶の間」に向くところまで生活機能の改善を行った上で、住民主体の居場所（B型）に通うことを想定している。

生活機能が改善はしてもチェックリストに該当している限り、B型のメインの対象になっている。その状態で「の〜んびり茶の間」に通うことになれば、参加費３００円、食事をする場合は３００円を他の人たちと同様に払う。そこでは、もともと子どもも障がいのある人も認知症者も、老若男女様々な人たちが自然にふれあい1日を過ごす。裁縫をしているグループがいる日もある。体操をする日もある。参加したければ参加できる。寝ていたければ寝ていることができる。歩いて行くことが難しければ、有償（謝礼金）で送迎もしてもらえる。食事は栄養のバランスのとれた野菜たっぷりのメニュー。みんなで一緒に食べるのが楽しい。そんな場所だからついつい本音が出てしまい、つながりができて、助け合いが始まる。（鶴山）

「の〜んびり茶の間」で
裁縫を楽しむグループ

「の〜んびり茶の間」の
ある日の昼食

やらないことに決めることが一番良い（堀田）

服部　話を掃除に戻しますが、掃除の民間サービスの料金は高いです。でも、自分で掃除をすることが難しくなってきて、しかし一人暮らしで掃除をしてくれる人はいない。そして今は、要支援者については介護サービス事業所が掃除をしてくれます。多くの方がご利用されています。それをどうするか。

堀田　それは仕組みじゃないですか？　事業所には「あなた方に払っているお金は節約できるし、ますます厳しくなっている介護保険料の上がり方を少しでも抑えるためにはもうあなた方は引いてください。あなた方ほどしっかりやらなくても、やっていけると言ってるんだから、もっと違う分野に行ってください」ということで、仕組みをつくってもらって、さらに高度なほうに移ってもらうしかない。

服部　新しい総合事業は、それを可能にする仕組みですね。

堀田　掃除の専門性なんて、そんなにたいしたことはないのに、それで金が儲かるなら、止めませんよ。だから、彼らを説得するのは難しいので、「みんなの保険料のためにこういうことにしました」とびしっと言ってもらうのが一番良い方法かなと思います。

服部　先ほど、生活支援コーディネーターの任務で議論したところですが、今、世の中に介護サービス事業所による生活援助がある中で、生活支援コーディネーターとしては何ができるでしょうか。そうは言っても「ニーズがあるじゃないですか。他にやる人はいないじゃないですか」となりますよね。

堀田　それは説得というより決定でしょう。

専門家にやって欲しいという利用者に対しては、「助け合いでだってできるんだし、お話をしながらやってもらったほうが、あなただって楽しいでしょう」と、生活支援コーディネーターは説得できると思います。

服部　徐々にということはないでしょうか。例えば、有償ボランティアの仕組みを活用して共存させつつ少しずつ大きく育てていくとか。ばしっと「事業者さん、さようなら」と言いますか（笑）。

堀田　生活援助は、ばしっと言ってもらうのが良い。決め方の問題だから、この際、ばしっと言うのがこの事業の良いところかなと思います。

服部　洗濯も同じですか。ばしっと決めて、「洗濯は事業者さん、撤退してください」と。

堀田　保険料を払うほうだって大変なんだから、生活援助にそんなにお金をかけられないと理由を説明して、Ｂ型に移行するのが良いのかなと思います。

6　A型とB型の競合

B型に行きたくても自己負担額のせいで行けないこともある（堀田）

堀田　初めに服部さんが示唆された問題ですが、難しい問題です。Ａ型の場合は、自己負担が1割だとすると、9割は税金と保険料で払ってもらうので、本人の負担額は安い。Ｂ型の方は全額自己負担ですから、トータルでかかる額を比べれば、Ｂ型はぐっと安いんだけれど、本人が払う額はＢ型のほうが多い。

だからＡ型だと、例えば２００円払えば済むものを、Ｂ型だと６００円の謝礼金を払う。謝礼金ですから額は決まっていないにしても、それくらいの差でしょう。そうすると、年金も厳しいし生活も厳しいという人は、「Ｂ型の楽しい居場所に行きたいんだけれど、あるいは訪問サービスに来てくれる人が楽しいほうなので、Ｂ型にしたいんだけれど、やっぱり６００円は辛いんで、２００円のＡ型のほうを選ぶ」ということになってしまう。

これは実際に介護保険制度が始まった時、介護保険の家事援助サービスと我々の有償ボランティアとの間で起きた話です。「介護保険のほうに行きたくないけれど、お金の関係で行ってしまった」という人が少なからずいた。介護保険のサービスと有償ボランティアとは必ずしも競合していなかったにもかかわらず、です。今度はＡ型とＢ型、同じような種類のサービスで競合しますから、ますますそういうことが起きてしまうかなと思います。初めは事業者、Ａ型のほうに行ってしまうでしょう。２００円でやってきた人に、「Ｂ型、助け合いを始めました。楽しいですよ。あなたもいきがいが生まれますよ。こっちに来ませんか。ただし２００円じゃなくて、600円をいただくことになりますけど」と誘いかけても、やはり家計が大事で「すごく行きたいんだけど、ちょっと払うのが辛い」となるのではないか。だから後発のB型は誘いにくい現象が生じるのではないだろうか。

それが我々の実感ですが、服部さんはどうお考えですか？

まず競合しない領域で（服部）

服部　介護保険事業も助け合いも行うNPOがありますが、今は競合しないようにやっていますよね、今の介護保険制度下で。つまり、助け合いでは介護保険制度ではできないこと、向いていないことをやっているということです。

新しい総合事業のそもそもの目的の一つは、これまで介護保険外で実施されてきたサービス、支援を広げていくことでして、厚生労働省の基本的な考え方は、まずそこに着目していて、住民主体のサービスは住民が主体ですから、どんな支援をするのかも住民が決めることになります。そこで、B型に関しては旧介護予防訪問介護の範囲を超えて支援することを可能としています。ただし、新しい総合事業も介護保険制度ですから、例えば雪かきをした場合、その費用をみることはできませんので、基本的にはサービスの内容の影響を受けない間接経費だけを補助するとしています。

つまり、まず競合しない領域というのがあって、そこにはA型が入る余地はありません。B型の大きなメリットです。

細かく分類して専門性を見る方法がある（服部）

服部　もう一つ、基本的な考え方としては、「自助」や「互助」から考えていくと、旧介護予防給付のサービスはずっと細かく分類されるべきだということです。例えば調理ですが、A型とB型で比較するだけではなくて、できるだけ自身でやれるように考えると、「全部ヘルパーさんお願いします」ではなくて、その人その人によって

「ここはできますよね。でも、ここはできないですよね」と細かく見ていき、必要な支援を見極めていくことになります。

そして、細かく、できることとできないことを分類すると、事業にはなりにくいのですね。「ごみ捨て」なんてまさにそうです。これとこれだけ、必要な支援をしたいという時こそ、まさにB型の出番だと考えています。

堀田　なるほど。やれることとやれないこと。掃除といっても、エアコンの掃除とか、蛍光灯の裏側とか、事業者のやれるものはこれだけと、そうして分けていけば、事業者は全然儲からないし、それはやっていられないよというので競合がなくなるというのは、一つのアイデアではありますよね。そういうふうに、どうしても専門性があるものをしっかり分けるというのは一つの方法かもしれません。現実にそういけば、それは面白いと思います。

しかし、その競合しない領域の住み分け、A型とB型の住み分けを、一般的にどこまでできるのかというのはなかなか難しい問題で、やはり競合してしまうのは否めません。例えば入浴サービスですが、お風呂に入れてさしあげるのは助け合いでもやっていますが、もちろん事業者もやっている。洗い方は事業者のほうが上手、助け合いの人は洗い方は若干下手かもしれないけれど、助け合いの人に入れてもらったほうがいろいろ話もできて楽しいよと、この辺がちょうど介護保険をつくる時の住み分けの議論でした。

客観的な行為は両方できるんだけど、片方は専門職で洗い方が上手、片方は洗い方はちょっと下手だけど、いろいろ話をして楽しいみたいな、そういう住み分けが今回も出てくる。そうすると、それは利用者の選択の問題になる。選択なら、本人が払う額が同じでないと選択できないので、片方６００円で、片方２００円なら、少々楽しくなくたって、２００円のほうに行くでしょう。やっぱり競合の問題になってくる。

行政が穴埋め分を出した場合はボランティアか（堀田）

服部　そうですね。介護保険で認められている範囲のサービスについて、A型とB型が共存しているのであれば、その自己負担額の差を考える必要があります。まずは極論ですが、旧介護予防給付の範囲内については、有償ボランティアの謝礼も新しい総合事業で出してしまうのが一番安直です。

堀田　確かに、それが一番安直。でも、それはボランティアなのかなっていう問題が残るけれど。

服部　特別支援教育ボランティアというのがありますよね。あれは行政がボランティアに対して謝礼金を支払っています。

堀田　今おっしゃった、行政が穴埋めの分、例えば400円分は行政のほうで出しますよというのは確かにありだと思いますが、それでボランティアで良いのか、ボランティア活動でやっていて、その謝礼金の分を行政が出すという話ですよね。

服部　受益者ではない行政が払うわけですよね。

堀田　行政からお金をもらって、それでボランティアとして良いのか。福祉の分野では、受益者がいるから、そこのところがなじみにくい。一方、行政から言えば、そこのところに金を払って良いのか。その問題は、A型でやるなら払うんだからという理屈で通るんだろうか。

服部　より安いじゃないですかと。

堀田　安いから良いじゃないかという理屈で、経過的に出すということだと、行政の理屈は立つかもしれない。

一方、ボランティアの気持ちでやって、行政から謝礼金をもらう。しかし、それは、実質謝礼金ではないですよね。受益者が出すのじゃないから。だからその辺は、ボランティアの気持ちという問題は残りますね。

服部　やはり、難しいですね。最終的に実施要綱では、補助の場合はボランティアの人件費に相当する部分は補助対象経費とすることはできないとされました。

ポイント制の二つの工夫（服部）

堀田　私どもが考えていたのは、服部さんがいろいろご苦労されているポイント制度。助けてもらっている人もいろいろ助けることができることがある。だから、そこで何か助けた活動にポイントをつけてもらう。そのポイントのお金を、その人が助けてもらった人に払えば、経済的には、200円の方ととんとんになるし、400円ポイントをもらえば、本人も自分で稼いだポイントでお金を払うんだから、気持ちは済む。そういう仕組みにならないかなと思うんですけど。

服部　東京都稲城市で創設された介護支援ボランティア制度ですね。私は住民主体の支援を育てていくために大変有効な仕組みだと考えていますが、B型で活用していくには2点、工夫が必要だと考えました。1点目は、施設でのボランティアだけでなく居宅での生活支援も対象にすること。2点目は、要支援認定を受けていたとしてもポイントを付与するということ。まさに堀田さんが今おっしゃったような仕組みですね。

堀田　服部さんが頑張っておられるし、しっかり我々もポイント制に対応しなくちゃいけない。私どもの財団の仲間には、実際にポイント制でボランティア活動をしている方々がおられて、そういう方によく聞いてわかったのは、稲城市型のポイント制、つまり施設に行っておしめをたたんだりということをやって、謝礼とも言えないほどのちょっとしたポイントをもらっている。我々から見たら、「あなたは使われていませんか。ボランティアというのは本来自分がやりたいことをするもので、おしめを洗うだけでなく、もっと施設に入っている人と話をしたり、交流したほうが楽しくありませんか」と、そういう感じなんです。しかし、専業主婦の方に多いんだけれど、それよりはむしろ決まったことをやったほうが余計な気を遣わなくても良いし、「好きにやれ」と言われたって何をして良いかわからない。だから言われた通りやって、それで人様のお役に立っているなら、それなりの満足感もあるし、それでポイントを付けてくれるならありがたいと言う方たちがけっこうおられる。そういう方が、我々がやっているような自発性を大切にしたボランティアをやってくれるかというと、必ずしもやってはくれないんですね。

仕切られてやるボランティアならやるという方々が確かにおられて、その層をポイント制は開拓したわけです。その人たちの中からもやがて、もっと自発的にやりたいという人が出てくる。出なくても、それでプラスになっているんだから、それはそれなりにポイント制としての意味がある。それなら我々はそれも肯定して、応援しましょうと。それが今の我々の考え方です。ただ、服部さんのおっしゃる二つ目の工夫に発展していくと良いですね。

有償ボランティアの根拠法は？（服部）

服部　これは個人的な考えですが、有償ボランティアを制度化することを考えるべきではないかと思っています。有償ボランティアは制度上グレーゾーンで、だから市区町村が手を出しづらいのではないかと思っているのです。「有償ボランティアの根拠法は何ですか？」と聞かれてもありませんよね。

堀田　有償ボランティアを含めて、ボランティアを法制度上位置付ける法律が必要ですね。有償ボランティアを法律上どう反映させるのかという問題ですが、アメリカでは有償ボランティアの有償は報酬ではない、代金でもない、謝礼金（Stipend《スタイペンド》）だと定めている。牧師さんに収めるお金、いわばお布施みたいなものだとしている。性質もはっきりしているし、言葉もはっきりしているし、それをボランティア振興法に取り入れて、仕組みをつくっている。

ただ行政が出すスタイペンドについては、限度もしっかり規定しています。生活最低基準を維持するためのお金よりは高いお金で、しかし最低賃金よりは低いお金を謝礼金として払うとしている。

私はこの活動を始めた時から、有償ボランティアの法律をつくろうという提言（ボランティア認知法の提言、**P218参照**）をしていますが、二つ問題があって、一つはそういうものを認めてしまうと、企業がボランティアへの謝礼みたいな顔をして、安いお金で人をこき使うんじゃないかという問題です。労働者を守ることを第一に考える労働学者たちが「危ないから賛成できない」と言う。そこのところをどうするか。

もう一つは、日本で言う有償ボランティアというのは、ポイント制など一部を除いて、受益者が払うタイプに限定されているわけですが、アメリカの謝礼金は行政がボランティアにお金を払っていて、貧困家庭でそれを足しにしようとか、海外に出る活動には有償ボランティアの（それも相当な額の）お金を払うとか、けっこう行政がボランティアに直接払っている。

日本では、ボランティアは行政から干渉されたくない、コントロールされるのは嫌だと言う人が少なくない。ボランティアをやっている人たちには抵抗感があって、そこの壁をどう破るかという問題がある。それやこれやで有償ボランティアを法律にするのがなかなか難しい。政治家を回りましたけれど、「難しいよ。俺が一生懸命やっても票にならないから」と言われて、今日に至っています。そこをはっきりさせれば、かなりの問題が解決する。

我々は、実際的に、最初の問題である労働の報酬と謝礼金の区別は、謝礼金の額は最低賃金以下に設定すると決めた。そのように我々が自粛することによって、労働基準監督署が黙認するようになってきた。しかし、今度の事業になると、生協や農業協同組合（以下、農協）などのボランティアが、最低賃金以下で収まるかどうか。

もう一つの問題。行政がお金を出してやることに対する抵抗感についてては、はっきり言って我々も正面から取り組んでいません。ただ漠然と、抵抗感がある時に無理をするのかどうかなと思っているだけです。

有償ボランティアと労働の違い（堀田）

堀田　我々がやっている、この有償ボランティアだって、かつては他の分野のボランティアから「こんなのは邪道だ」と言われていたのが、この頃は「実績も重ねているし、続いているんだから、黙っていてやろう」というところまでやっと来た。それで、「今は広げるチャンスだ。応援してよ」と言ったら、「いやいや、有償ボランティアに関しては我々は静観しています」と、まだそこまでしか来てくれない。

だから、我々が「有償ボランティアをもっと広げよう」というのは、ボランティアのリーダーたち全体の考え方とは言いにくい。そこはまだ微妙な立場ではあります。

服部　行政がお金を出すか出さないかという話は除いたらどうですか？

堀田　助けられるほうが少しは謝礼を払わないと、ただで助けてもらうのは嫌だというのが日本の現状だから、それで有償ボランティアを認めましょうとそれだけで押す。

服部　そうですね。しかし、有償ボランティアが制度化されていないから、現状では最低賃金との関係や労働か労働じゃないか、法人税は？　などといった問題が生じるわけです。そこの整理を決めてしまえば市区町村は手を出しやすくなると思います。

堀田　そこは我々も、もちろん大賛成です。多いに語る必要がある。ただ我々は最低賃金以下でやっているけれど、生協などの助け合いは、けっこう最低賃金に収まっていない。市場価格よりは確かにかなり安い。でも、最低賃金以下ではない。この辺を労働を監督する行政の立場でどこまで認めてくれるのかというのが、もう一勝負、厚生労働省の労働部局と詰めなくてはいけない宿題ではあります。

服部　例えば、「年金をもらっているのでお金は少しだけいただければ良いけれど、世の中のためになりたいから役割が欲しい」という方、いらっしゃいますよね。もっと言えば、体力的に丸一日は辛いから、できたら体調の良い日、好きな時にお役に立ちたい。それで良ければ、コーヒー代数百円で良いですよとか。私は、このような声に応えられるものこそ、有償ボランティアなのではないかと思っています。

B型を育てていこうにも、役所側が有償ボランティアについてイメージを持っていないから進まない。「ボランティアは無償のもの」と言って、有償ボランティアを全否定される役所の部長さんとかいらっしゃいますよね。

堀田　せめて、その角度からだけでも詰められればすごいことですが、やはり労働部局はなるべく黙認でいきたいのじゃなかろうか。彼らが恐れるのは労働学者が心配するように、悪い経営者が入ってきてうまくやり、それが搾取につながること。「そこは大丈夫ですよ、しっかりこの分野でやる有償ボランティアは、有形の契約にしますから」という手があると思うんですが、その議論に行く前に、大騒動になってしまいかねない。だからこそ、今が頑張りどころだと思います。

服部　一億総活躍の施策を見ますと、高齢者の活躍のところに「ボランティア」と書いてありますけれど、あれは無償をイメージしているのです。もう一つは「シルバー人材センター」で、有償ボランティアは出てきません。これでは広がらないですよね。

堀田　広がらない。我々の目から見れば、シルバー人材センターがやっている、我々の謝礼金と同程度のお金での仕事の斡旋、これが問題なんです。それはそれでもちろん良いんですけれど、ボランティアとして見れば、やはり個々人の自発性、やりたいことをやるのが基本だと我々は思っているんです。彼らは、しっかり仕切られ、仕事をやらされて、それなら労働だろうと。ところが、それにふさわしい対価は払われずに、我々の謝礼金みたいな額というのはおかしいじゃないかと言うと、これは労働ではなくて、委任とか請負だと言う。委任や請負だから安いお金でも本人が了承していれば、それで良いんだと言う。委任や請負は、請け負った人がその責任と裁量でやるところに特質があるんで、彼らは何人もの人に同じようなことをやらせているので、これは請負でも何でもない、労働雇用ではないだろうか。

その解釈で良いなら、我々の有償ボランティアも法的にOKになるわけですが、それは認めない。シルバー人材センターがやる分だけは良いというのはおかしい。まともに議論して、労働法から見ても民法の理論から見ても良いという謝礼金をしっかり認めることがやっぱり王道だろうと思います。

服部　そうですよね。やはりそこを整理しないと、B型を推進することは難しいということです。

堀田　それを服部さんから言っていただき、また頑張らないといけないのかなと思いました。もう10年以上も前からやっているのですが、世の中動かない。でも、正しくやるには、正しい王道の理論を確立するというのが大切ですよね。経営者が悪用する恐れがあるから駄目っていうのは理論じゃないですよね。

服部　結局、市区町村がやることなので、市区町村が、これは法的に大丈夫だと安心できることが大事だと思うんですよね。今のシルバー人材センターだけが認められている姿が最終形なんですか？　ということだと思います。

堀田　それを服部さんと私が一緒に、同じメッセージとしてここで出せることは幸せです。

7 B型を始めやすくするために

一般介護予防事業とB型の違い（服部）

服部　通所型から考えたいと思います。まず、通所型のB型と一般介護予防事業の違いですが、ケアマネジメントの有無等ありますが、補助額で言えばB型にはサービスを差配する差配人、つまり月曜日は誰と誰が来て、集まった人に対してはこれを実施しようかなど、コーディネートする人（第3層生活支援コーディネーター）が想定されているのです。一般介護予防事業には基本的にそういう人はいない、ということですね。

一般介護予防事業というのは、誰が来ても、ふらっと来ても良いし、運営者側も自分自身の健康につながるからやっているといった姿です。

住民主体の活動として自然な形は一般介護予防事業の通いの場だと思います。通所型のB型は、要支援者等を中心に定期的に通う形態ですので、例えば、比較的元気な高齢者を中心に住民主体の居場所が始まり、時間の経

「通所型サービスB」と「地域介護予防活動支援事業」の比較

事業	介護予防・生活支援サービス事業	一般介護予防事業
サービス種別	通所型サービスB （住民主体による支援）	地域介護予防活動支援事業 （通いの場関係）
サービス内容	住民主体による要支援者を中心とする自主的な通いの場づくり ・体操、運動等の活動 ・趣味活動等を通じた日中の居場所づくり ・定期的な交流会、サロン ・会食等	介護予防に資する住民運営の通いの場づくり ・体操、運動等の活動 ・趣味活動等を通じた日中の居場所づくり ・交流会、サロン等
対象者とサービス提供の考え方	要支援者等	主に日常生活に支障のない者であって、通いの場に行くことにより介護予防が見込まれるケース
実施方法	運営費補助／その他補助や助成	委託／運営費補助／その他補助や助成
市町村の負担方法	運営のための事業経費を補助 ／家賃、光熱水費、年定額　等	人数等に応じて月・年ごとの包括払い ／運営のための間接経費を補助 ／家賃、光熱水費、年定額　等
ケアマネジメント	あり	なし
利用者負担額	サービス提供主体が設定 （補助の条件で、市町村が設定することも可）	市町村が適切に設定（補助の場合は サービス提供主体が設定することも可）
サービス提供者（例）	ボランティア主体	地域住民主体
備考	※食事代などの実費は報酬の対象外（利用者負担） ※一般介護予防事業等で行うサロンと異なり、要支援者等を中心に定期的な利用が可能な形態を想定 ※通いの場には、障害者や子ども、要支援者以外の高齢者なども加わることができる。（共生型）	※食事代などの実費は報酬の対象外（利用者負担） ※通いの場には、障害者や子どもなども加わることができる。（共生型）

出典：厚生労働省資料

過とともに要支援者等が出てきた場合に、月曜日の午後は要支援者等のためにＢ型で実施するといった形なども想定されます。

常設の居場所を増やそう（服部）

服部　もう一つ考えなくてはいけないのは、常設のサロン、居場所です。一般介護予防事業で典型例として示されている体操の居場所というのは、週1回型です。毎日開いている居場所ではなく、週1回の体操を継続するための支援を行っているところですね。これは大変重要な事業なのですが、一方で常設サロンのような、ふらっと行って、ふれあうこと、好きなことをやるというのも、予防効果があると考えています。しかし、常設の居場所に新しい総合事業で補助できるという情報はあまり伝わっていないのではないかと思うことがあります。

堀田　そうでしょうね。これは、居場所を始める時の問題なんですけれどね。

服部　そこで、常設の居場所をもう少しＰＲしないといけないのですが、常設の居場所に対する補助は新しい総合事業に限りません。

堀田　わかりにくいでしょうね。なんで居場所を行政が応援するのかという、その説明にずっと苦労してきましたが、今度の事業では、範囲も広がって、一挙に理解してもらわなくちゃいけない。これから一苦労ですね。

服部　しかし、もともと、地域の居場所についてはこれまでも様々な補助が行われてきていて、例えば自治会館に対する補助などになると、何十年も前からやり続けてきた事業です。そこで、居場所については役所内の他部署にも介護予防においても有効であることを確認していただいて、次に、これまでの資源や様々な仕組みも活用して居場所を増やしていくことを一緒に考えるということかと思います。そして、必要に応じて新しい総合事業による補助を活用していくという流れが自然ではないでしょうか。

人材育成、居場所から始める（服部）

服部　B型を始めやすくする方策は他にもいくつかあって、一つは人材育成ですね。介護予防リーダー研修などは各市区町村がやっていますけれど、そういう核となる人物、B型や居場所をやってくださる方をつくっていくという方策です。

居場所ができると、居場所の中で困っている人について、みんなでどう助けていこうかという話になって、それが訪問のB型に発展していくとも考えているので、いきなり訪問から始めるのが難しければ、居場所、通いの場から始めるのはどうかと思っています。

居場所と有償ボランティアを同時につくろう（堀田）

堀田　厚生労働省のほうで、まず一般介護予防の通いの場をつくり、そこでできた絆をもとに訪問のB型をつくっていくのがやりやすい方法ではないかとおっしゃっているのは、その通りと思う点と違和感を感じる点とがあります。

その通りと思うのは、通いの場はつくりやすいし、実際、全国を回っても、居場所に対する住民のニーズは圧倒的に多いから、自治体と生活支援コーディネーターがまず居場所づくりに取り組むのは、自然です。ただ、居場所が、そこに集まって雑談するだけの場に止まっていてはもったいないので、そこでできる絆と共感をもとに、集まる人々相互の助け合い、支え合いに発展することが望ましい。自然にそうなる要素は十分あるから、そのように誘導すれば、いわゆる有償ボランティアのような、少し深い、継続的なボランティアも生まれてくる。例えば新潟市で河田珪子さんがやっておられる居場所、「実家の茶の間・紫竹」では、去年の10月から「実家の手」というツールを活用し有償ボランティアが生まれています（P64参照）。

一方、違和感があるのは2点あって、一つは、１９９０年代の有償ボランティアの発展史から見ると、居場所を経由しなくても、有償ボランティア団体は、けっこう立ち上げられるということです。立ち上げる人の働きかけがあり、住民の間にこれに対するニーズがあると、居場所を立ち上げるのとそう変わらないエネルギーで立ち上げている。これから軽度者についてニーズが多ければ、有償ボランティアの立ち上げから入ることも十分考えられるのかなと思います。

もう一つは、住民のニーズは、全国の多くの地域で、居場所だけに対するニーズでなく、ご近所の助け合いなど無償ボランティアと、もう少し深く継続的な各種の有償ボランティアに対するニーズが合わせて出てきます。だから、初めから居場所を、地縁の無償ボランティアの拠点にすると共に、有償ボランティア、特に、家事支援の有償ボランティアの拠点にする構想でスタートする。地縁のほうは時間がかかりますが、有償ボランティアのほうは居場所と同時にスタートすることも十分あり得るし、むしろそのほうが住民のニーズに大きく応えられるのではないだろうか。現に、先ほど話に出た大分県竹田市の暮らしのサポートセンターは、同時スタートをしています。

服部　まず一般介護予防の通いの場をつくって、そこから通所型のB型、訪問型のB型を発展させていくのがやりやすいのではないかと提案しているのは、都市部も含めた日本全体でご紹介できる方法と考えているということで、あくまでも一つの方法にすぎません。

他にも、私は「ちょこっとボランティア」のような支援がまだない市区町村に対しては、小さな助け合いから始めていくのがやりやすいのでないかと提案していますが、それもやはり、一つの方法にすぎません。

私も竹田市の暮らしのサポートセンターは大変参考になると思っておりまして、竹田市と同じような地域性の市町村では、ご紹介させていただいております。いずれにしても、地域の実状に合わせて、固定観念にとらわれずに進めていただけたらと思います。

公益財団法人さわやか福祉財団編／
全国社会福祉協議会
2016年発行／本体価格 1200円

新潟市（新潟県）

居場所（通いの場）の設置と合わせ、居場所で生まれる絆を活かして、有償ボランティアも行うのが住民のニーズに応えるやり方

モデルハウス「実家の茶の間」を設置

「誰かと話したい」「行きたい時に行きたい場所があればうれしい」「子どもたちが学校帰りに自由で安全に過ごせる場所が欲しい」「旅行に行く時にペットの面倒を見て欲しい」「ついでに駅まで送って欲しい」など、少子高齢化、人口減少が進む現在、どの地域においてもワークショップをすると出てくる声である。そんなニーズに応えつつ、助け合いのある地域づくりを目指して、新潟市は居場所を中心に据えた地域包括ケア推進モデルハウスを八つの行政区に一つずつ、平成28年度中に設置する計画である。

第1号は平成26年10月に東区で空き家を活用して立ち上げた、「実家の茶の間　紫竹」である。地域の茶の間の創設者である河田珪子さん（新潟市の支え合いの仕組みづくりアドバイザー）が代表を務める「実家の茶の間」と新潟市の協働事業として立ち上げた。立ち上げ資金40万円と家賃、光熱水費は新潟市の負担、その他の費用は、居場所の運営でつくり出す。

地図を見ながら、日常生活の支援が必要な人や子育て中の人が生活していく上で必要な社会資源や利便性、環境等を検討し、さらに旧住民と新住民が混在している地域であることを念頭に、空き家をいくつも歩いて回って決めた。元農家だった空き家は、廊下もふすまも障子も傷み、中庭も草が生い茂っていた。まずはご近所の皆さん、町内会、民生委員、老人クラブ等々地域の人たちにあいさつ回りをした。そして、居場所づくりに一緒に取り組んできた仲間たち、ご近所に呼びかけて行政、社協など延べ１００人で整備した。

助け合いのツール「実家の手」としても活用

平成27年10月、1年が経ち「実家の茶の間・紫竹」には学校帰りの子どもたちからご近所の高齢者、車椅子の人、盲導犬と一緒の人、耳が不自由な人、子どもを連れた若いお母さんたち、認知症の方等、様々な方が毎日40人ほど集い、交流をし、お互いに助け合っている。ここで出会った人たちが声をかけ合い、絆が生まれてきている。

　そこで、河田さんが次の仕掛けとして始めたのが「実家の手」という助け合いのツールである。もとは「実家の茶の間」に参加する参加費300円のチケット（6枚つづり、1500円）を助け合いにも使えるようにした。母親の介護をしている男性が、縫い物が得意な女性にパジャマの裾上げをお願いしたり、一人暮らしの男性が検査入院の際、留守中のネコの世話を頼むのに使われたりしている。人は知り合うことで、困り事を耳にすると何かできることがあれば役に立ちたいと思うようになる。本音を出し合うようになり、共感が生まれ、絆が深まっていく。居場所での出会いから生まれる関係である。ご近所であるがゆえに、距離感を大切にしながらの共感をもとにした助け合いも生まれてくる。そこに助け合いのツールを取り込むことで、居場所から地域へ助け合いが広がっていく。ご近所で助け合う地域づくりを広げていくために、居場所と有償ボランティアを合わせて取り組むことは、楽しみながら、やさしい関係づくりを地域に広げていくことができる有効な手法である。

（鶴山）

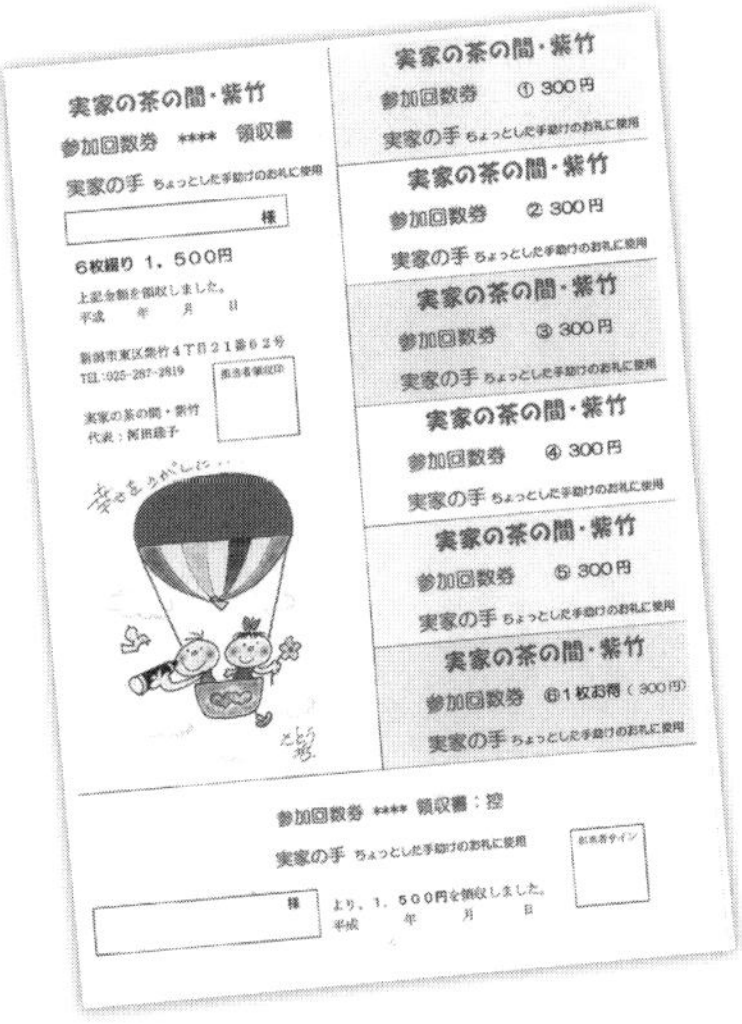

助け合いのツール
「実家の手」

高齢者から子どもまで多世代が
交流する日常の風景

竹田市（大分県）

居場所と有償ボランティアの全面展開

展開の実情

竹田市は全国有数の高い高齢化率でありながら、要介護認定率は抑えられている。その要素の一つに「暮らしのサポートセンター」（くらサポ）の取り組みがある。

くらサポは、暮らしを支える互助の仕組みづくりを目指し、竹田市経済活性化促進協議会が市内7か所に拠点を設置し運営されている。活動の軸は大きく2つ、誰もがいつでも気軽に立ち寄ることができる憩いの場（寄り合い場）の提供と、地域住民の生活を支える互助活動としての有償ボランティアの実践である。

寄り合い場では特に決まったメニューはなく、来たい人が来たい時に来て、お茶やお喋りなど、好きなことをして過ごし、交流を深めている。

有償ボランティアは、食事の準備やごみ出し、買い物代行などの公的制度では対応できない「暮らしのちょっとした困り」を有償で引き受けるもので、利用料30分400円で実施されている。利用者と提供者のお互いが気を遣うことなく、気持ちの良い関係での支え合いを目指している。サービスを利用する場合は、あらかじめ利用会員として登録した上で、くらサポ発行の利用券を購入、チケットで支払う仕組み。活動実践者は「暮らしのサポーター」として登録、利用料のうち300円が活動実践者に支払われ、残り100円が事務経費となる。「できる人ができる時にできる事を」を基本に柔軟に運用されており、規定時間（平日9時～17時）以外の依頼であっても可能な範囲で相談に乗っている。

くらサポでは整備段階から居場所と有償ボランティアが構想されていたが、運用してみると、寄り合い場に通う目的の利用者が、様々な人とふれあう中で活力を取り戻し、活動提供者となっていきいきと活躍している例も多く見られている。

バス停留所が隣接している拠点では、学校帰りの小学生が「ただいま」と言って立ち寄り、宿題をする姿も見られる。助け・助けられる環境に加え、次世代育成も自然にできる場づくりが実践されている。

（髙橋）

B型が始めにくい理由（堀田）

堀田　それともう1点、一般介護予防事業の通いの場は、「これは高齢者以外、いろいろな人が入っても良いんですよ」とメッセージがしっかり出ていますが、通所型サービスB型になると、「高齢者以外でも良いですよ」というメッセージは出されてはいますが、縛りが厳しくなっている。その辺りの縛りでためらっている人たちがけっこういて、自治体は「我々はB型でやります、B型が大切です」と言ってくれているのに、実際にはB型を認めてくれないというのが、今の段階では多い。

どれだけ要支援の人や、チェックリストに該当する人たちが来てくれるかわからないし、そこのところでためらいがあるケースも比較的多い。これはテクニカルの問題で、そういうB型の縛りから広がらないというのは残念な話です。やる気があるのに広がっていない。

今は、B型の訪問介護にしろ通所介護にしろ、「みんな参加してくださいよ」と言ったとしても、半分以上は高齢者で、実態から言えば、そんなにうるさいことを言う必要は全然ないんですよね。だから、高齢者が来ていればそれで良いんで、もっともっと大らかに考えて良いんだよというメッセージを、厳格に解しがちな自治体に対して指導していただけないかというのがある。

助け合いでやろうというのだから、やる人の心情から考えれば、高齢者の特定グループに限定してやりますとか、そんなことはあり得ないので、困っている人がいたら、若い障がい者でも子どもがいる家庭でも、「私たち、やりますよ」ということになる。それが心意気でやる助け合いの本質です。

だけど、今の縛りがあると、B型は難しいかなとためらう。実際は対象を広げたって、地域で困っている人は半分以上が高齢者なんだから、自然にやりたいようにやっていれば、高齢者が半分以上になる。それぐらいの大らかな気持ちで自治体が取り組んでくれるように、自治体への誘導が欲しいと思うんです。

本当は自治体の事業なんだから、自治体が実態を見てリードしてくれるのが良いんですが、せっかく地域支援事業となっていても、厚生労働省のガイドラインを読んで、それ以上は考えてくれない。最初の頃は1か月に

８００もの質問が来るんだとおっしゃっていたじゃないですか。そんな地域支援事業なんて考えられないので、自治体には、もっと主体性を持って欲しいと思います。逆に、そういう自治体が出てきていることは、頼もしいと思っています。

高根沢町（栃木県）

誰でも来られる居場所をB型に

コミュニティカフェ「花の丘」

高根沢町は平成28年４月から新しい総合事業に移行。一気に移行するのではなく、新たに要支援者が出たら新しい総合事業のA型やB型の多様なサービスに移行というソフトランディングの方法を取っている。

さわやかインストラクターの菅野忠雄さんが事務局長を務めるＮＰＯ法人グループたすけあいエプロンは、訪問介護や3か所のデイサービスの他に、新しい総合事業が始まる前（26年2月）から、誰でも来られる常設型の居場所であるコミュニティカフェ「花の丘」をつくり、来る人の様々なニーズに応えてきている。新しい総合事業に移行するにあたり、菅野さんは町と相談し、「花の丘」を基幹型通所B型のモデルにすることを提案。年内にはモデルになる予定である。最終的には、町内に3〜4か所の基幹型居場所をつくる計画になっている。

「花の丘」の21畳は午前中には生涯学習や趣味の教室、茶話会、各種相談を実施。11時30分頃からランチ開始。隣の部屋は、短時間（3〜5時間）デイサービスであり、午後1時半にデイサービスが終了すると、間の仕切りを外し、45畳の広いワンフロアになる。午後からは、主に身体の介護予防に関わる各種教室を実施。デイサービスの利用が終わった人もそのまま残り、お茶を飲んだり、様々なメニューが用意されている教室に参加したりしている。

いきがいが生まれる

「花の丘」の理念は、介護予防、地域コミュニティの観点から、「誰もが自由に集い、ふれあい、笑顔になれる癒しの場を提供する」こと。指針は「新しい出会いの場の提供」「仲間づくり」「自己再発見（いきがいづくり）」「相互扶助の精神の活動」で、共生型の居場所をイメージしている。そして、「孤立防止」「いきがいづくり」「食を摂る」「身体機能を維持」の四つの分野の下、折り紙、習字、パソコン、編み物、ヨガ、太極拳、介護予防運動などの教室や、ランチ&コーヒー、音楽祭、介護各種相談、受託販売など、多彩なメニューが20種類以上揃っている。

居場所のコーディネーターや教室の講師は、理念を理解してくれたボランティアが協力してくれていて、プロや地域の住民のほか、高齢者が務めている。

「縫い物、編み物、カラオケなど、誰でも得意なものを持っています。そういう人たちは発表の場も望んでいますので、講師になっていただき講座を開くことにしました。『花の丘』では、要支援、要介護1程度の人も講師をしています。デイサービスが終わってから、講師をする人もいます。男性の参加が少ない中、例えば、ハーモニカ教室の講師は93歳の男性です。茶話会で懇談する中、ハーモニカやカラオケが得意とわかり、講師を依頼したところ快く承諾してくれ、常に70～80代の方々が8～9人集まり人気の教室になっています。マージャン講座も男性に人気です。着物リフォーム教室も人気で、講師は要支援1の方です」と菅野さんは語る。

また、編み物や折り紙教室などでは、作品をつくるだけではなく、必ず作品展を開いている。「『これ、良いね』と褒められると、誰でもうれしくなります」と菅野さん。人に教えたり、作品を褒められることで、自然にいきがいが生まれているのである。

楽しいことが重要

その月の毎日のスケジュールが書かれてある「居場所通信」を毎月作成し、各所に置いてもらっている。それを見て、興味がある教室に来る人もいるが、多くは、すでに来ている人たちに「楽しいから」と誘われて来ているとのこと。

現在、「花の丘」の来場者は、開所以来2年間で1000名を超えている。そのうち、リピーター（6か月に3回以上利用）は約3割。

『花の丘』では、高根沢町で通所B型をつくっていく時に本当にニーズがあり来場者が伸びるのかの検証をしています。見込み通り来場者は伸びているので、通所B型にシフトしていっても大丈夫という判断ができます。通所B型の場合、利用者にとってどれくらい来やすい場所なのかということが重要だと思っています。このように順調に伸びているということは、逆に言うと、来場者のニーズにマッチングし楽しいから来てくれるのですね。ただ、興味があるものは人によって様々なので、メニューは最低でも20種類以上揃え、人気がないメニューは止め、どんどん新しいメニューを入れていっています。共生型の居場所を目指していますが、そのイメージに近いものになってきています」と菅野さん。

外部の人だけでなく、エプロン会員のスタッフの居場所にもなりコミュニティが深まっている効果も見られるそうだ。誰もが集え、楽しく魅力的な場として、要支援者も元気な高齢者も支え合う居場所をつくることで、助け合いの地域づくりの一助を果たしている。

（さわやかインストラクター
菅野忠雄さんへのインタビュー）

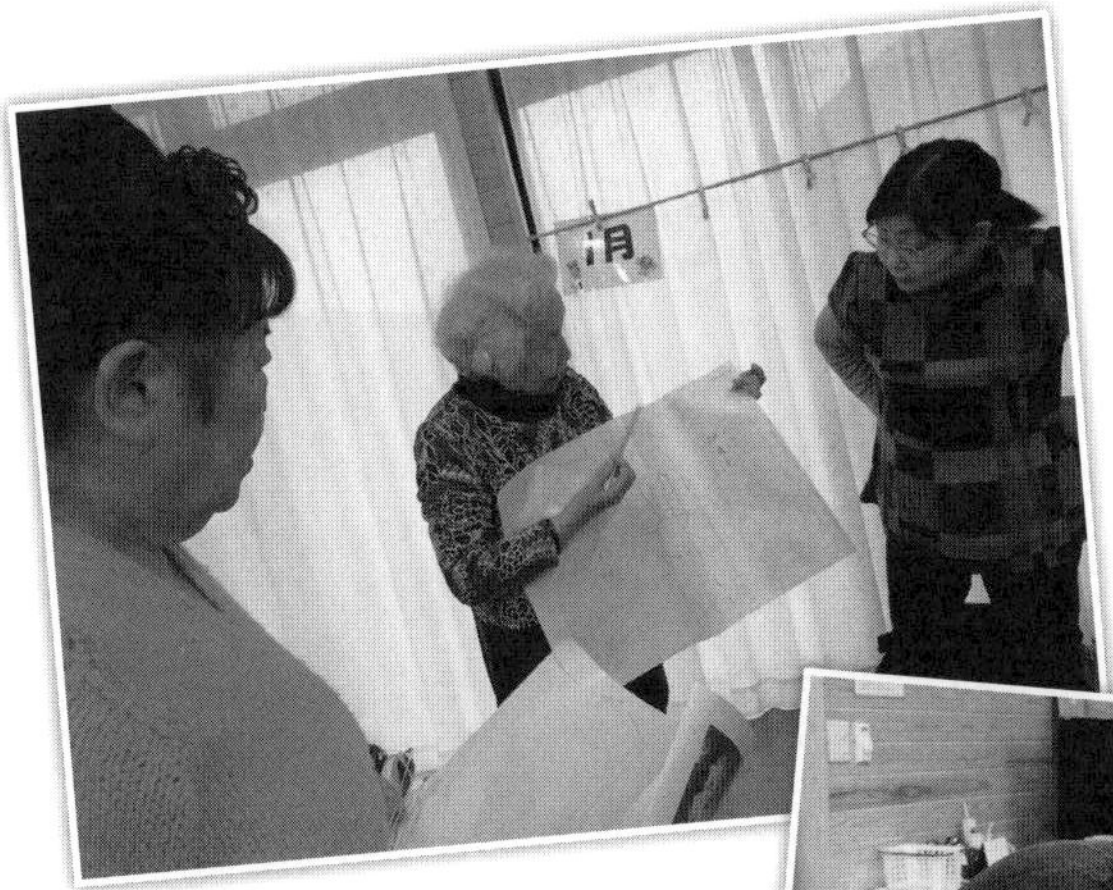

人気の着物リフォーム教室
（上の写真の真ん中が講師を務める方）

8 意欲のない人をどう動かすか

やる気スイッチをどう押すか（服部）

服部　B型を進めていくためには、自分の健康は自分の責任でしっかり考えるよう、住民の皆さんに伝えていかなくてはならないと思っています。例えば、糖尿病をコントロールするには、薬を飲んで、食事に気をつけて、運動もするということですが、そこまでできている方は1割程度と言います。なぜ、そんなに少ないのかというと、初期は痛くもかゆくもないからか、「自分だけは大丈夫」と過信しているのではないかということです。しかし、糖尿病は大変怖い病気で、実際にはその過信が災いして、介護保険のサービスで何とか暮らしを支えている方がたくさんいらっしゃいます。

人間そういうもので、年を重ねてくると、だんだん出不精になりますよね。外に出て、人と話して、体を動かして、誰かの役に立って、というのが、自分にとって良いことだとわかっていても動かない。そういう方々を変えることができないかと。それは生活支援コーディネーターというより協議体ですね。いろんな所で高齢者と接している人たちが、みんなで働きかけて、一人ひとりの高齢者を変えられないかと思っています。

「頭」と「心」に分けて考えると、「私は健康になりたい、長生きしたい、誰かの役に立ちたい」と意欲、「心」がある人は、たくさんいる。そういう「心」はあるけれども、どうすれば良いのかがわからないという方には、健康の保ち方、助け合いの仕方を教えれば、やり方、「頭」がわかってやってくれると思うんです。こういう方に対しては比較的取り組みやすい。

しかし、「やり方はわかっています。お医者さんから聞きましたよ」と「頭」でわかっているけれど、「心」が動かない。このようなどうしてもやる気にならない人のやる気スイッチをどう押すのか。

さらには、わからないし、意欲もないという「ないない」の人をどうするのかというのがあって、堀田さんは助け合いを25年間やられている中で、どのようにスイッチを押してこられたのですか？

「あなたが必要」と誘い出す（堀田）

堀田　わかっているんだけれど、なかなか動かないというのはおっしゃる通りですよね。多くの女性は頭と心が一致していますから、好きなようにやっておられると思います。男性でも、自営業とか地域で仕事をやってきた人たちはそうでもないのですが、やっぱり服部さんとか僕も元官僚ですから、官僚、大企業のホワイトカラー、この地域生活を一切やらず、家庭生活もやらず、仕事一本、働いて稼げば良いんだ、俺のいきがいはこれだという、この人たちの、仕事を引いてからの生き様が本当にかわいそう、もったいない。「あなた、それだけの能力を持っているのに、なんでそんなに自分を殺してしまって、引きこもるほうに突き進むの」って思う。我々の仲間にもこういう人たちがいますが、彼らの能力を社会貢献、助け合いに活かせれば、一挙に相当なことができるはずです。

この事業、実質的には彼らの力をどう活かすかにかかっていて、まさに服部さんの問題提起の通りです。ただ、我々も取り組んできてはいるものの、なかなか活かせていない。しかし、実際に彼らはそういうことをやりたくないのかと言うと、決してそういうわけではなくて、人間ですから、自分のいきがいを持ち、人の役に立っていることの誇りを持ち、人に感謝されて生きるという、そのほうが快いに違いない。それなのに、なぜそれをやれないのかと言うと、それまでつくり上げてきた肩書で、俺はここまで大切にされる人間だみたいな思い込みがあって、裸の人間として地域に入っていって、一から始めるのは、今までのものが否定されるような、そういう感覚、恐ろしさがあって、結局、引きこもり老人になっちゃっている。

でも、ほとんどの方はみんなと楽しく交わっていきたいし、そこで傷つけられることなく大事にしてもらえればうれしい。ただきっかけがつかめない。と言っても、「自発的にやりなさい」と言うだけでは絶対無理だから、ここはやはり、「地域が、あなたには、こんなことをして欲しいのよ」とか、「あなたにこういうことをして欲しい」みたいな話で引っ張り出すしか手がないのかなと思っています。

これをやってくれるのが生活支援コーディネーター・協議体の役目で、「この度地域で会議を持ちます。地域を良くする会議だから、あなたの知恵が欲しい」「ぜひこのワークショップで、あなたに助言をしていただきたい」みたいなことを言えば、重い腰を上げて出てきてくれる人もいると思う。そこで、「あのおばあちゃん、困っているよ」と言ったら、「じゃあ、俺が」と重い腰が上がることもある。

女性の力に期待（堀田）

堀田　それから、行政や我々の仲間が「何をしているの」「もったいない」と言っても出てきませんが、女性が「ちょっと助けてよ」みたいなことを言えば、出てくる人もいる（笑）。地域で生活をしていらっしゃる女性の力で、「やりなさい」「やるべきだ」じゃなくて、「助けてよ」「あなたの力を貸してよ」みたいな頼み方。ボランティア活動で男性を引き出しているのは、だいたいこの手です。

そういうことを一斉にやるチャンスが、今度の事業です。勇気を出して、こっちの世界に入って仲間になった人は、同窓会に出てきても、元気でいきいきしているし、夫婦仲もよく幸せ。それをやっていない方はたいていへばっています。本人の幸せのためにも、今回重点的に取り組まなくてはいけない作業だと思います。

今、第1層生活支援コーディネーターにあちこちで若い女性が選ばれていて、彼女たちが「一緒にやりましょう」と引っ張れば、けっこう男性は動き出すのかなと希望を持っています。

生活支援コーディネーターの仕事は「共助の力」（服部）

服部　私、出張の移動中などに堀田さんのご著書の『「共助」のちから』**（注1）**を何度も読み返すのですが、結局、生活支援コーディネーターの仕事は、「共助の力」を伝え、活かすことだろうと思っているのです。また、本の中に「共助は自分のためにやる」というくだりがありますが、ボランティアは人のためにやるものでなくてはならないと考えている人もいらっしゃいますよね。

私自身も、なぜ生きているのかとか生きる意味、働く意味を考えます。やはり自分が誰かの役に立っている、自分が生きている意味はあるんだと思いたいので仕事をしているというところがあって、それは定年を超した高齢者の方ももちろん同じはずです。生活支援コーディネーターには、「あなたの生きている意味はあるんですよ」「あなたが必要なんです」「あなたも必要なんです」と一人ひとりに伝えていくことが求められているのではないでしょうか。

堀田　それを厚生労働省が実施する中央研修の第1章で、やって欲しいですね（笑）。本当にそうですよ。それが始まりですものね。

服部　それが基本だと思います。お金ではないでしょう、大切なのは気持ちですよねと。だからB型が一番良いということだと思います。

（注1）『「共助」のちから』
堀田力著／実務教育出版／２０１４年発行
本体価格１３００円

※「共助」の定義
一般には、地域包括ケア研究会がいう「互助」と「共助」を合わせて「共助」と呼び、「自助・共助・公助」の３つに分類している。

2

総合事業・生活支援体制整備事業はなぜ、早く取り組んだほうが好ましいのか

1 取り組みの現状

当初に比べて増えてきている（服部）

服部　新しい総合事業の実施状況ですが、平成28（2016）年1月4日現在の集計で「27年度中に実施」と回答した保険者は283でした。1年前に調査した時は114でしたから、当初に比べれば増えてきました。また「28年4月に実施」と回答した保険者は222なので、合わせると505で、約3割の保険者が今年の4月までに移行したということになります。

生活支援体制整備事業に関しては、「27年度中に実施」と回答した保険者が744。さらに「28年4月に実施」は233ですから、今年の4月には1000近くの保険者が実施しているということです。

ただし、都道府県によって実施状況は異なり、東京周辺と北海道、九州が多いなど、かなり偏りがあります。その理由としては、厚生労働省への行政説明の依頼や問い合わせ件数等で実感していますが、都道府県の支援体制が明らかに違うということが言えます。

都道府県によって保険者数が異なりますので、割合で見ると、平成24年度から地域包括ケアシステムの構築を目指して積極的に市町村を支援している大分県が当初から移行が早く1番手です。今回の調査で2番手に沖縄県がつけていて、それは県の支援に加えて、27年度にさわやか福祉財団が集中的に支援されたことが大きいのではないかと思います。3、4番手は東京周辺ですが、特に千葉県の支援は突出していました。

生活支援体制整備事業も、埼玉県では全保険者がすで

総合事業・包括的支援事業（社会保障充実分）の実施状況について①

平成28年1月4日現在の集計結果

	介護予防・日常生活支援総合事業				生活支援体制整備事業			
	平成27年1月調査	平成27年10月調査	平成28年1月調査 保険者数	平成28年1月調査（実施率）	平成27年1月調査	平成27年10月調査	平成28年1月調査 保険者数	平成28年1月調査（実施率）
平成27年度中	114	202	**283**	**（17.9%）**	634	711	**744**	**（47.1%）**
平成28年度中	277	319	**311**	**（19.7%）**	153	243	**346**	**（21.9%）**
うち平成28年4月	201	219	**222**	**（14.1%）**	87	162	**233**	**（14.8%）**
平成29年４月（総合事業）平成29年度以降（総合事業以外）	1,069	966	**953**	**（60.4%）**	482	478	**411**	**（26.0%）**
実施時期未定	119	92	**32**	**（2.0%）**	310	147	**78**	**（4.9%）**
合計	1,579	1,579	1,579		1,579	1,579	1,579	

出典：厚生労働省資料

に27年4月からスタートしているなど、同様に偏りがあります。

全体としては、生活支援体制整備事業が新しい総合事業より早く動いていく状況で、制度の趣旨の通りですが、一部、生活支援体制整備事業のほうが新しい総合事業より少ない都道府県があります。例えば、群馬県は新しい総合事業の移行件数は急増しましたが、生活支援体制整備事業は伸びませんでした。

数字面では、概ねこのような取り組み状況です。

何が市区町村を動かしたのか（堀田）

堀田　スタートした時は、市区町村、または都道府県は、助け合いのほうに移行していくという実質的意味がわからなかったり、助け合いをどうつくるかというノウハウがない所がほとんどでした。それは今まで助け合い活動をつくり、協働して進める事業をやっていなかったので、無理もないことです。それで、反応が鈍かった中、私どもは助け合いを住民と協働でやるという意味を

新しい総合事業の都道府県別・保険者の実施時期割合

・大分県や沖縄県では、平成27年度中に総合事業を実施する保険者が7割を超えており、取組が進んでいる。
・平成28年度までに総合事業を実施する保険者割合が最も高いのは、都道府県別に比較すると、大分県で89%、次いで高知県が87%となっている。

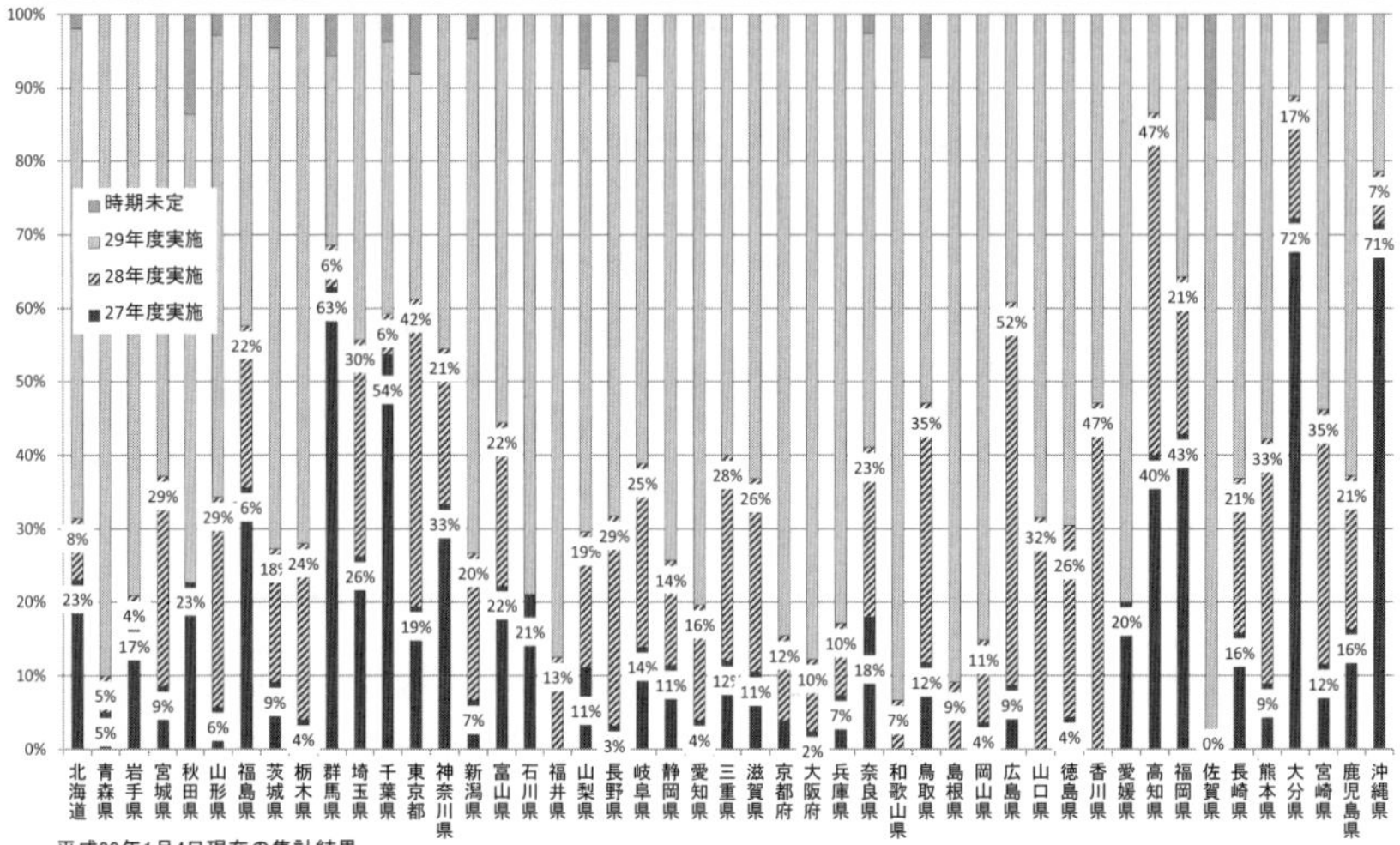

平成28年1月4日現在の集計結果

出典：厚生労働省資料

生活支援体制整備事業の都道府県別・保険者の実施時期割合

・新しい総合事業を推進していく上で、早期に実施することが望ましい生活支援体制整備事業は、埼玉県では全ての保険者が平成27年度中に実施する。
・平成28年度までには約7割の保険者が実施し、富山県や大分県では平成28年度までに全ての保険者が実施する。

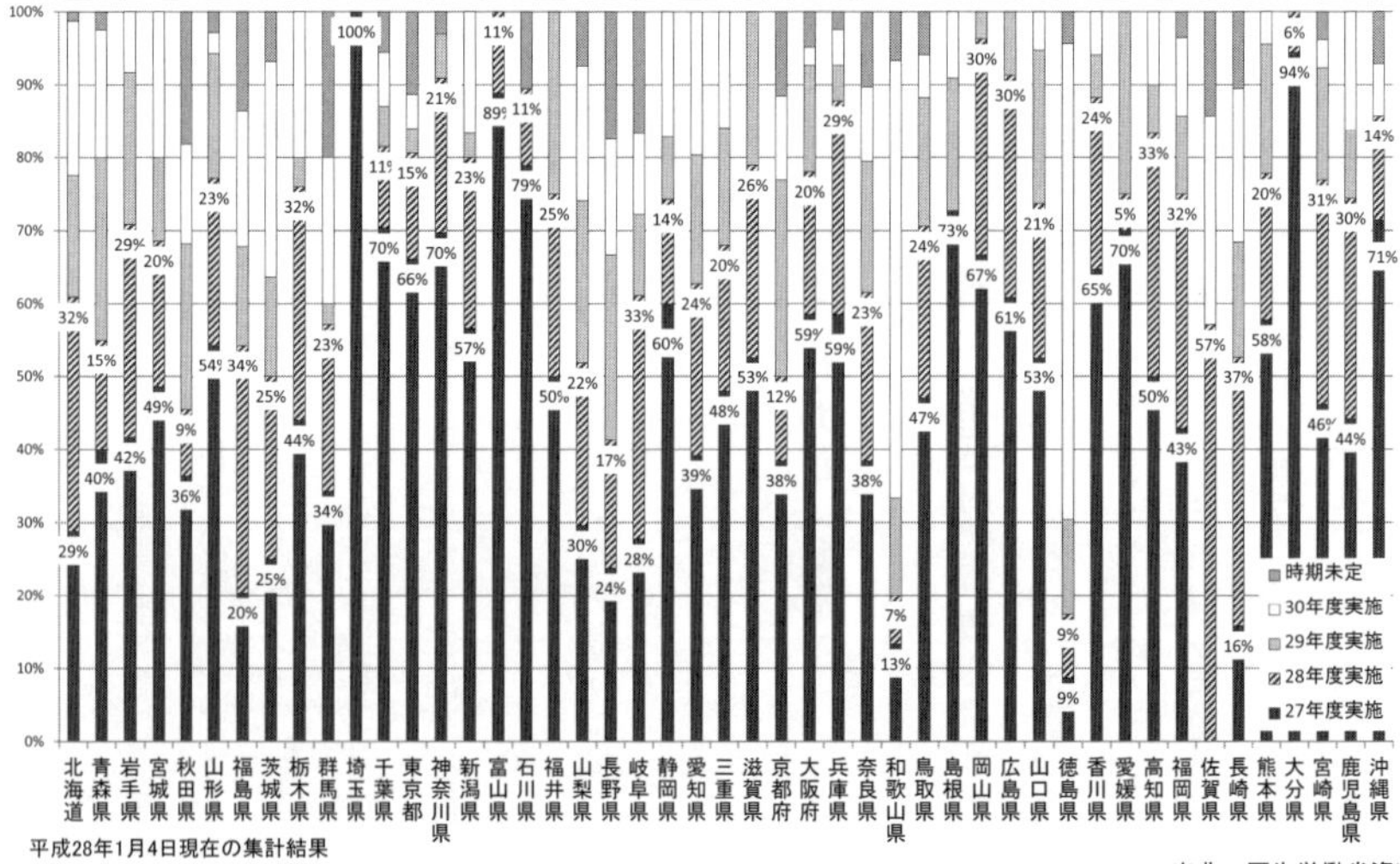

平成28年1月4日現在の集計結果

出典：厚生労働省資料

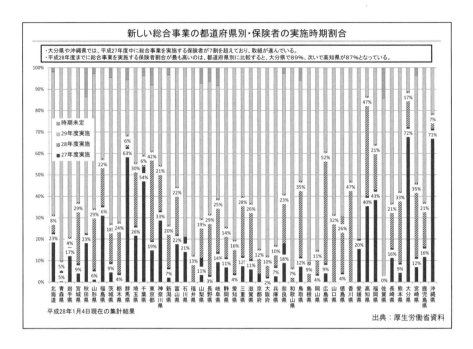

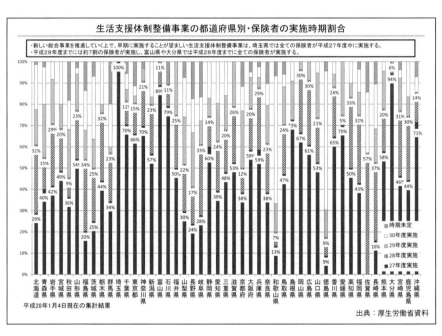

理解してもらうために、都道府県に、あるいは市区町村に働きかけてきました。服部さんをはじめ、厚生労働省の皆さんが一緒に働きかけてくださった。また、厚生労働省独自のいろいろな働きかけもあって、最初は全市区町村の1割程度しか1年内着手予定がなかったのに、だいぶ増えました。

当初は、他の市区町村の態度を見てから、あるいは移行期限いっぱいで実施しますという所が大多数だったのを、1年くらいの間に強力に働きかけていただき、それで生活支援体制整備事業については半分以上の自治体がしっかり着手するところまで来たのは、さすがの厚生労働省のリーダーシップであり、担当者の皆さんの説得力だと思っていますが、何が一番、彼らを動かしたのですか？

服部　やはり、制度の狙い、趣旨の理解が進んでいったのだと思います。当初は「要支援切り」、つまり「国にお金がないので要支援者向けの介護サービスを切っていく」「生活が継続できなくなる」と捉えられていて、市区町村からすれば、住民の方々に「いつ要支援を切るんですか？」と聞かれれば、「なるべく切らないように遅らせます」ということになっていました。「切る」という話になれば、遅らせれば遅らせるほど良いという判断が働くということですね。

堀田　大変な誤解ですよね。

服部　その誤解は解け、むしろできるだけ早く始めなければ間に合わないと考える市区町村が増えてきました。

新しい総合事業の目標は2025年度（服部）

堀田　助け合いを広めるのはなかなか大変で、適切な生活支援体制を組むのも大変なので、しっかり勉強会を始めなくてはいけないとわかって、手を挙げて動き出した所が多い。そこは頼もしいと思っているんですが、中には厚生労働省から早く始めろと言われているし、平成27年度中に実施すればプラスがあるというので、とにかく形だけつくれば良いと手を挙げた所もある程度あります。そういう所は新しい総合事業への移行も形だけで、とにかく従来の事業者たちをA型に移行してもらえばそれでOKだと言っているので、数字だけを見て安心するわけにはいきません。
形だけ整えたが、今後助け合いに向けて本当に動き出すのか心配な所もまだまだある。そういう所が今後住民、市民の方々のために、どう活動すれば良いのかという点については、服部さんはどういうアピールをしていますか？

服部　新しい総合事業の目標年度を確認しています。「とりあえずA型に移行して終わり」では、目標年度は今年度か来年度ということになりますが、厚生労働省の目標年度は団塊の世代が後期高齢者になりきる2025年度です。10年かけて構築していく事業であるということです。

移行の現状を見ると、しっかりと理解して進めている市区町村の特徴の一つとして、人材不足でとことん困っていることが挙げられます。例えば、北海道がそうです。本当に人がいなくて困っている。そういう所は、すでにどうやって人材を確保すれば良いのかという厳しい状況になっているので、できる部分は助け合いでという発想になりやすいですね。

堀田　確かにそれはそうですね。困っている所は、この事業を始める前から、助け合いを行っていますものね。それがこの事業の原点なんでしょう。

服部　都市部では、数年は今のままで行けると判断している担当者も少なくないという印象があります。しかし都市部の多くは、もともとの助け合いが少なく、この10年で急激に後期高齢者が増えていきますので、10年後を見据えて再検討するよう促しています。

まずは、10年も前になぜこの事業を始めることにしたのかということを考えていただく必要があると思うのですね。助け合いを広げることの難しさ。市区町村としては今まであまり経験がない取り組みですから、どれくらい時間がかかるかという相場感もあまりないのではないかと思っています。

堀田　「自助」「互助」「共助」「公助」の組み合わせの中で、互助をしっかり広げていかないと介護保険料や税金だけではやっていけないし、今のままでやろうと思っても担う人さえいなくなっている中、どうやって住民、市民が最期まで安心でき、家計の面でもやっていける社会をつくっていくかという、一番基本の問題が現実に突きつけられています。

人口減が進んでいる地方ほど厳しいから、なんとか互助の部分である助け合いを広げる。それによって個々の家計も成り立つし、担う人の問題もなんとか解決でき、最期まで自分らしく生きることができる。そのことに気づいた所は、今回の事業に本気で取り組みだしているから進み出していますね。

しかし、そこに気がつかないけれど、厚生労働省がそういう仕組みをつくるように言っているから手を挙げようという所もこの数字の中に紛れているので、そういう所には真正面から取り組んでもらうように対応していかなくてはいけないでしょうね。

この事業に取り組まない所にはどうすれば良いか（堀田）

堀田　次に、この事業に手を挙げていない所は、まったくどうして良いのかがわからないのだと思います。このままだと住民の生活を支えることができなくなる、そうならないための事業だという認識すら、残念ながら首長にも職員にもない所が少なくない。なんとか意味をわかってもらって、この事業に少しでも早く取り組んで欲しいと思いますが、動かない所、あるいはわかってくれない所について、服部さんはどうお考えですか？

服部　新しい総合事業は何のためにやるのかということを丁寧に説明していくしかないのですが、理解のポイントは、新しい総合事業の正式名称が「介護予防・日常生活支援総合事業」であり、地域包括ケアシステムの5つの要素（「介護」「医療」「住まい」「介護予防」「生活支援」）のうち二つである「介護予防」と「生活支援」を広げるための事業であることが腑に落ちるかどうかにあると思っています。いまだに「要支援切り」という言葉が頭から離れない方がいらっしゃいますが、それは実は要支援の給付、つまり「介護」しか見ていない発想なのです。まずは、これまで思うように広がらなかった「介護予防」と「生活支援」について取り組みを強化したのだと理解していただく必要があります。

そして、「肩車型社会」（P82参照）のイメージを頭に浮かべていただけるかどうかも大きいのではないかと思っています。ただし、この絵は20～64歳を分母にしていますが、それは実態に合っていなくて、本当は年齢に関係なく働き手、担い手などを分母にすべきではあります。
　いずれにしても、分子になる人が急激に増え、分母になる人がどんどん減っていき、「肩車型社会」に近づいていく中で、できる対策は二つです。一つは分子になる人をできるだけ減らすこと、もう一つは分母になる人をできるだけ増やすことです。つまり、新しい総合事業とは、分子では「介護予防」を進め、分母では「生活支援」の担い手を増やすこと、さらには分子から分母に移っていただく事業だということです。

堀田　このまま行ったら、分母になる人たちはたまらない。生活もギリギリ、もしかしたら生活していけなくなってしまうかもしれない。分子になる人たちに、少しでも自分でやっていただき、できれば分母に回って、他の人を支えていただきたい。それでしか解決できないから、ぜひ元気で、他の人を支えることがいきがいだというふうになって欲しい。分子の人たちにはこの「肩車型社会」の構造をしっかり想像して欲しい。
　市区町村にも、分子の人たちを1人で支えなくてはいけなくなったら、支える人は何を思うか、何をして欲し

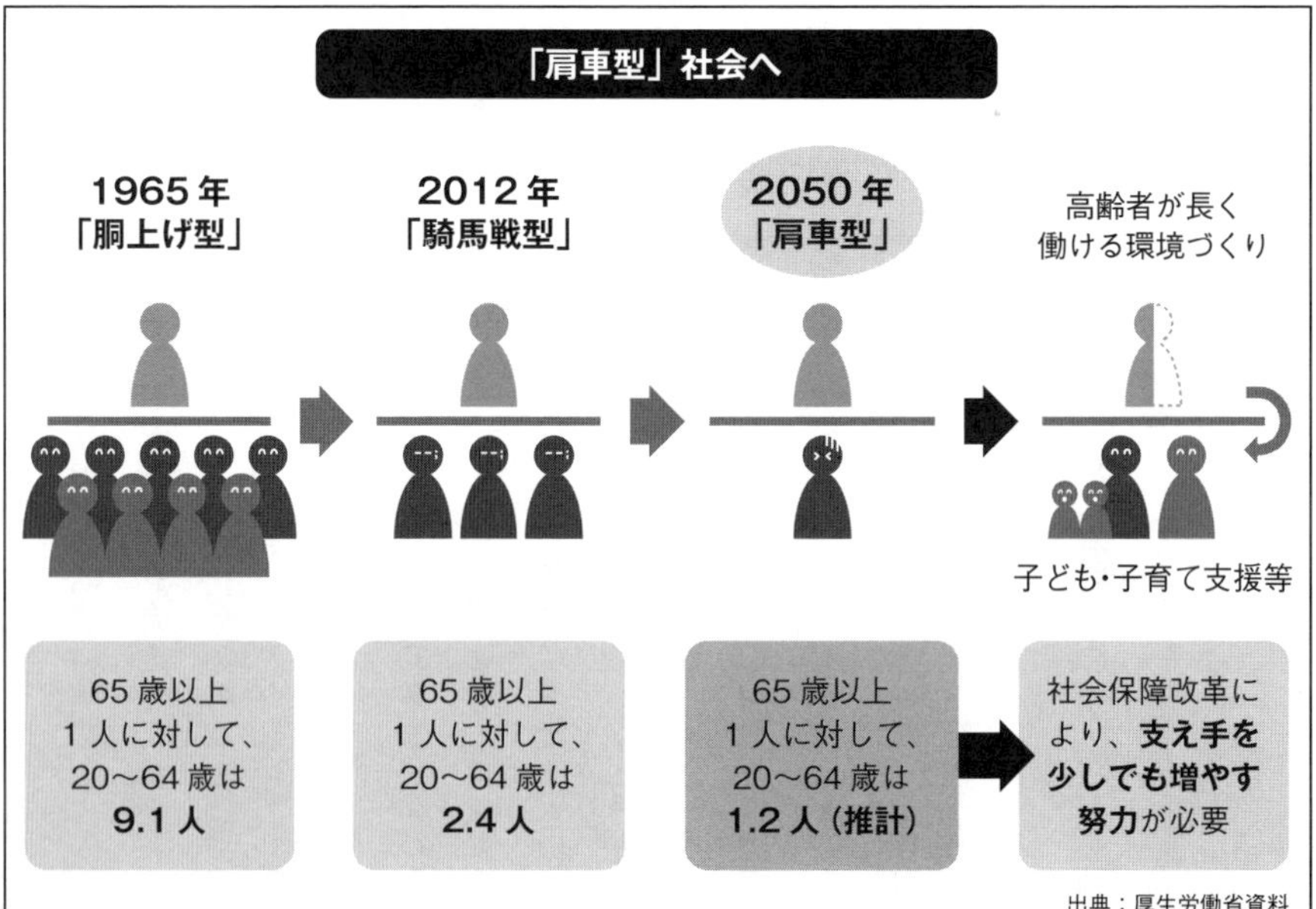

出典：厚生労働省資料

いかを想像して欲しい。「分子の人、もっと頑張ってよ」と思うだろうし、「支えると言ってもお金だけじゃないでしょう。分子側の人もできるやわらかい支え方があるでしょう」と思うだろうから、そこのところを想像して欲しい。でも、なかなか想像してくれない。「その時は自分はいませんから」と言う人が多い（笑）。

服部　（笑）

堀田　どういうふうにしたら、自分のことだけではなく、社会のこと、先々のことへも思いを巡らせてくれるのか。これからはそれも考えていかないといけないと思っています。

2 早く取り組んだほうが好ましい事業遂行上・財政上の理由

要介護認定の事務を減らせる（服部）

堀田　早く取り組んだほうが良い理由として、事業遂行上で言うと、何でしょうか？

服部　助け合いを広げるのには相当な時間と事務負担がかかります。役所も大変な人手不足で、単純に言えば、今後、人口が減っていくということは、役所も職員を減らしていく必要があるということですから、事務負担の平準化を図るためには当然、早く取り組んだほうが良い。加えて、目の前の問題として今回の制度改正に対応する介護保険担当課の体制を整えるという意味では、要介護認定事務の負担軽減が挙げられます。

今回の制度改正では、新しい総合事業だけでなく、在宅医療・介護連携推進事業等も進めなくてはならないことになりました。これまでも職員の定数削減に取り組んできて、今後もさらに職員を減らしていかなくてはならない局面なのに、新しい仕事なんてできませんよというのが市区町村の本音だと思います。

そこで、新しい総合事業の実施においては、市区町村の事務負担軽減も検討しました。要支援認定の有効期間を最長2年に延長したのはそういう経緯です。さらに事業対象者の確認について、基本チェックリストを使った簡便な仕組みとし、それはできるだけ早く支援を入れ介護予防につなぐことができることが一義的な理由です

要介護認定に係る有効期間について

申請区分等		原則の認定有効期間	設定可能な認定有効期間の範囲
新規申請		6ヶ月	3ヶ月〜12ヶ月
区分変更申請		6ヶ月	3ヶ月〜12ヶ月
更新申請	前回要支援 → 今回要支援	12ヶ月	3ヶ月〜12ヶ月 3ヶ月〜24ヶ月(※)
	前回要支援 → 今回要介護	6ヶ月 12ヶ月(※)	3ヶ月〜12ヶ月 3ヶ月〜24ヶ月(※)
	前回要介護 → 今回要支援	6ヶ月 12ヶ月(※)	3ヶ月〜12ヶ月 3ヶ月〜24ヶ月(※)
	前回要介護 → 今回要介護	12ヶ月	3ヶ月〜24ヶ月

(※)市町村が新しい総合事業に移行した場合に適用される有効期間

出典：厚生労働省資料

が、要介護認定の事務負担が減るという効果もあります。例えば、埼玉県吉見町では新しい総合事業移行後の半年間で要介護認定新規申請の3分の1が事業対象者に移行し、その分、認定担当の事務負担が削減できたとおっしゃっていました。担当職員に余裕が生まれ、認定にかかる経費が浮けば、その職員や財源を新しい事業に取り組むために活用することができます。岐阜県大垣市や神奈川県小田原市の担当者は早期実施の理由として、はっきりと認定事務の負担軽減を挙げていらっしゃいました。

その意味では、職員の体制が整わないという理由で新しい総合事業の実施を猶予する市区町村は多いですが、移行した方が整えやすいとも言えます。要支援認定有効期間の延長の効果は1年後から現れることも考えると、新しい総合事業には早く取り組むべきで、特に平成29年4月まで猶予する市区町村は第7期の事業計画策定や次の制度改正対応の事務負担とも重なることになりますから、そのために他の部署から職員を回すことができるなら別ですが、改めて移行時期を検討いただきたいと思っています。

佐々町（長崎県）

住民主体の活動は住民の元気を引き出し、認定率も下がった

自立した高齢者を支援する取り組みを開始

要支援・要介護の認定率が国の割合より高かった佐々町では、平成27年度の介護保険制度改正より前の平成20年度から、認定率を平成27年度までに国のレベルに近づける、特に軽度者数を減らすという指標を掲げ、自立した高齢者を増やすための各種取り組みを開始している。

まず最初に介護予防ボランティア養成講座をスタートし、養成講座を修了して実際に活動を希望する人たちを介護予防ボランティアとして登録し、活動する場所についても個々の意向を聞きながら、その提供や支援を行った。

地域で支え合う力を再生させた３つのボランティア活動

活動内容は三つのタイプに分けている。①通所型介護予防推進活動、②地域型介護予防推進活動、③訪問型介護予防推進活動で、①は福祉センターで開催する「生きがい教室」（運動・口腔体操、昼食・入浴、囲碁将棋・映画等）や「はつらつ塾」（手作業クラブ、カラオケクラブ等）において、スタッフと介護予防活動を実施、②は地区集会所において自主的な介護予防活動の展開、③は介助を要する方を対象に掃除、調理、買い物、洗濯などの日常生活支援を、その方の日常生活の自立支援に向けて一緒に行う活動である。これらボランティアと関係者が相互に連携、情報交換し、さらに地域における介護予防の推進を図るため、平成21年に介護予防推進連絡会「にっこり会」を設立し、毎月定例会を開催している。この連絡会を設立したことにより、ボランティアの方々にいつまでも住み慣れた地域でみんなで元気に過ごしたいという熱い思いが生まれ、地域で支え合う地域力の再生へとつながっている。

こうした活動の効果が数字となって表われ、同町の認定率は取り組み開始以降年々下がり、平成24年度には国の認定率より低くなり、さらに現在もその割合は下がっている。住民ボランティアが活躍することにより、住民に笑顔と元気が生まれた好事例である。

（鶴山）

介護予防の効果を出し、保険料の上昇を抑制（服部）

堀田　では、早く取り組んだほうが良い財政上の理由は何でしょうか？

服部　それは、早く介護予防の効果を出すことで、保険料の上昇を抑制できることです。現在の介護予防事業や予防給付が効果的に展開できているのならば別ですが、モデル事業などの成果も踏まえて新しい総合事業に再編する改正が行われた中であえて先送りするわけですから、例えば準備に2年間かければ、そのうちに住民は2歳も年を取ってしまうこともお考えかどうかと思っています。財政上もさることながら、何より住民のためにならないことではないでしょうか。効果的な介護予防ができるかどうかは、住民の方々がどれだけ良い人生を送れるかということにつながるわけですから。

さらに言えば、生活支援体制整備事業は引き上げた消費税が国の財源ですから、住民のほうからすれば8％の消費税を払っているのに、引き上げた分で実施されるはずの生活支援体制整備事業の恩恵を、猶予した期間は受けられないことになります。

堀田　認定率が下がるというのは、長崎県佐々町の事例（P85参照）が良いですね。ビックリするほど下がっています。他にもいろいろ下がっている所がありますよね。

服部　認定率が下がるのにはいろいろ理由がありますが、大きく二つあって、一つは、元気だから認定申請をしない、つまり介護予防の効果が出ているということ。もう一つは、地域に生活を支えるサービスや支援、助け合いが充実していることです。要は、なぜ認定を受けるかと言えば介護保険のサービスを受けるためなので、何か困った時に地域に力がないと、すぐに認定が必要になる。介護サービスを必要としないなら認定を受けようとはしないのですね。

認定率が低い市区町村は、介護予防の効果はもちろんのこと、市区町村で高齢者のニーズを把握して独自の事業を実施するなど、様々なアイデアや創意工夫で認定を受けるところまで至らない地域づくりを進めている。佐々町もそうですね。

介護保険制度は、もとより自立支援を理念としていて、「自助」や「互助」でできないことを「共助（介護保険）」で補う制度です。介護保険制度が導入されて16年経ち、今は「困った」と窓口で相談を受けたら、あまり状況も確認しないでまず認定申請を勧めるといった話も聞きますが、財政的にも本当にそれで良いのか、市区町村の職員は改めて考えなくてはならないと思います。

堀田　居場所に来て、自分の好きなことをして、要介護４から要支援、さらに自立にまでなった事例もあります。そういう事例を、本物の助け合いをしている人たちは身近に見て感じているんですよね。そういう事例をたくさん打ち出して、住民にハッピーになってもらうことが目的ですということを、いろいろな視点から訴えていきたいと思います。

認定率が下がれば、もちろん財政の負担も下がっていきます。これは数字としてはっきり出てきます。まさにこれが地方分権の良いところです。財政上の負担は結局住民の負担の問題になりますので、この点について住民はけっこう厳しいです。10円でも節約しようと思って安い物を探してあちこち回って厳しい買い物を住民はしていますから。財政上の理由からも早く取り組んだほうが良いということをしっかり説明していきたいと思っています。

住民が隣の町との比較を簡単に知ることはできないか（堀田）

堀田　介護保険をつくった頃には、「頑張った市区町村の住民はサービスも充実し負担もサービスも比較的安くてハッピーになる。そうすると住民が条件の良い市区町村に転居していくんではないか」という心配までしていましたが、転居はそんなに簡単にはできないので、そうはなりませんでした。とはいえ、他の町と比較して、「隣町はこんなに頑張っているから、うちもやれ」と住民が言うことは非常に大切だと思うんです。実感として住民の方が感じるような負担額の表示のようなものはないんでしょうか。

自分に相対する隣町の人がいくら払っていてどれだけのサービスを受けているのか、保険料が上がる率が高いとか低いとか、住民個々の立場で比べるのが、けっこう仕組みが複雑なためにできていない。マスコミもあまり言わない。そういう意味では、住民自治みたいなところが働くインセンティブとなる情報の伝達がうまくいっていないのかなと思いますが、その点は服部さん、どうですか？

服部　保険料の決定過程においては、住民代表を含めて介護保険運営協議会や事業計画策定委員会を置き、パブリックコメントで住民の意見も聞いて進められていますが、単純に保険料だけで比較できない中で住民がサービスも含めた情報を得て分析することは難しく、近隣の市区町村と比較して意見を言えるような環境づくりも進められてきませんでした。しかし、次の第7期計画ではそういうわけにはいかないと思います。ついに保険料が5500円を超えてきて、もう余裕がない、住民にとって大変切実なレベルまで来ました。個人的には、介護保険制度をつくった時に言っていた市区町村同士の本気の競い合いがいよいよ始まるのではないかと思っています。

堀田　厚生労働省が民間団体にいろいろなテーマで研究を委託していますが、その中に、個々の市民がわかりやすいような介護保険の実質的なサービスなどの比較の研究があったらうれしいですね。

服部　昨年、「見える化」システムが立ち上がりました。平成28年度中には、住民も隣の市区町村との比較が簡単にできるようになる予定です。

堀田　一般市民の方もアクセスしやすい？

服部　はい。膨大なデータの中から比較のために必要な情報を自分で探し出していただくのは大変ですから、特に重要な情報を選び出して、それを見ていただく仕組みにしています。

堀田　それは素晴らしいですね。我々が講演する時にも、こんなに違いますと基本データを情報提供できますね。そうすると、しっかり取り組むというメッセージが伝わり、それに向けて早く取り組もうというインセンティブにもなる。これは市区町村単位で出てくるんですか？

服部　はい。「たいして隣の市と状況は変わらないのに、うちの保険料は高いぞ」とわかります（笑）。

堀田　しかし、悪いほうの首長は言いたくないし、良いほうの首長も「隣より良いぞ」と言うのはえげつないとあまり言わないかもしれない。だから、こういう情報をしっかり住民に伝えるような良い仕組みを考える必要が

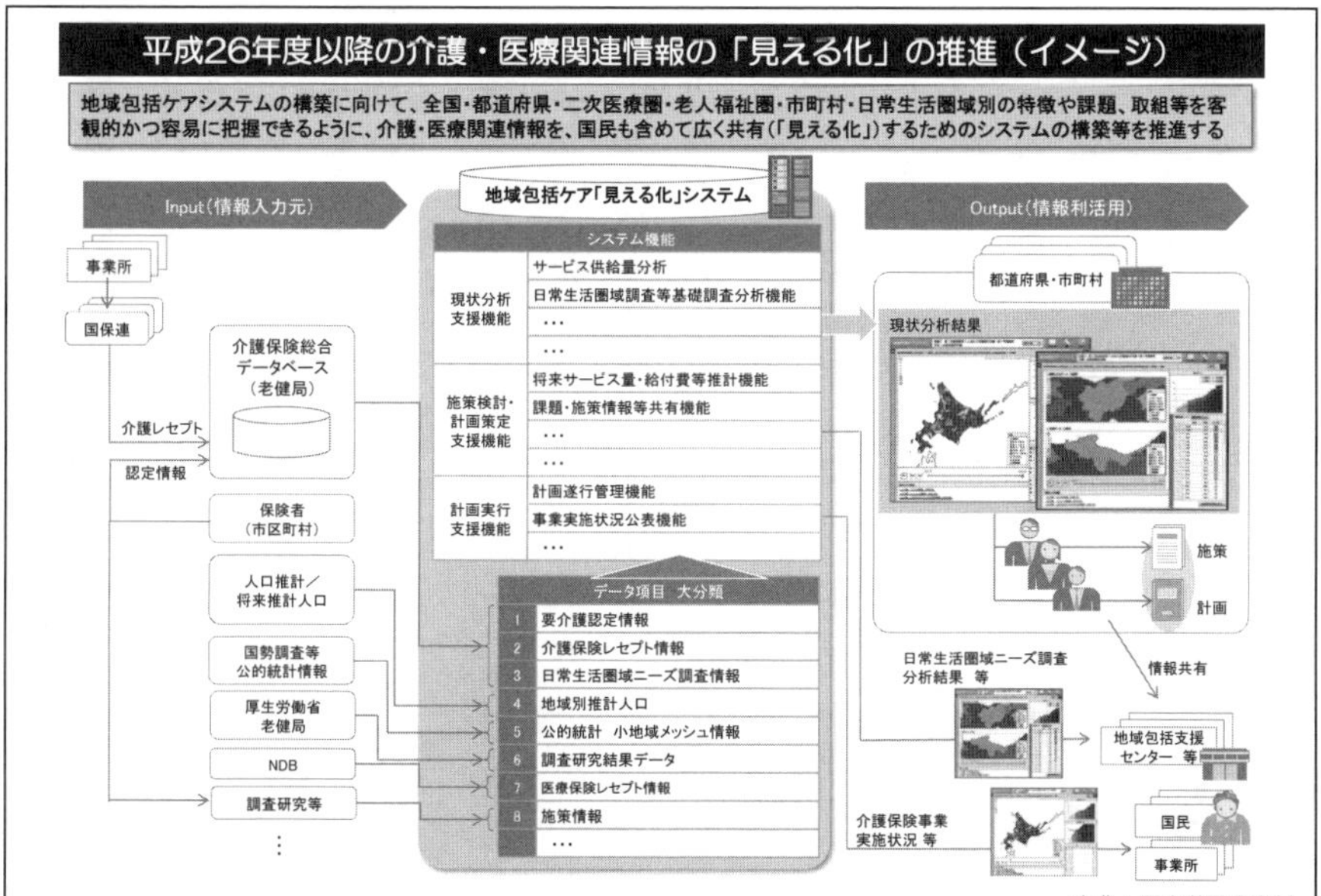

出典：厚生労働省資料

あるかもしれないですね。

服部　首長さんは住民に突き上げられてしまうかもしれないですね。

堀田　そういう意味でもしっかり早く取り組みましょうという話ですね。

函館市（北海道）

助け合いの基盤づくりは時間がかかる

生活支援コーディネーターをNPOに法人委託

北海道函館市は平成27年6月から生活支援体制整備事業に取り組んでおり、第1層生活支援コーディネーター業務をNPO法人NPOサポートはこだてに法人委託した。市全域の活動の広範さと重みを考慮し、活動実績のある法人への委託を市が選択。法人のバックアップを受けながら、生活支援コーディネーターとしての業務は主としてNPO法人NPOサポートはこだて事務局長であり、函館市地域交流まちづくりセンター長の丸藤競さん（さわやかインストラクター）が担っている。

丸藤さんは生活支援コーディネーターとしての任務に就く以前から、センターでの活動を通じて地域の関係機関、地域での活動者らとの信頼関係が厚い。

生活支援コーディネーターに任命をされてから約1年の間、協議体に参加するだけではなく、市に対して庁内勉強会を働きかけたり、地域での住民相互の助け合いを広げるため町会連合会の研修会に企画協力を行ったり、町会単位で地域に出向き住民の声を聞き、地域ごとの課題を把握したりと広範囲に実践を重ねている。

活動2年目、地域住民と共にまちづくりを展開

活動2年目に入る今年は、市や市社会福祉協議会とも連携し、地域ニーズに応えるべく居場所をテーマにした担い手養成や、生活支援ニーズへの対応も検討。第1層の協議体がその役割の合意形成を図っている段階であり、第2層がこれから選定されていく状況であるため、丸藤さんの活動は第1層生活支援コーディネーターの範囲にとどまらない。

「第2層生活支援コーディネーターが選任された時に活動に入りやすいように」と、町会に足を運び、それぞれの町会の特性や雰囲気を把握しながら、地域ニーズに合った地域住民主体の活動を提案し、時には所属しているまちづくりセンターや学生との連携を図ったり、運営への協力も模索している。

全国に先駆けて任命された第1層生活支援コーディネーターであり、

ＮＰＯに法人委託という形態で業務を受託している丸藤さんは、どうすれば生活支援コーディネーターとしての任務を遂行できるか協議体や行政の考え方や役割を全国に発信しつつ、住民の助け合い活動を広めるための基盤づくりに奔走しているが、様々な社会の壁があってそう簡単に進む仕事ではない。しかし、丸藤さんは生活支援コーディネーターとしての任務を「自分がやりたかったことができる仕事」と言い、困難を困難と思わず、地域住民と共にまちづくりを展開している。（翁川）

社会参加の意義について講演する丸藤競さん

3 生活支援コーディネーター・協議体の選出方法

1 選定の現状

第1層協議体・第2層協議体の現状（服部）

服部 老健事業で、昨年の11月9日から12月2日にかけて平成27年度中に生活支援体制整備事業を実施する保険者にアンケート調査を実施しました。474保険者に回答していただいています。

まず第1層協議体からですが、協議体のメンバー数は約6割の保険者が10人~19人くらいの規模で設置しています。もちろん人口規模によって違いまして、人口が増えていけばメンバー数は増えていきます。

メンバーの所属は、1位は社協職員、2位が地域包括支援センター職員、3位が行政職員、4位が民生委員、その後、シルバー人材センター、老人クラブ、介護事業者、自治会・町内会と続いています。

これまで介護保険の分野に直接関わってこなかった、商工会とか警察や消防署はやはり少なく、例えば警察が入っている所はだいたい4％くらいです。

協議体の事務局は、一番多いのは行政で約5割。次に地域包括支援センター、社協は3位です。事務局をどこがやるかについてはいろいろ課題があり、後で議論したいと思っています（**P134参照**）。

第1層協議体は、他の協議組織と連携したり一体的に運営することを選択している保険者も多く、その場合の他の協議組織についても聞いていて、1位は地域ケア会議。他には、地域包括支援センター運営協議会とか介護保険運営協議会と一体で運営する所もあります。

続いて、第2層協議体ですが、平成27年度中に実施するのは1割くらい。ほとんどまだ動いていない状況です。

メンバーは、第1層と違って、1位は民生委員、2位は地域包括支援センター、3位が自治会・町内会、4位に社協、5位にボランティア団体。第2層では、介護事業者や老人クラブより上にボランティア団体が来ていました。

第2層協議体の事務局は社協が多いです。2位が地域包括支援センター。

第2層協議体も他の協議組織と一体で運営している所が多く、やはり1位は地域ケア会議でした。

第１層生活支援コーディネーター・第２層生活支援コーディネーターの現状（服部）

服部　第1層の生活支援コーディネーターについては、配置済みは約3割で、7割は配置していませんでした。

第1層生活支援コーディネーターの所属については、圧倒的に社協で56％。2位は地域包括支援センターで17％です。

生活支援コーディネーターが専任か兼任かは重要ですが、正規職員か非正規職員かによって違います。社協に置いて、しかも正規職員だという所の約6割は、他のこともやりながらという兼任です。非正規は逆に7割が専任でした。新しく人を非正規で雇う場合は専任になりやすく、既存の職員を活用する場合は兼任になりやすいということです。

続いて、第2層生活支援コーディネーターですが、配置済みは約1割で、まだほとんど置かれていません。

所属は、約6割が社協。2位は約2割で地域包括支援センター、あとは様々です。地縁組織は6％くらいで、NPOも介護事業者も6％くらいです。

専任か兼任かについては、第2層も同じで、正規だと兼任が7割近く、非正規だと専任の割合が増えます。

現在の状況としては、このようなところです。

第1層協議体構成員所属先

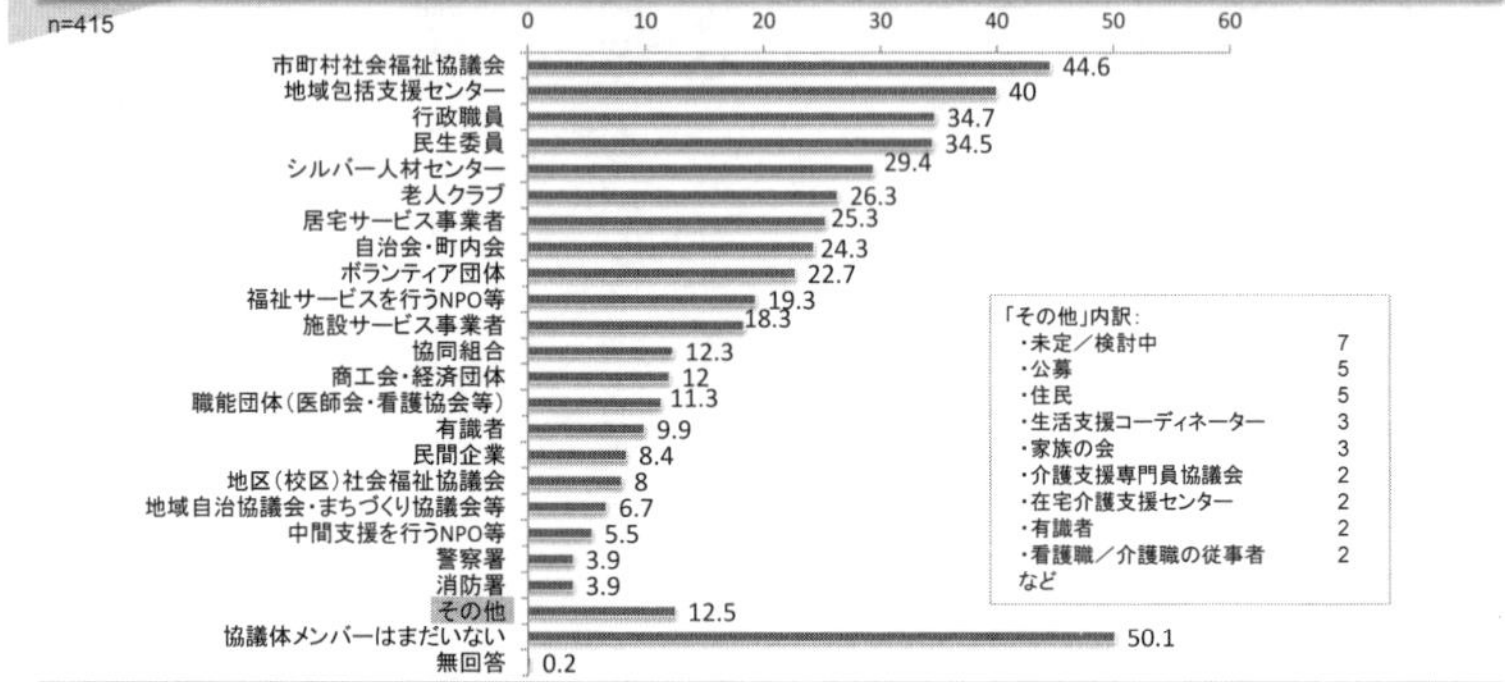

協議体構成員は、「市町村社会福祉協議会」、「地域包括支援センター」、「行政職員」、「民生委員」が多い。

注：協議体設置済み、または準備実施自治体のみ

出典：平成 27 年度 老人保健事業推進費等補助金老人保健健康増進等事業
「介護予防・日常生活支援総合事業におけるコーディネーター・協議体のあり方に関する研究事業報告書」
平成 28 年 3 月　株式会社日本能率協会総合研究所

第2層の協議体構成員所属先

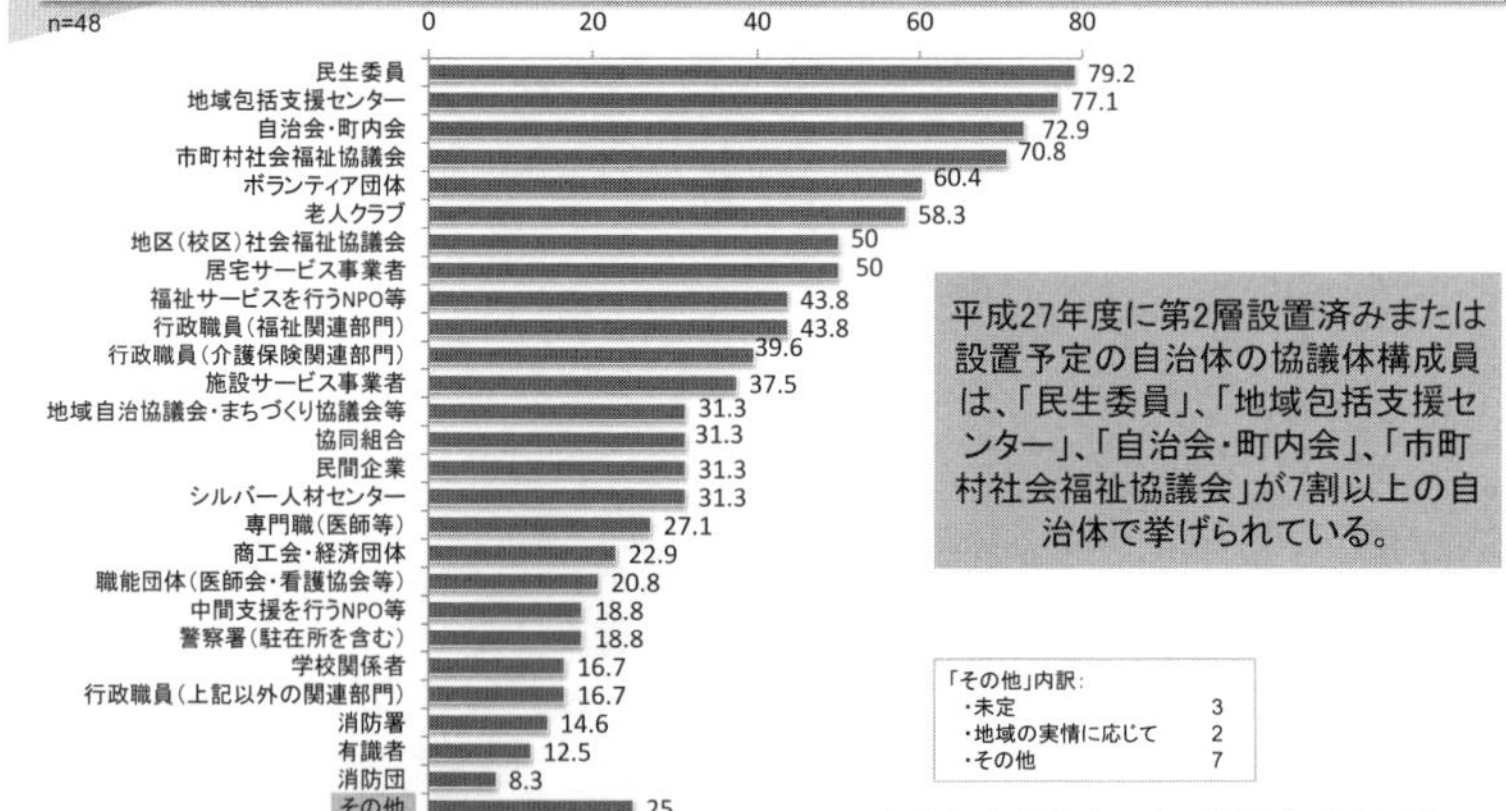

平成27年度に第2層設置済みまたは設置予定の自治体の協議体構成員は、「民生委員」、「地域包括支援センター」、「自治会・町内会」、「市町村社会福祉協議会」が7割以上の自治体で挙げられている。

注：平成27年度設置済み、または設置予定のある自治体のみ

出典：平成 27 年度 老人保健事業推進費等補助金老人保健健康増進等事業
「介護予防・日常生活支援総合事業におけるコーディネーター・協議体のあり方に関する研究事業報告書」
平成 28 年 3 月　株式会社日本能率協会総合研究所

第１層コーディネーターの所属先

コーディネーターの所属先

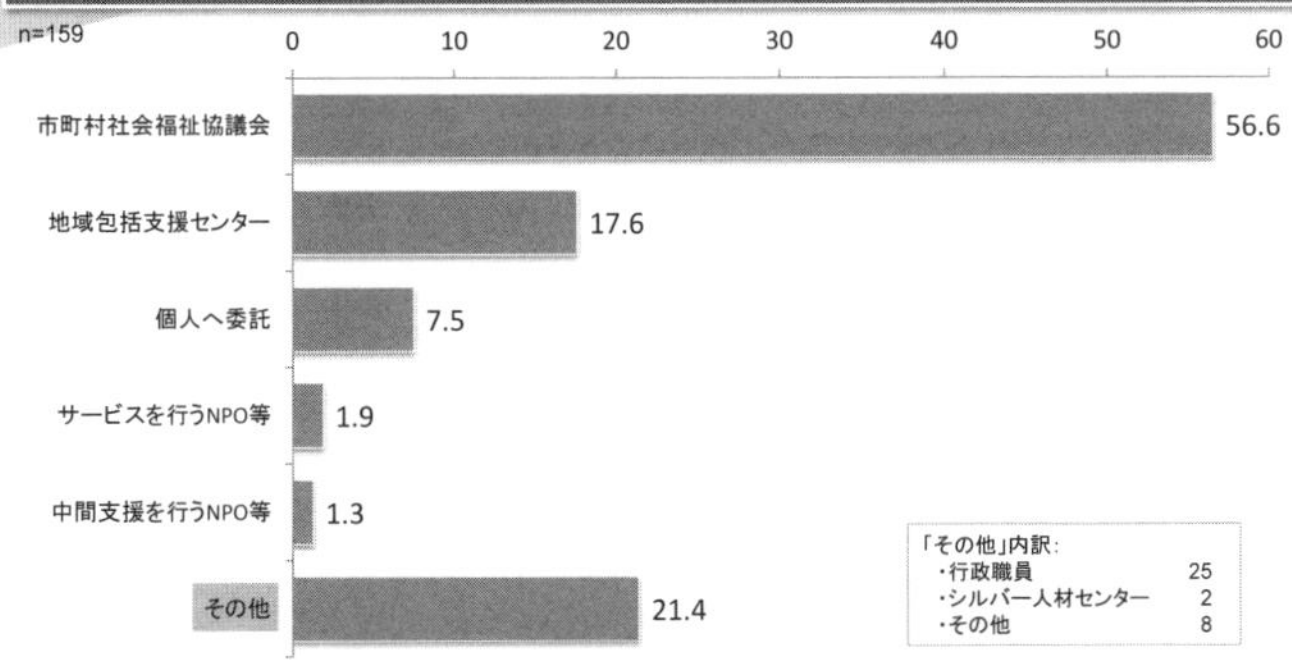

配置しているコーディネーターの所属をみると、「市町村社会福祉協議会」が最も多く6割弱である。次いで、「地域包括支援センター」が2割弱である。

注：コーディネーター配置済み自治体のみ

出典：平成 27 年度 老人保健事業推進費等補助金老人保健健康増進等事業
「介護予防・日常生活支援総合事業におけるコーディネーター・協議体のあり方に関する研究事業報告書」
平成 28 年３月　株式会社日本能率協会総合研究所

第１層コーディネーターの専任・兼任状況

正規・非正規職員別の専任・兼任コーディネーター

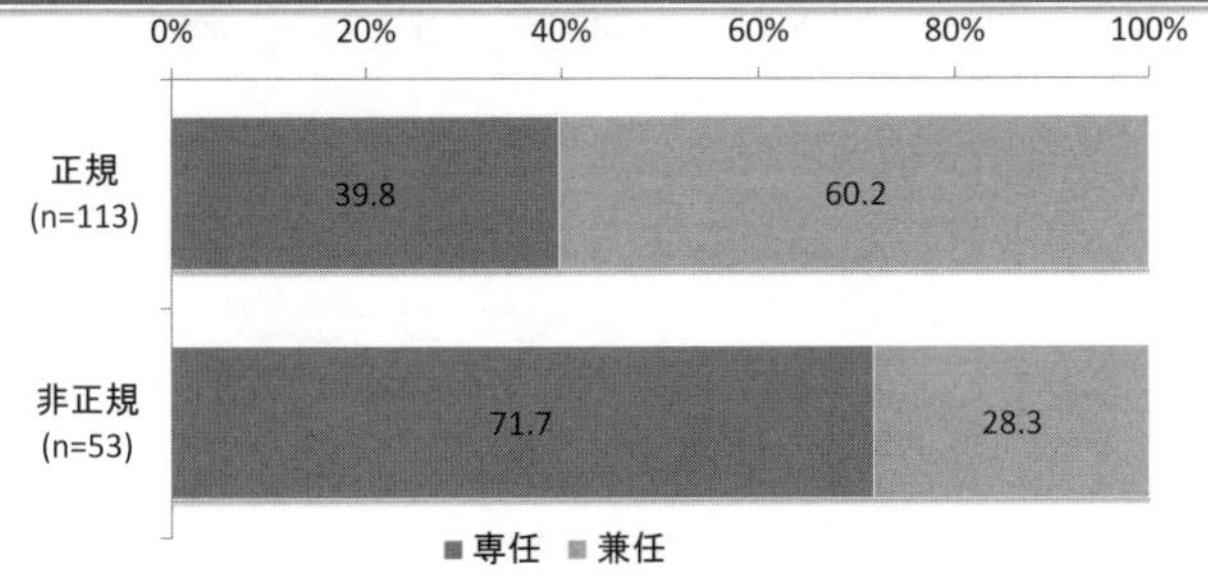

＊n数は、自治体数ではなく、自治体の回答数をベースとして算出。
（ex. A市で「正規」、「非正規」の職員が両方いる場合、回答数「2」とする。）

配置しているコーディネーターの雇用形態別にみると、正規職員は、兼任の割合が6割と高く、非正規職員は、専任が7割を占める。

注：コーディネーター配置済み自治体のみ

出典：平成 27 年度 老人保健事業推進費等補助金老人保健健康増進等事業
「介護予防・日常生活支援総合事業におけるコーディネーター・協議体のあり方に関する研究事業報告書」
平成 28 年３月　株式会社日本能率協会総合研究所

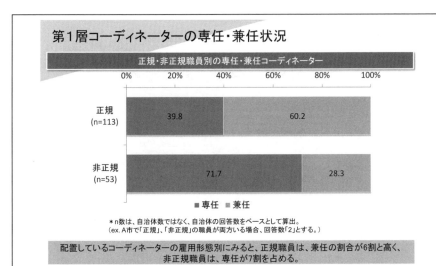

第2層のコーディネーターの所属先

コーディネーターの所属先

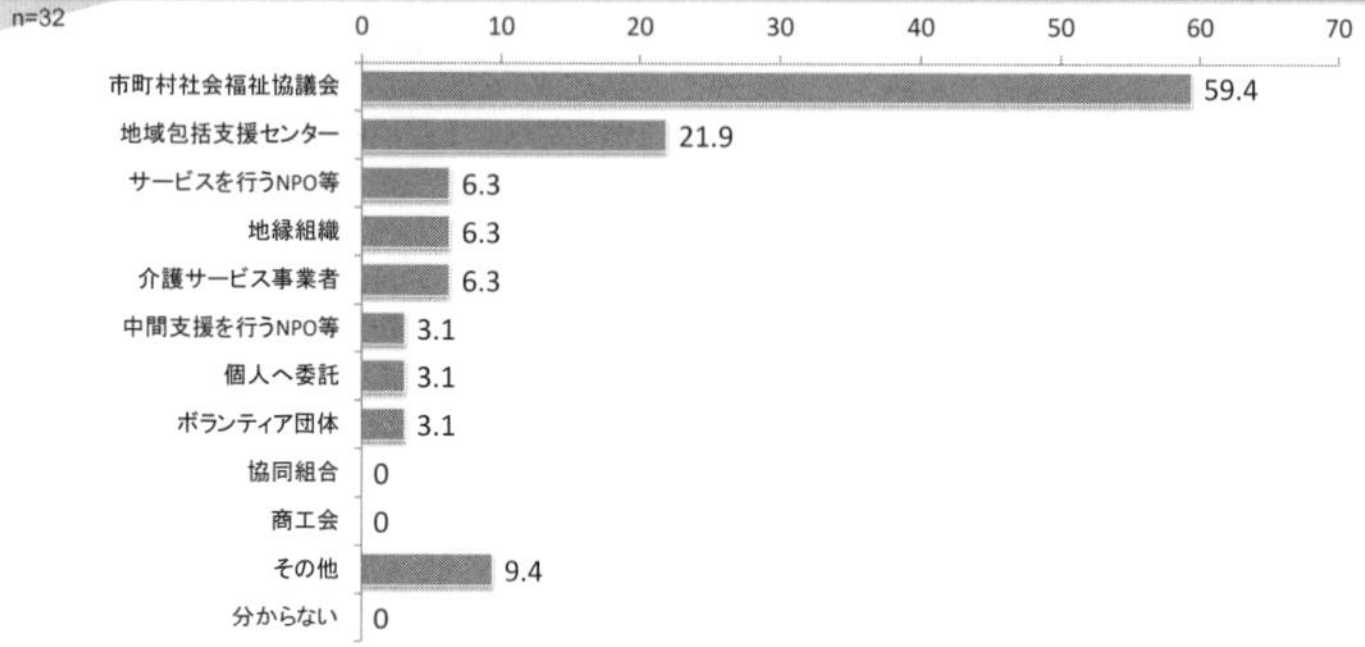

配置しているコーディネーターの所属は、「市町村社会福祉協議会」が最も多く6割である。
次いで、「地域包括支援センター」が2割である。

注：平成27年度コーディネーター配置済みの自治体のみ

出典：平成 27 年度 老人保健事業推進費等補助金老人保健健康増進等事業
「介護予防・日常生活支援総合事業におけるコーディネーター・協議体のあり方に関する研究事業報告書」
平成 28 年 3 月　株式会社日本能率協会総合研究所

第2層コーディネーターの専任・兼任状況

正規・非正規職員別の専任・兼任コーディネーター

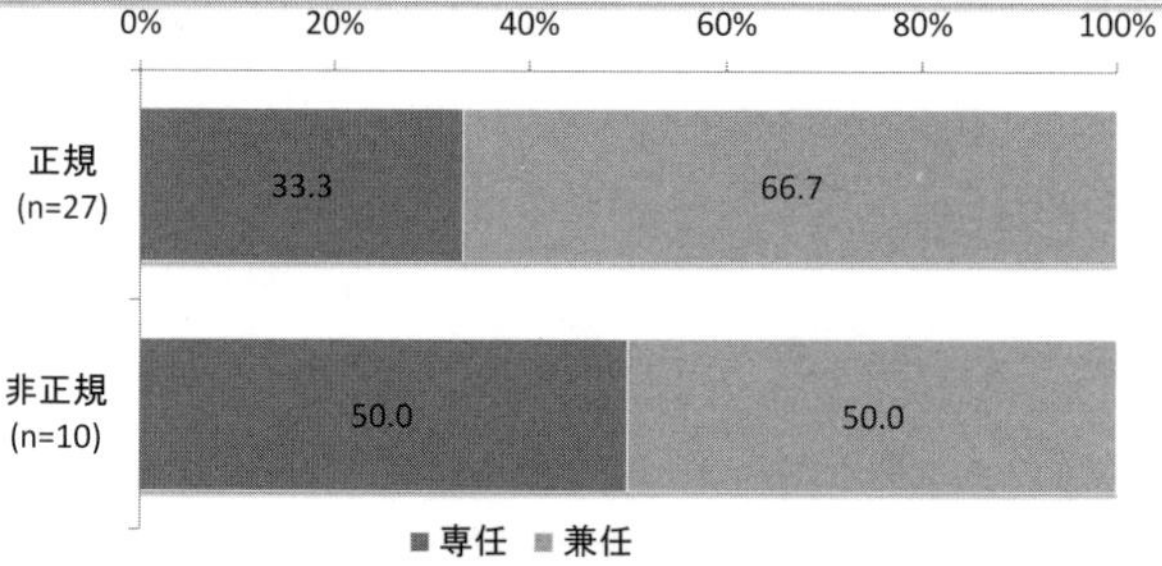

＊n数は、自治体数ではなく、自治体の回答数をベースとして算出。
（ex. A市で「正規」、「非正規」の職員が両方いる場合、回答数「2」とする。）

配置しているコーディネーターの雇用形態別にみると、正規職員は、
兼任の割合が7割弱と高く、非正規職員は、専任・兼任が同じ割合である。

注：コーディネーター配置済み自治体のみ

出典：平成 27 年度 老人保健事業推進費等補助金老人保健健康増進等事業
「介護予防・日常生活支援総合事業におけるコーディネーター・協議体のあり方に関する研究事業報告書」
平成 28 年 3 月　株式会社日本能率協会総合研究所

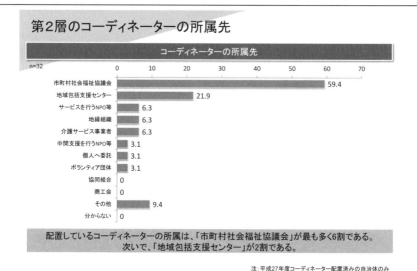

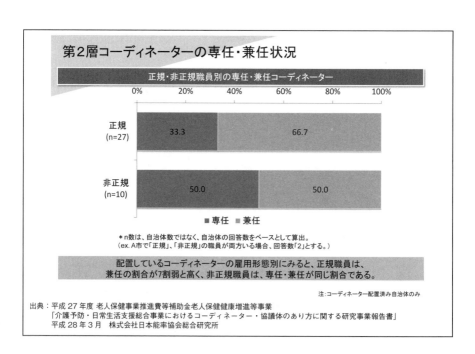

2 生活支援コーディネーター及び協議体の構成員に望まれる資質

生活支援コーディネーターは、できるだけ専任を（服部）

堀田　生活支援コーディネーター・協議体の役割については、前に話しましたが、生活支援コーディネーター・協議体は、助け合いを創出し、ネットワークを組んでいき、良いサービスをつくっていくのに適切な人が選ばれることが重要です。

「選定の現状」の中で一番大きな問題は、生活支援コーディネーターで正規に選ばれている方々は兼任が多いということ。そして、非正規の方は専任だけれど、非常勤職員であること。そもそも生活支援コーディネーターは兼任でやれるのかという、そこの認識が問われています。今の流行で言えば、ビックリポン！の数値ですよね（笑）。

服部　（笑）

堀田　地域ケア会議と協議体が一体化でやれるのかというのも結構大きな問題ですが、まずは大前提として、この難しい助け合いをつくる仕事、ネットワークをつくる仕事を兼任にして良いのかということを、服部さんはどうお考えですか？

服部　原則は専任と考えていまして、交付金の標準額も専任で設定されていますし、このような状況を受けて、平成28年3月7日に開催された全国介護保険・高齢者保健福祉担当課長会議では「できるだけ専任で」というメッセージが出されました。生活支援コーディネーターの仕事量は専任でも難しいと判断される実例も出てきており、北海道函館市（**P90参照**）のように実質は丸藤競さん（さわやかインストラクター）個人を想定しつつも丸藤さんが所属するまちづくりセンターを運営するNPO法人に委託するケースや、秋田県小坂町のように保健師と社協職員という2名体制を取る市区町村も出てきています。地域の実情を考えれば、そういうことにもなるのだろうと思います。

ただ、これから生活支援コーディネーター・協議体を選出していく段階なので、とりあえず暫定で兼任にしておきましょうということはあっても良いと考えています。データでは社協さんが選ばれていて兼任が多いですが、社協さんには地域福祉の分野で大変貢献してきていただいていますので、当面、生活支援コーディネーターの業務を担っていただき、これからじっくり専任で選定していくという話はよく聞きますし、そういうことであれば、ただちに問題ということはないかなと思っています。

堀田　助け合いを幅広くつくり出していくというのは、大変な努力、誠意、時間が必要な作業で、社協にしろ行政にしろ地域包括支援センターにしろ、どちらにしても兼任でやれるような生易しい任務ではありません。間違いなく兼任でやれるはずがないとしっかり自覚していただくことが、この事業に本当にわかって取り組んでいるかという一つの判定基準になると思います。

ボランティア精神で情熱を持ってやってくれる人を選ぶのが基本（堀田）

堀田　兼任はもう暫定でしかあり得ないのですが、社協に頼んでいる所が多いということで言えば、社協であろうとどんな経歴の人であろうと、その方が住民の信頼を受けて、助け合いをつくり出せるリーダーになれれば良くて、あくまで実質で選ぶ必要があると全国で訴えています。

生活支援コーディネーターの仕事を、退職後の職というか一種の生活の手段みたいに思っていて、そういう発想で生活支援コーディネーターを選んでしまうと、多くの人はもらったお金の範囲の仕事しかしないという仕事ぶりになっていくでしょう。それは明らかに生活支援コーディネーター・協議体の趣旨に反します。

だから、現に、しっかりした首長さんは、これの人件費はほとんどないか、払ってもギリギリの謝礼金か生活保障の額にとどめて、基本的にボランティアとして情熱を持ってやってくれる人を選びたいと宣言されたので、私と感動の硬い握手を交わしました（笑）。

服部　（笑）

堀田　じっくり本気で選んでいけば、ボランティアとして情熱を持ってやってくれる方は出てくる。現段階で一番この事業に沿う生活支援コーディネーターは、私の知る限り鹿児島県奄美市（**P100参照**）の第1層生活支援コーディネーターの田丸友三郎さんだと思っています。若干の報酬はあるものの、ボランティア精神で、なんとかこのまちを良くしていきたいと情熱に燃えている。そういう人でないと、本当の助け合いはできません。住民の信頼感が違うと思います。

例えば、あの人は40代で家族もいるからと生活費を払っているけれど、聞いてみたらそれほどの額でもないし、これで出世するわけでもない。でも、あの人はこのまちが大好きで一所懸命やってくれている。そうなったら、住民の信頼もついてくるし、この事業に違和感を持っている人たちも自治体もついてくるでしょう。

ボランティア精神でやることが大事だという基本がしっかり打ち出されれば、社協の現役やＯＢの方が選ばれるのも良い。ただ、一つの指定ポストみたいになったら、生活支援コーディネーターも協議体も成功しないでしょう。

大事なのは、助け合いを広めることをインセンティブとしてやるのか、お金が主たる目的になっていて、もらった範囲でやる仕事ぶりになるのかということで、後者だったら助け合いを広げられるはずがない。お金が目的でその範囲で仕事をするのではなくて、本来の任務を成し遂げるために必要な生活費は出す。でも、それで拘束されるわけではなく、周りも月収でその人の権限と力を評価しないようにする。

生活支援コーディネーターは首長と対等でしっかりものを言い、助け合いをつくり出す人だという評価をつくり出すことも大事だと思います。

奄美市の生活支援コーディネーター・田丸友三郎さん

奄美市（鹿児島県）

「大づかみ方式」で理想的な第1層生活支援コーディネーターを選び、行政との良好な関係を築いた選出プロセス

ワークショップ中心のプログラム

奄美市は、平成27年6月末から10月半ばにかけて4回にわたる「地域支え合い体制づくり研究会」を開催し、生活支援コーディネーターと協議体メンバーを選出した。3月に行った関係者向け勉強会に参加した約90名に研究会の案内を送ったところ、第1回研究会には80名近くが参加。3月の勉強会では厚生労働省からの制度による講義と堀田会長による新地域支援事業の意義や生活支援コーディネーターと協議体について、その選出方法である「大づかみ方式」などの講義を行った。

研究会は、参加しやすいように夕方6時半から8時半の2時間。ワークショップ（ＫＪ法）を中心にしたプログラムで、これからの奄美市の支え合い地域づくりについて一緒に考え議論した。第1回は3月の勉強会のおさらいも含めて、新地域支援事業は住民主体による助け合いの地域づくりを広げることを軸に、「なぜ、助け合いなのか」「助け合い活動の効果はどんなものか」「助け合いを広げる旗振り役である生活支援コーディネーターと協議体」「目指す地域像から始めること」について講演。「目指す地域像」についてワークショップを行った。第2回は第1回の内容の振り返りをした後、「奄美市の強みと弱み」についてワークショップを行った。第3回は、前回の振り返りの後「生活支援コーディネーターと協議体の役割」について講義、さらに第4回では、これまでの振り返りの後、「助け合い体験ゲーム」を行い、そして、「目指す地域像を実現するにふさわしい協議体メンバーと生活支援コーディネーターの選出」をワークショップで議論し、第2層ごとに具体的な人や組織について出し合った。

その効果

第2回の研究会から第2層のエリアである8区に分かれてワークショップで話し合いを行うと、地域愛があふれてくるようであった。参

加者の熱は最高潮に達し、終了してからも話が尽きず、顔を紅潮させながら話し合い、なかなか帰らない様子もあった。

「目指す地域像」を考えるワークショップは、これから5年後、10年後……と、さらに少子高齢化、人口減少が進む先のわがまちにおいて、どんな助け合い活動が足りないか？　何があったら楽しく暮らすことができるか……同じ地域に住む住民同士で考える。奄美市の中でも地域性はそれぞれで、地域ごとに具体的な課題がワークショップで浮き上がる。「だんだん運転できなくなる。病院までの移動サービスが欲しい」「お店がなくなり、買い物に困る」「空き家が増えている」「子どもたちの声がしない」「集合住宅では、寂しい一人暮らしの人が多い」など地域の実情によって、住まい方、世代間交流の状況、社会資源の有無などによって出された内容が同じでも、イメージする地域性が違い、その中での足りない助け合い活動を共有した。同じ地域の住民同士、地域の現状をイメージしながら足りない助け合い活動を付箋に書き、これを模造紙に貼り出していくことによって、「そうそう、そう思う」という共感や「そう言えば、こんなことで困っている人もいる」「こんな活動があればうれしい」など、お互いの意見に触発されて新たな意見が出されたり、もっと良くしていこうという前向きな意見が出されるなど、参加する人たちの年齢や職業など立場は関係なく、同じ地域を思う人同士の思いが共有され、地域を良くしていこうという思いが膨らんでいくという効果がある。また、発言内容やグループの中でのリードの仕方などにより、お互いに人となりも見えてきて、「この人ならぜひ、生活支援コーディネーターになって欲しい」という人を感じ合うという効果も生まれる。

第１層・第２層の体制づくり

奄美市の研究会の事務局は、行政直営の名瀬地区の地域包括支援センター。同センター主幹で保健師の島名博美さんは、6月からの研究会を通じて、また、その期間に会う様々な人たちの声を聞きながら、第1層の生活支援コーディネーターにはこの人が良いのではないか……と考えていたそうで、同じセンターのメンバーとも共有し合っていた。

第4回の研究会には50名が参加し、「生活支援コーディネーターと協議体の役割」を学び合った後、同センターの永田孝一係長から、「これまでの会を通じて、第1層生活支援コーディネーターには名瀬自治会・町内会連合会会長の田丸友三郎さんになっていただいてはと思っている」と発表があると、会場全体から大きな拍手が起こり、田丸さんがみんなの前に進み出た。「皆さんの支えがあれば、奄美市のために精一杯頑張りたい」と田丸さんは力強く発言。信頼される生活支援コーディネーターが誕生した。発表したのは行政であるが、勉強会での議論を通じ、田丸さんの企画力や地域愛、行動力などがみんなに伝わり、大きな信頼を集めていたのである。

その翌日、田丸さんを囲んで、同センターと第2層の事務局を担う在宅介護支援センター職員が集まり、前日の研究会の振り返りと今後の戦略を立てた。4回の研究会を通じて、第2層の地域ごとに体制ができつつあるところと、これからのところがある。8地区それぞれの状況に応じて、28年3月までをめどに、必要に応じて第1層がバックアップしながら、まずは第2層の体制づくりを進めていこうということになった。

第2層のエリアごとに、町内会、民生委員、老人クラブなどそれぞれの集まりに、選出されている第2層生活支援コーディネーターと田丸さんや地域包括支援センター職員が一緒に参加し、奄美市の支え合い体制づくりについて伝えるなど、様々な場面で市として住民参加による支え合いの地域づくりに取り組んでいくことを伝えていった。第2層ごとの体制づくりを進めていく上で見えてくる動きや課題を「地域支え合い体制づくり」として、月に1回第1層、第2層で集まり、田丸さんを中心に共有し、課題を解決する戦略を立てながら市全体の動きを推進していった。

住民から厚い信頼を集めている田丸さんを行政は全面的に信頼し、協力して事業を展開しており、地域への働きかけは田丸さんが前面に出て、行政がしっかりバックアップするという姿勢に徹することにより、理想的な関係が実現している。

（鶴山）

「自助」「互助」からアプローチしていくことが大事（服部）

服部　何より地域を良くしたいと熱意のある方であることが大切ですよね。

お金のことについては、生活支援コーディネーター・協議体の国の財源は消費税で、つまり消費税を引き上げてまでつくった仕組みだということです。なぜ、そこまでのお金をかけて設置することにしたのか、その理由をしっかり考える必要があります。

厚生労働省の資料には、もちろん生活支援コーディネーター・協議体の設置目的や役割は書かれていますが、私自身、発想を大きく転換していることの説明が不十分ではなかったかと反省しているところがあります。

「自助」「互助」「共助」「公助」と分けて考えてみれば、市区町村が今ある介護保険のサービスからアプローチしていくと、今「共助」で行われている介護事業所のサービスをまず置いて、そこからいかにこれを多様化していくか、あるいは安くしていくかと考えて検討していくと思うのですね。住民にも議会にも「何も変わりません。安心してください。今あるものを幅広くしていくだけですから」と説明している市区町村がありますが、もしそれだけで済むなら、わざわざ生活支援コーディネーター・協議体という仕組みは必要ないのです。

これまでなかなか広がらなかった介護予防や生活支援を充実するのは、むしろ「自助」「互助」からのアプローチが必要で、それが生活支援コーディネーター・協議体の仕事なのです。さらに言えば、「自助」「互助」からアプローチすると考えると、生活支援コーディネーターだけでは荷が重く、協議体の力を借りて、両方揃って初めてできることに気づく。

「自助」の主役は住民一人ひとりで、「互助」は地域の方々の助け合いなので、地域の方々の声を聞くしかないのですよね。協議体というのは、そういう意味で「自助」から含めてメンバー選定しなくてはいけない。それは「自助」「互助」からアプローチしていくから、そういうことになるわけです。繰り返しになりますが、協議体には高齢者の生活を支えているあらゆる分野の方々に参加していただきたいです。

「目指す地域像」を住民からしっかり聞く情熱（堀田）

服部　そして、生活支援コーディネーターは、ニーズに対して不足するサービスを開発する際、新しい総合事業のＡでやろうかＢでやろうかだけではなく、もっと幅広く、市場でやるとかお金をかけずに助け合いでやるとか、あるいは市区町村の一般財源を使うとか、「自助」「互助」「共助」「公助」、あらゆる資源・財源を使って組んでいくことになります。

堀田　そうですね。地域のことを真剣に思って、どういうふうに「自助」「互助」をつくり出していくかというと、これは行政や社協に聞いてもわからないでしょう。今度の事業は、地域を包括してトータルにつくろうという話だから、生活支援コーディネーターと協議体が一緒になって調べて考え出すしかない。そして、その答えは住民が持っていますが、住民一人ひとりは意識しているわけではない。だから、住民の中に入ってワークショップを実施し、「目指す地域像」を住民からしっかり聞き出して、「目指す地域像」に向けて、いろいろな人と一緒にやっていくしかない。情熱と住民・市民への愛情と感性がないとやれない仕事ですね。

3　好ましい選定方法

協議体から選定していくことを勧める理由（服部）

堀田　選定方法、選定手順について、服部さんはどう思いますか？

服部　厚生労働省は、先に生活支援コーディネーターを決めるのではなく、協議体の設置から進めていく方法を例示しています。

堀田　はい。

服部　私が市区町村の新しい総合事業に関するフォーラムなどで生活支援コーディネーター・協議体の機能について説明すると、終わった後に、たいてい「私、やりたいです」と言う人が出てきます。

堀田　出てきますね。

服部　私の実感としてはそうなのです。けれども、市区町村の職員の方と話すと、「どこにいるんですか、そんな人」と言われることも多いです。このギャップの理由ですが、私は単に市区町村から見えている範囲では生活支援コーディネーターの担い手はいないというだけではないかと考えています。

協議体で議論が始まれば、生活支援コーディネーターになりたいと手が挙がったり、あの人をと推薦があったりするのではないかと思っていまして、思い当たる人がいないようなら、そこで時間をかけずに協議体から設置すべきですし、そのほうが適切な人を選びやすいのではないかと思います。

堀田　生活支援コーディネーターの選び方の基本は、住民の心をどれだけつかめる人かで、それをどういう方法で認知していくかということになりますが、おっしゃる通り、住民の中に入って住民が目覚めれば、そして、そういう住民の思いを受け入れて実施しますというメッセージを届ければ、必ず素晴らしい人が出てきます。

生活支援コーディネーターをすることになって、本人もビックリする方は多いですよね。他にいろいろな委員

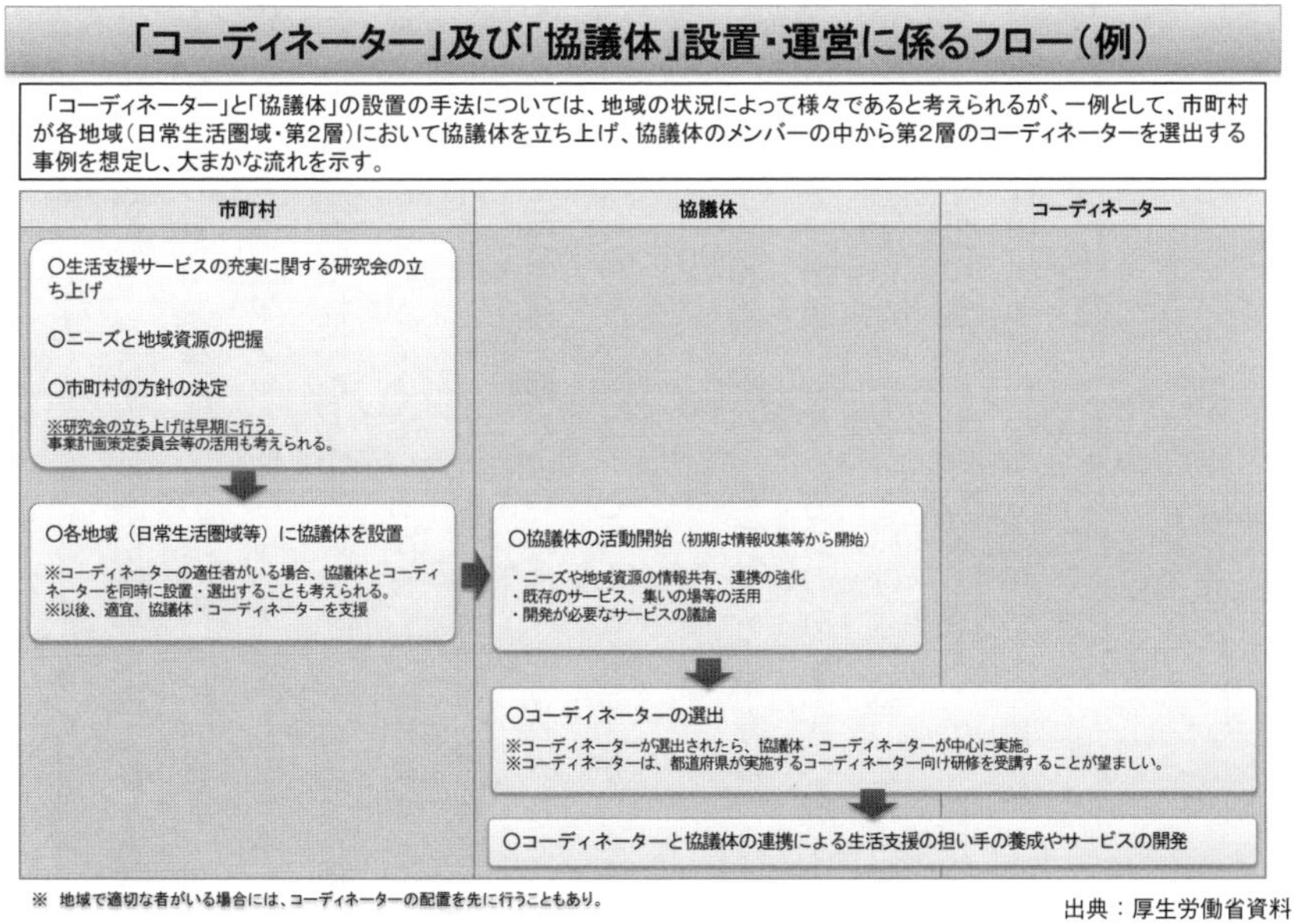

出典：厚生労働省資料

会に入っていて忙しいのに、なんで生活支援コーディネーターをする気になったのかと。例えば鹿児島県奄美市の田丸さんもビックリしていますよね（笑）。しかし、地域を良くしたいという思いが燃えてくる。そこで、引き受けてしまう。だから、そういう人をどう見つけるかですね。

わかれば、住民の中からやる人は出てくる（堀田）

堀田　奄美市が良いモデルで、この事業が始まってから住民の勉強会をやって、「目指す地域像」を議論しているうちに生活支援コーディネーターが浮かび上がってきた。良い議題設定をして、勉強会を4回して、市民の方々もそういう気持ちがあって応じてくれて、回を重ねても参加者は減らなかったんですよね。そこが素晴らしい。新潟県柏崎市もそうですすよね。

だから、趣旨がわかれば、「よし、やろう」「知恵を出そう」という住民は出てくる。

例えば長崎県佐々町みたいに、新地域支援事業の前から住民主体のいろいろな活動をやっていて、市民活動をする人の顔がだいたい見えていると、そのまますっとこの事業に移行できます。神奈川県平塚市（**P107・165参照**）も、15年前から町内福祉村（以下、福祉村）でワークショップや「助け合い体験ゲーム」をやっていて、自治会や社協など幅広いメンバーが入った推進会議のようなものができているから、そのまますっとこの事業に行けるのです。このように新地域支援事業が始まる前から住民主体の助け合いの地域づくりをしている所を「ベストプラクティス」と呼んでいますが、その数は少ない。

「ベストプラクティス」はすっとこの事業に行けるから良いとして、今後は、暫定方式の所は本式を選ぶ方法に移っていっていただかないといけないし、これから選ぶ所で今まで助け合いの地域づくりをやっていなかった地域では、住民の中からやってくれる人をどう選び出していくかという問題になります。

平塚市（神奈川県）

既存の仕組みを協議体設立などに活かす

各々の役割を明確にした連携体制

平塚市は、介護保険制度が始まる前から「町内福祉村」という地域活動を進めてきた自治体だ。この取り組みを一言で言えば、地域が抱える様々な課題を地域の住民たちが主体的に解決していく仕組みということになるが、この中にとても特徴的な地域の連携体制が施されている。まずこの取り組みに参画しているのは、行政と社会福祉協議会をはじめ様々な関係機関と、さらに地域でボランティア活動に取り組む人々だ。この仕組みでは、地域全体が関わりを持ち、各々の役割を明確にして非常にバランスの取れた連携体制が構築されている。市内25の公民館区に呼びかけ、地域の自治会その他の既存の組織も協力して、町内福祉村の組織を形成。どんな活動をするかは地域住民が決めることとして、地域住民の集会でワークショップを行い、それぞれに活動内容を決めてきた。

住民がふれあえる「町内福祉村」の設置

平成28年3月までに17の地区で福祉村が発足している。福祉村はそれぞれ居場所を設置しているが、この居場所では、高齢者や子育て中の方、障がいのある方など特に対象者に制限を設けず、誰でもが立ち寄れる場所として「ふれあい交流活動」を実践している。さらに、この居場所にはコーディネーターが配置され、住民の相談に応じ、地域の関係者の協力を得ながら、「身近な生活支援活動」としてボランティアの助け合いにつなげている。ある福祉村では、公民館区に設けられた「地域福祉推進会議」という会議の事務局を担当しており、この会議には、自治会、民生委員、地区社会福祉協議会などが参加している。この地区では地域福祉推進会議がそのまま第2層協議体に移行しており、協議体での議論を踏まえて町村福祉村の取り組みがさらに強化されることになる。

（長瀬）

泉南市（大阪府）

資源開発もしてきた地域ケア会議を協議体に

既存の人材・資源を新地域支援事業に活用

泉南市はこれまで、「W（忘れてもだいじょうぶ）A（あんしんと）O（おもいやりの町）！SENNAN」をキャッチコピーに認知症施策を推進してきたが、これまでに養成してきた人材や培ってきた地域資源を新地域支援事業の推進にも最大限活かしている。

認知症施策の中で、認知症コーディネーターを養成する市独自の研修をバージョンアップし、高齢者すべての「ライフサポートコーディネーター」として地域づくりの推進と啓発活動をする人材を養成。その専門性をさらに高める研修を受けた者を「生活支援コーディネーター」とし、このうち6名を1・5層の生活支援コーディネーターに位置付けている。

これら専門職の養成とは別に、市民に対しても生活支援の担い手として活躍することを想定した「福まちサポートリーダー」を養成しており、地区ケア会議（地域ケア会議の圏域ごとの会議）に参加し地域について共に考えたり、得意なことを楽しみながら参加につなげてサロンで活動したりと地域での実践者として活躍している。

第1層第2層が連動して機能

泉南市では地域ケア会議が個別ケースの検討にとどまらず、地域ニーズの把握や助け合い活動などの資源開発も含めた協議体の役割を従来から担ってきた。市全域を見て政策形成につなぐ役割を持つ第1層協議体には、生活支援コーディネーター、行政、地域包括支援センターのほか、生活支援サービスの開発に携わる可能性のある団体、企業、専門職から今回新たに形成されたが、メンバーは課題やテーマによって流動的に増減できるようゆるやかに編成。第2層協議体は従来から機能している圏域ごとの地区ケア会議がその役割を担っている。また、第1層協議体、第2層協議体には1・5層の生活支援コーディネーターがそれぞれ参加しているため、第1層第2層が連動して機能している。

行政と生活支援コーディネーター

との信頼関係、地域住民の協力と参加無くしてまちづくりはできないという関係者の共通認識、思いある人が自由に発言し主体的に参加する場として協議体が構成されている。

これまでの実践を活かし、従来からの活動と培ってきた専門性を連動させ、1層、1・5層、2層、地域住民が仲間として連携・協働し、住み慣れたまちで安心して最期まで暮らせるまちづくりを目指して泉南市は実践している。

（翁川）

ライフサポートコーディネーター
養成研修の様子

大船渡市（岩手県）

大震災からの復興体験が活かされた

第1層協議体に、第2層の主体（市内11地区の公民館長等）が参加

大船渡市の第1層協議体は、平成27年4月に発足し、名称は「地域助け合い協議会」とした。構成員は28名。生活支援コーディネーターは、当面は市の地域包括ケア推進室が担っている。

特徴は、構成員28名のうち11名が、地区公民館長（地縁組織のリーダー）であることだ。大船渡市では、社会教育組織であった地区公民館に地域と行政のつなぎの役割を持たせるため、地区公民館長を「まちづくり推進員」兼務とした。このねらいが、新地域支援事業による第2層協議体と生活支援コーディネーターが目指すところと重なるので、公民館長を第1層協議体構成員に組み入れた。

もう一つの特徴は、被災後立ち上がった住民組織であるNPO法人大船渡共生まちづくりの会や、市民活動支援センターなどの民間組織が助言者の役も兼ねて協議体に参加していることだ。ここには、復興まちづくりを進めてきた体験（基本は市民参加）が活かされている。

もちろん、地域の多様な主体として、社会福祉協議会、農協、民生委員児童委員協議会、老人クラブ、シルバー人材センターなどのほか、介護事業者等も参加している。基本は市による「大づかみ方式」での協議体づくりと言えよう。

第2層の立ち上げに、オープン参加の勉強会が役立った

第1層協議体では、同年5月からほぼ毎月、構成員を主体にオープン参加の勉強会を続けた。これに11か所の公民館地区からそれぞれ5～6名が毎回参加し、講義の後は必ず地区別グループワークを行った。並行して各地域でも、この勉強会に参加した公民館長などを中心に任意参加の自主勉強会が開かれた。この中から、同年12月には赤崎・蛸の浦地区で第2層協議体と生活支援コーディネーターが誕生した。その他の地区でも第2層協議体づくりが進んでおり、いずれ全地区に及ぶ動きとなっている。

（丹）

「全戸呼びかけ方式」か「大づかみ方式」で選ぶ（堀田）

堀田　協議体の選び方としては、大きく類型を分けると「全戸呼びかけ方式」と「大づかみ方式」の二つがあります。

「全戸呼びかけ方式」は、それこそ全戸に呼びかけて、集まった人々と「目指す地域像」を議論する方法。全戸と言っても１００戸に１戸くらいしか来てくれないと思いますが、どういう助け合いをつくり出すのかを住民みんなで議論して、「それは私がリードしてつくろう」という方々を議論の中から浮かび上がらせていく。神奈川県平塚市は、この方式で第２層の協議体に当たる福祉村を25の地域で１つずつつくっていった。その25の地域で、それぞれ全戸に呼びかけて、参加した方の中から福祉村をつくり出していき、今、それが17までできています。

一方、「大づかみ方式」は、意識の高い住民の方々と行政、社協、地域包括支援センターなどが一緒に議論をして、各分野でリーダーになってくれそうな人を議論の中から選び出していく方法。具体的には、行政、社協、

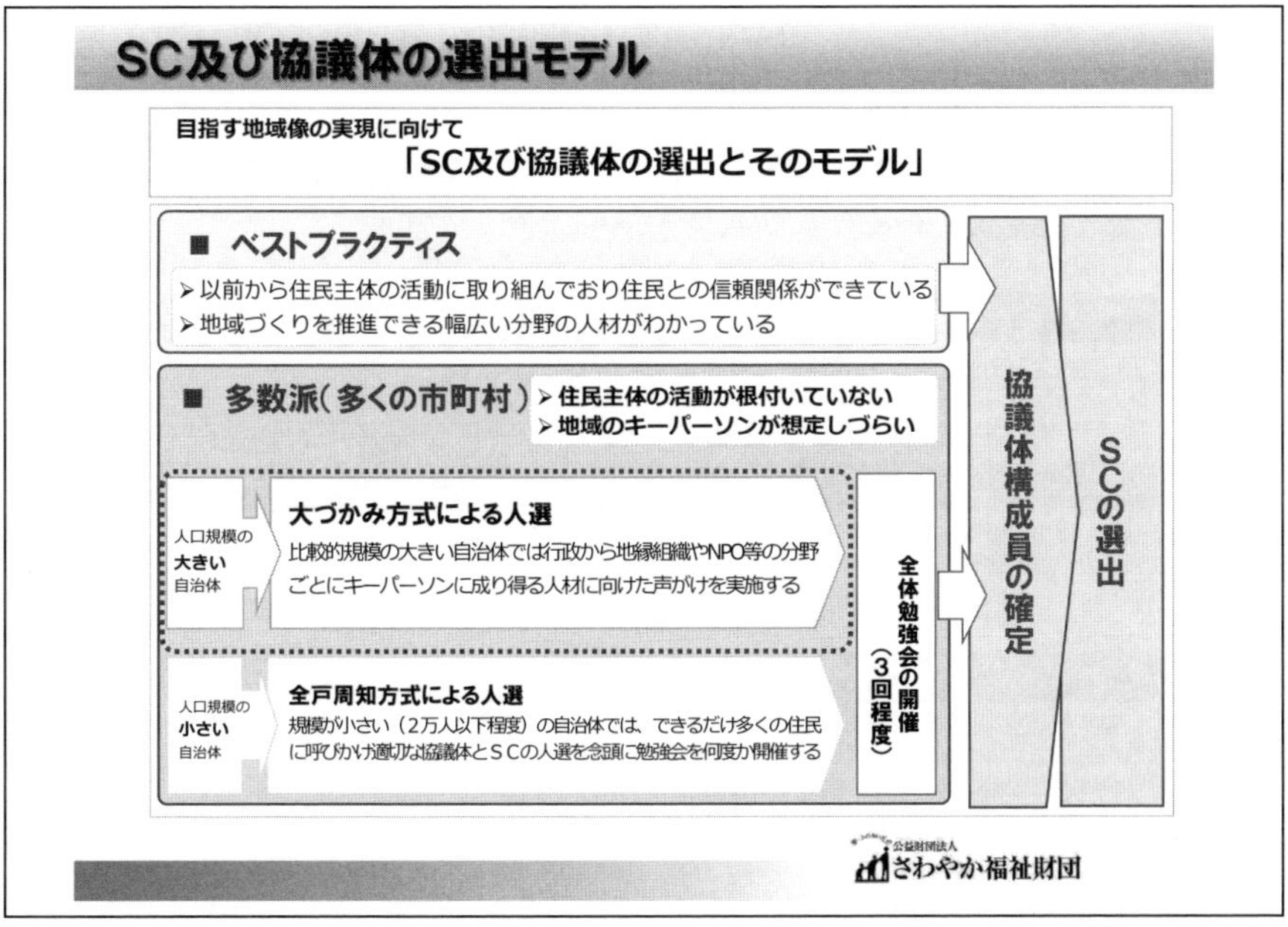

○ 大づかみ方式の基本原則

1： 地域の実情に応じて、足りないサービスで創出すべきものの分野を決める

サービス分野の決定は、関係者によるワークショップをベースに「あるべき地域像」を確定し、助け合いの足りない分野を浮き上がらせることによって行う。
分野が決まれば下記の２に進む。

2： サービス分野ごとに、助け合い活動の創出、活性化をリードできるような人物を選ぶ

○ 大づかみ方式の人選の手順

① リードする人物（※1）がわかっている時

できれば重要な関係者に確認したうえで、その人物を選ぶ

（※1）リードする人物とは、その分野の関係者等から信頼されている等、助け合い活動の創出、活性化をリードする人物

② リードする人物がわからない時

ア．連合会、ネットワーク組織等があれば、その代表者に相談する
イ．それがない時は、主だった団体の代表者に相談する

当該分野に関連する分野の人物が情報を有している場合があるので、関係分野の人物が集まった会議等で協議することも有効

③ ②の手段では適切な人物が選べない時

当該分野の関係者を集めて非公式の勉強会を開き、その分野の資源開発をリードできそうな人物を選ぶ（地縁活動については、この方式が求められる地域が少なくないと思われる）（※2）

（※2） ②の手段でリードできる人物が選べなかった場合について、都市の規模が大きいこと、あるいは選出までに時間的余裕がないこと等の理由により③の手段をとるのが難しい時は、これを割愛して④の手段に入る

④ ③の手段でも選べない時

この分野での参加者を保留にしつつ、企業ＯＢ・ＯＧ、社協ＯＢ・ＯＧ等で、その分野の資源開発ができそうな人物を関係者が協力して選ぶ

④の手段をとる余裕もない時は、その分野の既存組織の代表者を暫定的に選出する

地域包括支援センターが力を合わせてリードしながら、地縁関係者とか深い助け合いのサービスをするＮＰＯ、生協など、地域の助け合いの分野のリーダーが集まって、その中で誰が住民に対するリーダーシップを持っているか見出していく。自治会関係だと、それぞれの地域の自治会活動をしている中で「あの人は一所懸命に活動している」とか「あの人ならいろいろサービスをつくってくれるだろう」などと、自治会の活動をもっと活発にしようと住民に働きかけるリーダーシップを持っている人が浮かび上がってくる。助け合いの各分野で住民の信頼があり、リーダーシップを持っている方を協議体のメンバーにしていくのが「大づかみ方式」です。

しかし、実態から言えば、すでに協議体を選んでいる所では、「大づかみ方式」での勉強会もせず、行政と社協くらいがざっと地域を見回して、いろいろな既存の協議会や連合会から、それぞれの会の代表者を肩書指定で集めて、「うちではこれだけの会議体が各分野にあるから、そこの代表者を集めて協議体をつくりました」といったやり方をしている所が少なくない。形式的に各分野で選んで、そこの連合会長などが集まっても、やる気がないと何も進まない。まだ地域ケア会議の方が実があるみたいな話になってしまう。

これをどういうふうに、住民のリーダーシップを持っている人たちの集まりにするかというのが大きな課題です。自治体が住民をリードする人を選ぶという精神がないし、やり方を勉強する気もない所は、何も進みません。

協議体構成員の選定も「自助」「互助」から考える（服部）

服部　おそらく協議体で何をするのか、最初に何を議論し、次に何をやるかという工程の検討が足りないのではないかと思います。もっと言えば、「地域の資源を見つけるところから始めましょう」とした時にも、では、地域の資源とはどこまでを言うものなのかの想定があまり明確になっていないのではないかと思うのです。

先ほども議論しました「共助」だけ見ていると、協議体のメンバーは介護事業者に加えて社協、シルバー人材センター、老人クラブといった方々、要するに役所が関係する高齢者向けサービスを提供している方々だけになります。また、市区町村の立場からすれば、誰かを選ぶ時に選んだ理由を説明しなくてはいけません。ですから、「代表者」など説明がつく人を選ぶということになって、堀田さんが言うようなメンバー構成になってしまいます。

そうすると、この顔ぶれはほとんど地域ケア会議と同じだと（笑）。地域ケア会議の機能には地域の課題解決とか資源開発もありますから、そういう市区町村からは「そもそも協議体は必要か？」とか「厚生労働省は会議ばかりいくつもつくる」と言われたりします。しかも少なくありません。

先ほど申し上げたように、協議体のメンバーは「自助」「互助」から考えていくものなのです。そのように発想を変えると、メンバーには自発性が求められますから、その選定方法は、通常の審議会、委員会の選定と同じ方法ではうまくいかないことに気づきます。

「自助」「互助」からアプローチしていくということは、「自助」も含めた地域の資源を把握し、働きかけていくということですから、高齢者一人ひとりに呼びかけることに近いところがあります。私も第2層協議体のメンバー選定の参考例として、平塚市の「全戸呼びかけ方式」をよくご紹介しています。

目指す地域像に合う構成員を選ぶ（堀田）

堀田　ほとんど服部さんと私は感覚的に同じなんですが、冒頭でちょっとアプローチの仕方が違うという話が出ました。「自助」から入るというところで、市場サービス関係者を協議体に入れる意味もちょっと感じが違います。「自助」から入るというのは確かにいろいろな市場サービスがありますし、特に都市部では実質は市場サービスに依存しているので、市場サービス関係者を協議体に入れることで広がることは間違いないです。

しかし私の感じは、今度の仕組みをつくる時の目的である「社会の中で眠っている大切な助け合いの力を掘り起こそう」という点からいけば、それは本筋ではありません。やはりこの事業の本筋は「自助」と「互助」が相互に関係しながら、一挙に同時に実現されることだと思います。

例えば居場所の意味も、一人ひとりがそこに行って時間を潰して「あぁ、楽しかった」だけで帰るのでは「自助」の補完みたいなものになってしまう。そうではなくて、居場所に行って、他の人といろいろ話をして共感する。「私の力も一つ、みんなに役立てよう」という気持ちが出てくる。それは結局、自分の生きる意欲を高めるわけだから、「自助」の基本です。そういう「自助」の基本の力やいきがいを生み出すのですが、誰かの役に立ちたいという気持ちは行動になって現れるから、同時に「互助」も生まれてくる。

そういう「自助」と「互助」の相互乗り入れというか、それぞれの良いところが生きて、共に力を出すという形をつくり出すのが大事だと思います。移送サービスＮＰＯとタクシー業者との関係のように、「互助」が「自助」の仕組みと衝突するところも出てくるかもしれない。けれども、助け合いを主体にして、ずっと広めながら、でも、助け合いでやれる限度もあるから、この限度のところを上手に「自助」を支える市場の仕組みや「共助」「公助」の仕組みと折り合いをつけてやっていく。つまり、「自助」「互助」の領域を確立して、それを広げていく、そういう作業が必要です。

市場サービスができる限り広がることも大事です。一方で、市場サービス関係者も市場原理で入ると同時に、市場原理でやれないところについては、任せるところは任せ、市場例えば介護保険の事業者が地域の人々が集まる居場所をつくるとか、そういうふうに「互助」の分野に入ってきてくれることも大事です。このように、いろいろな意味で入ってきてくれることは大事だから、市場サービス関係者等にも協議体に入ってもらう。

ただし、協議体構成員として、社協やＮＰＯのように中核にならないといけないという立場で入るわけではなく、言ってみれば、上手に一緒にやる協働者として入ってもらう。一方、社協、ＮＰＯには、中核として頑張ってもらわないといけない。また、自治会、地縁関係にも中核で頑張ってもらわないといけませんが、現状は圧倒的に足りないですよね。今度の仕組みをつくるには、地縁関係を入れることが本当に成否を決めることで、すごくエネルギーがいることです。

そういう構図を考えながら、「目指す地域像」にうま

○　全体勉強会のテーマと資料（一例）　【第１回】

テーマ	この地域をどんな助け合いのある地域にするか
共通の理解を持つべき基本的事項	1. 助け合い活動を創出するには、関係者が目指す地域像を共通の目標としてイメージしなければならない（規範的統合） 2. 目指す地域像は、地域住民のほとんどが受け入れるものでなくてはならない（住民の共感） 3. 目指す地域の具体像は、幅（助け合いの量）、深さ（助け合いの質）ともに、参加する関係者の広がりや、関係者の意識の進化に伴って成熟していくものである（変動・進化性） 4. 目指す地域像は、その具体像としてはそれぞれの地域によって異なるものとなるが、その要素としては全国共通のものが少なくない
全国共通の要素	・誰もがいつでも気軽に集まる場所があり、日常的な助け合いが行われている ・地縁組織が、幅広く随時対応の助け合いを行っている ・NPO等が、地縁組織ではやれていないテーマ型（家事援助、移動、配食など）の助け合いを行っている ・地縁組織とNPO等が、ネットワークを組み、必要なサービスを提供している

「SC及び協議体の選出モデル」：全体勉強会のテーマと資料

○　全体勉強会のテーマと資料（一例）　【第１回】

協議する事項	あなたの大づかみな感覚では、あなたの地域には、どんな助け合いが足りないと思うか。また、あなたがその助け合い活動を欲しいと思うのは、あなたがその地域をどんな地域にしたいと思うからなのか

まとめ　共通意見を、大まかな図面にまとめる（2回目以降の勉強会で共有するため）

教材	助け合い活動創出ブックの「1.目指す地域像」及び「2-1.足りない活動の 把握」（P.4～15）

注意事項
・協議に当たっては、人の意見を批判せず、建設的に意見を述べる

「SC及び協議体の選出モデル」：全体勉強会のテーマと資料

○　全体勉強会のテーマと資料（一例）　【第２回】

テーマ	生活支援コーディネーター（SC）や協議体構成員は何をするのか（基本的な共通理解事項）
任務	助け合い活動の創出とネットワーク化 （注）A型サービスは、対象ではない
具体的には	1.　任務を果たすための基盤づくり 2.　ニーズの把握と担い手の掘り起こし、コーディネート ➡ 求められている助け合い活動の創出とネットワーク化
理解すべき事項	ニーズの把握や担い手の掘り起こしのためには住民の中に入ってよく意向を聴取し、共助の意欲を引き出す必要がある。また、助け合い活動を創出し、そのネットワークをつくるには、多様な住民や市民活動者の信頼が必要であり、したがって肩書き（権威）や理屈だけで遂行できる任務ではないこと
教材	・さわやか福祉財団テキスト「A型をどう考えるか」 ・さわやか福祉財団テキスト「生活支援コーディネーター及び協議体の選出」

公益財団法人 さわやか福祉財団

「SC及び協議体の選出モデル」：全体勉強会のテーマと資料

○　全体勉強会のテーマと資料（一例）　【第３回】

テーマ	この地域を目指す地域にしていくには、どんな人を協議体構成員に選ぶのがよいか　（協議）
選定方法についての協議	1.　さわやか福祉財団テキスト「生活支援コーディネーター及び協議体の選出」により選定方法のモデルを学習、自分の地域にはどの方式が望ましいかを協議する 2.　ベストプラクティスの場合は、わかっているSC及び協議体構成員を書き出し、全員で確認する。足りない分野があればそれも確認し、その分野の選定方法を協議する 3.　全戸周知方式を相当とする時は、その実施方法を協議する 4.　大づかみ方式を相当とする時は、第１回勉強会のまとめ図を参考にして、足りない分野を協議。その分野について担当構成員を置くか否か、置かない分野はどう扱うか（分科会にするのか、協議体参考人にするのか等）について協議。さらに、各分野について、テキストを参考に、可能な限り具体化するように協議。望ましい人物像もなるべく具体的に記述する
まとめ	要旨をまとめて、選定責任者に提出すると共に、選定関係者でまとめた要旨を共有することが望まれる

公益財団法人 さわやか福祉財団

く合うように、幅広く協議体のメンバーを選んでもらう。だから、協議体に警察や消防署が入っても良いし、農協や介護保険事業者が入ってくれるのもある意味大事ですが、介護保険事業者や市場サービス関係者、タクシー業者が入る意味と、中核で地縁関係者が入る意味とは立体的に違うし、協議体構成員としてやらなくてはいけないことも違う。

「目指す地域像」に合った構成員の集め方、それぞれの役割の果たし方、そして、情報交換の仕方が大事です。お金の配分も、それぞれの作業実費に合わせて払うなら、それぞれに支払う額が違うと思うんですよね。やはり地縁の助け合いをつくり出す人たちには、実費は相当払ってあげるように確保するなど、きめ細かな配慮が必要でしょう。

「目指す地域像」に合った満遍のない構成の仕方と、構成員を立体的な組み合わせで動かす動かし方が、協議体では大事になるし、それは地域ごとの特徴でやらなくてはいけないと思います。

「自助」を支援するとは、本人の力を引き出すこと（服部）

服部　この事業は「生活支援体制整備事業」という名称ですが、事業内容を正確に表すなら頭に「介護予防」もつけるべきで、説明する時には私は必ず、新しい総合事業、生活支援体制整備事業ともに介護予防と生活支援が重なっていることを強調しています。自らが担い手になって社会に参加すること、生活支援の担い手になることは介護予防につながるということで、堀田さんがおっしゃるように相乗効果が現れます。

介護予防にしても助け合いにしても、その人に意欲がなければなかなか動かないものですが、体操が体に良いと言われても動かない人が、「誰かの役に立てる、立ちたい」という思いで助け合いを始め、それこそが介護予防になる。あるいは、自分のために健康を維持しようと思って体操するだけではなく、近隣の方々の健康を願って呼びかけて一緒に取り組んだり、少しでも役に立ちたいとリーダー役を引き受けたり、その広がりがまた新たな担い手をつくったりと、そういう関係にありますよね。

だから、私も基本的に「自助」と「互助」は離れられないと思っています。

また、堀田さんがおっしゃるように、協議体のメンバーには、本人を中心に置いた「自助」「互助」に直接、関わる方々もいれば、側面的に支援する人もいます。そして、「自助」である市場サービスもいろいろなものがあって、例えば、脳卒中で麻痺が残って要支援の認定を受けたという方に対して、これまでのように生活をしていくための支援を考え、住宅を暮らしやすいように改修することがあります。その際は、工事自体は市場サービスである工務店に担っていただくわけです。あるいは、麻痺が残っても包丁を使えるよう道具を選んだり、掃除機が重いのであれば床掃除用のワイパーに変えてみたり、それらも生活上の工夫としての「自助」です。

結局、「自助」とは何か、「自助」を支援する、広げていくとはどういうことかをしっかり理解することだと思います。私は「自助」を支援するということは、あらゆる手段を検討し、できるだけ本人の力を引き出すことだと思っています。

協議体をつくるためには、住民の声を聞くことが基本（堀田）

堀田　「大づかみ方式」でやるという時に、まず行政の中だけで勉強会をやっている所もけっこうあり、それはそれでスタートして悪くはないですが、やはりその地域の住民がどう感じているかということを、全住民に聞くことは無理だとしても、少しでも多くの住民に聞くという作業をやったほうが良いと思います。

東京都は非常に難しい所ですけれども、この間（28年3月）、目黒区の主催で、主に区内で地域づくりをやっている方々に呼びかけて、区長さんや担当の部長さんも参加してフォーラムが開かれました。目黒区は公募で1年前に第1層生活支援コーディネーターを選んでいて、その生活支援コーディネーターを支える行政職員も第1層生活支援コーディネーターをやっています。2人体制ですね。まだ協議体はできていない状況です。

どう協議体をつくれば良いのかというのがフォーラムの目的の一つにあり、そのベースは住民の意志だということで、私の講演の際、2人の生活支援コーディネーターにも壇上に上がってもらって、区長さんたちには会場をしっかり見てもらって、参加者に「これはありますか？」と聞いて挙手してもらう方法をやってみました。

まず、「気楽に歩いて行ける居場所がありますか？」と聞いたら、2割ほどの方から手が挙がりました。思った以上に多くて、これにはビックリしました。目黒区は、ずっとここに住み続けたいと思っている人が9割というから、東京でも助け合いをつくりやすい地域だと思います。そして、「近くにない方々で、居場所をご近所に欲しい方はいますか」と聞いたら、ほとんど残り全員が手を挙げました。そうしたら、生活支援コーディネーターは「居場所をつくっていかなくちゃいけないんだ」ということを実感するし、区長以下も生活支援コーディネーターはそういうことをしなくちゃいけないのだと実感できる。「民生委員を支えるチームが欲しいか」とも聞いたら、かなりの人が欲しいと答えました。このように「有償ボランティアが欲しいか」など、ずっと聞いていきました。そして、「それを生活支援コーディネーターだけでつくれますか」と聞くと、住民も行政も生活支援コーディネーターだけではやれないと思うから、そこで協議体が必要だとわかるわけです。次に「協議体に入ってもらい活躍してもらう人はどんな人ですか」と問題提起し、住民の方々に協議体の構成員やその役割をイメージしてもらうわけです。

住民が「それが欲しい」と言っている助け合い活動があって、住民が一番欲しがっているのはこれだから、まずこれをやろうということが、生活支援コーディネーター・協議体の共通認識となり、行政もその意識を共有するという規範的統合（目指す地域像の共有）があって、それで動き出すんだと思います。

つまり、生活支援コーディネーター・協議体の選び方は、住民がどんなサービスを欲しがっているか、どういう地域にしていくのかを協議して、それを基本にして選んでいく必要があり、それを共有してやっていかなくてはいけないと思います。

4 第1層から選ぶか第2層から選ぶか

第2層の協議体をつくるのは難しい（服部）

堀田　前に話された厚生労働省が示しておられるモデルは、大雑把に言えば、第2層の協議体をつくって、その中で第1層の協議体が浮かび上がってきて、そして、それぞれの協議体の中で、全部まとめてくれる方を生活支援コーディネーターに選んでいくという仕組みですが、これは王道中の王道です。つまり、現場に近い所からしかるべき人々が協議体構成員に選ばれて、どんな地域を目指すのかという話し合いを重ね、その中でリードし、総合的にまとめる人を第1層の生活支援コーディネーターに選ぶ。それが一番合理的だし、あるべき姿です。

しかし、実態を見ると、そうやっている市区町村はもちろんありますが、手っ取り早くとりあえず第1層の生活支援コーディネーターを選んで、そこから始めていく所も少なくありません。あるいは、行政が第1層の生活支援コーディネーターと協議体を別々に選んでしまい、生活支援コーディネーターと協議体構成員たちは何をして良いのかわからず、きょとんとしている場合もけっこうあります。

第2層の協議体から選び出すと時間がかかり、まだ作業中なので、今は第1層を選んだ所が目立つような状況ではないかと思います。

服部　生活支援体制整備事業は勉強会を立ち上げた段階でも実施したことになりますから、6割以上の保険者が実施している状況とはいえ、勉強会で検討を始めたくらいの段階の所も含まれています。アンケートでも、第2層の協議体を設置している所は本当に少ないという結果でしたが、やはり生活支援コーディネーター・協議体を設置することの難しさを表しています。

ただ、先行している市区町村の事例が徐々に集まってきました。例えば、大分県竹田市や福岡県福津市（P141参照）、岩手県大船渡市（P110参照）などはさわやか福祉財団のご支援で、これまでの取り組みを活かしつつ第2層協議体の設置に向けて着実に準備が進んでいます。全国の自治体の状況は様々ですが、堀田さんはどのような支援をされてきているのですか？

第1層生活支援コーディネーターが第2層をつくるのに関わる（堀田）

堀田　今まで全国をずっと回って、生活支援コーディネーター・協議体には住民の信頼を受けている人を選ぼう、そのために「目指す地域像」を論じながら分野を考えて選んでいこうと、そのことは強調していますが、ワークショップをやる時には第1層と第2層の違いは説明していません。第1層と第2層をひっくるめて、ワークショップで「目指す地域像」も「選ぶ人」も議論してもらっています。それは、参加している人が市区町村単位の人たちで、第2層の生活圏域ごとの集まりではないからです。その点でも両者の関係をもう一つ、わかってもらえていない理由になっているとは思っています。しかし、住民の「目指す地域像」をしっかり聞いて、それをつくるのに適切な人ということで、第1層も第2層も基本のところはしっかり伝わっていると思います。

ただ、これからは、第1層が選ばれた所もけっこうあり、王道で第2層からやっていこうという所も出てきていて、それぞれの市区町村の取り組み方が分かれてきているので、それに対応して、いろいろアドバイスしていかなくてはいけません。特にアドバイスが必要なのは第2層で、第1層より第2層の方がより地域に即していなくてはいけない。ところが同じ市区町村の中でも第2層の生活圏域によって目指す地域像（足りないサービス）はそれぞれ違うから、そこをもっときめ細かくアドバイスしなくてはいけないという、そういう事態に今さしかかっています。

住民の意向をしっかり地道に着実に汲み上げていくという、その思想を徹底すれば、第2層からとなりますが、逆に第1層で、全体を見ることができる適切な人を生活支援コーディネーターに選べば、その人が行政と協力し、その地域の様々な研究会などのメンバーとそれぞれ接触し、場合によっては第1層生活支援コーディネーター自身が、第2層の勉強会に入ってリードし、第2層の生活支援コーディネーター・協議体の選定に関わっていく方法もあります。先に話した鹿児島県奄美市の田丸さんがそうですね。

このように関わってくれれば、第1層は地域の知識がすごく集積するし、第1層と第2層の協力関係も極めて緊密になるので、そういうやり方も悪くないだろうと思います。ですから、第1層生活支援コーディネーターを選んだ自治体は、第1層協議体や第2層の選定をする時に絶対に第1層生活支援コーディネーターを関わらせてくださいということを強力にアピールしてきています。

例えば、フォーラムなどでは第1層生活支援コーディネーターに登壇してもらい、「この人が中心になってやる人です」とアピールします。参加者は「うちにそんな人が生まれているんですか」と、知らない人がほとんどです。でも、紹介すると、「うお～」と反響が起こって、「一緒にやっていきましょう」「どんなことをしてもらうんだ。できることは手伝うよ」と熱が入りますから、生活支援コーディネーターを住民に紹介することは大事な作業だと思います。

第2層協議体をつくる時、まずモデルから始める（服部）

堀田　問題は第2層協議体のつくり方で、このレベルになると、第3層の地域活動のリーダーたちがどれだけ全体をリードする気持ちになって第2層協議体に参加してくれるかという課題になってきます。だから、話は非常に具体的になって、「地区社協だとあの人だけど、あの人はあの自治会長と全然合わない」とか、そういう生臭いレベルの話が第2層協議体の選定では出てきます。

「あるべき姿」を言うだけでは、なかなか事が進まない問題に直面してくるわけです。それに生活圏域の数が多いですから、そういうところにどれだけ我々が入ってリードできるのか、その地域の第2層の選定をどういうふうに、誰がどうリードしていくのか、この辺りもなかなかの作業です。

神奈川県平塚市も、福祉村ができてからもう十何年も経ち、担当者たちは頑張っているのに、25の生活圏域のうち17番目が最近立ち上がったという現状で、それくらい第2層協議体をつくるのは複雑で難しいことだと思います。

つくり方の基本原理は第1層も第2層も変わらないにしても、どこまで誰がリードして、しっかりした第2層をつくっていくのか。これをさわやか福祉財団にやれと言われても、それはやれないわけで、そこのリードの仕方をどうするかなんですね。

服部　市区町村行政の姿勢と言いますか、市区町村全域であまねく公平でなければならないという考え方があって、例えば、日常生活圏域が10圏域あれば、10圏域同時に始めなければいけないという。実際に、だから第2層協議体の設置は無理だとおっしゃる課長さんもいらっしゃいました。しかし、そういう考え方に立つと、平塚市の福祉村は住民から手が挙がるのを待って1つずつ進める方法で、まだ一部しかありませんから間違っているということになりますよね。

私は、第2層協議体については、モデル的に一部の地域で始める選択肢もあり得るのではないかと思っています。例えば、第1層生活支援コーディネーターに選ばれた方が、ある圏域のあの人は良いよといったことを知っているとしたら、まずは、その圏域から第2層協議体を設置してみる。まず取り掛かれるところから成功体験を積んで、そこから全地域に広げていくということもできるのではないかと思います。

全部に働きかけ、動き出した所をモデルにする（堀田）

堀田　まさに現実的には、そういう広げ方しかないでしょうし、その視点というのは非常に大切で、その方式でやるのは決して間違っていません。ただ、それしか選択肢がないかと言うとどうでしょうか。平塚市の場合は最初にモデルを選んで始めていったのではなくて、事実上動き出した所がモデルになったという、いわば「結果モデル」でした。

せっかくこの事業をやるのだから、一斉に市区町村全体でフォーラムをして、来る人はほんの一部にしても、「それぞれの生活圏域でやれるんですよ」というメッセージを住民に届けなくてはいけないと思います。

第1層のレベルで、しっかりこうしたメッセージを出せば、それに応じて動き出す人がいると思います。やり方はいろいろ違い、地縁組織やNPOから入る人もいるし、自治体を動かそうと思う人もいるでしょう。それぞれが動き出せば、その動きを支援しながら、それを広めていくという、そういうリードの仕方もあるのかなと思います。

そして、現に動き出した所が一つのモデルになって、刺激になって、似た地域がそれを真似て動き出す。結果的には不公平になりますが、それはそれで良いと思います。竹田市もその方法で、暮らしのサポートセンターを7か所つくると決めて、一斉にニーズ調査をやり、動き出した所から暮らしのサポートセンターをつくっていっている。

いろいろな取り組み方がありますが、まずは一斉に全地域でやってみる。様子見する所もあるし動き出す所もある。動き出した所に働きかけていくという取り組みを、第1層生活支援コーディネーターがしっかりやってくれれば、一斉には無理ですけれど、3年くらいで全地域に順次第2層ができあがっていくという形になるだろうと思います。

しっかりメッセージを伝えれば住民には通じる（堀田）

堀田　第2層から始めるなら、つくるための力仕事は、行政、社協、地域包括支援センターに組んでやってもらうことが大事だし、一方、第1層をしっかりつくっておいて、体制づくりの任務だということで第1層生活支援コーディネーターを主体にして、行政や社協は支援に回り第2層をつくっていくという方式もある。いずれにしても、その地域で動く人が出てこないと、絶対にこの事業は始まらないから、そういう人が出てくれた所から動き出して、動く人にはこの事業は助け合いの地域づくりだということをしっかりわかってもらうことが必要なのかなと思います。

行政が自分で第2層をつくろうと思うなら、相当の覚悟を決めて、体制をつくってもらわないといけないし、第1層を最初につくって、生活支援コーディネーター・協議体に第2層づくりをやってもらうというなら、第1層生活支援コーディネーター・協議体にはつくり方の勉強をしてもらい、相当なエネルギーを出す覚悟をしてもらうことが必要になるのかなと思います。

服部　既存の会議を活用し、一から協議体をつくることにこだわらない、例えば、住民協議会や地区社協の会議などがあって、かなり協議体に近い形になっているのであれば協議体はこれで良いじゃないかという相談も受けられると思いますが、その点についてはどのようにお考えですか？

堀田　既存の会議は全部活かすということは大前提です。それぞれの会議がそれぞれの目的を持ってやっていますが、住民主体の助け合いがなかなか広まらずに困っていますから、この機会に住民主体の助け合いを広げようという方々は、協議体に参加してくれませんかということではないでしょうか。既存の会議によっては、平塚市の福祉村のように、多くがダブる会議もあると思います。いずれにしても、地縁組織についてやってくれる人が入っているかどうかが決め手になってくるのかなと思います。

服部　種を探して、そこから育てていくということですね。

堀田　まず地域全体に呼びかけてのフォーラムを開いて、地域で活動をしている第3層のリーダーたちになるべく来てもらい、今回の事業をわかってもらって、住民の方々が「こういう活動が欲しい」と思っていることを肌身で感じてもらう。そうすると、「じゃあ、協議体で頑張りましょう」と第3層のリーダーが名乗りを上げてくれるのではないでしょうか。唯一警戒しないといけないのは、動機の一番が自分の組織を広めたいという人です。全体と組んで地域のためにやるんですよということを、リーダーにしっかりわかってもらうことが大事です。もし行政が自分で第2層協議体をつくるなら、そういうことを行政は言わなくてはいけないし、第1層生活支援コーディネーターが第2層協議体をつくるなら、構成員が社協だけ、地域包括支援センターだけみたいに偏ってはいけない。そこに気をつけないといけないということでしょうか。

この間（28年3月）、平塚市でさわやか福祉財団主催によるフォーラムを開いて、二つメッセージを出しました。福祉村をやっている所はそのままこの事業に移行はできるけれど、この機会にもっと幅を広げてより深いものにしましょうと。まだやっていない八つの所には、この機会だからつくりましょうと。

その後、市長と先進的な福祉村のリーダーと私の3人でディスカッションをして、会場から質問を取ったら、「うちには福祉村がない。いつ、どうしてくれるんだ」

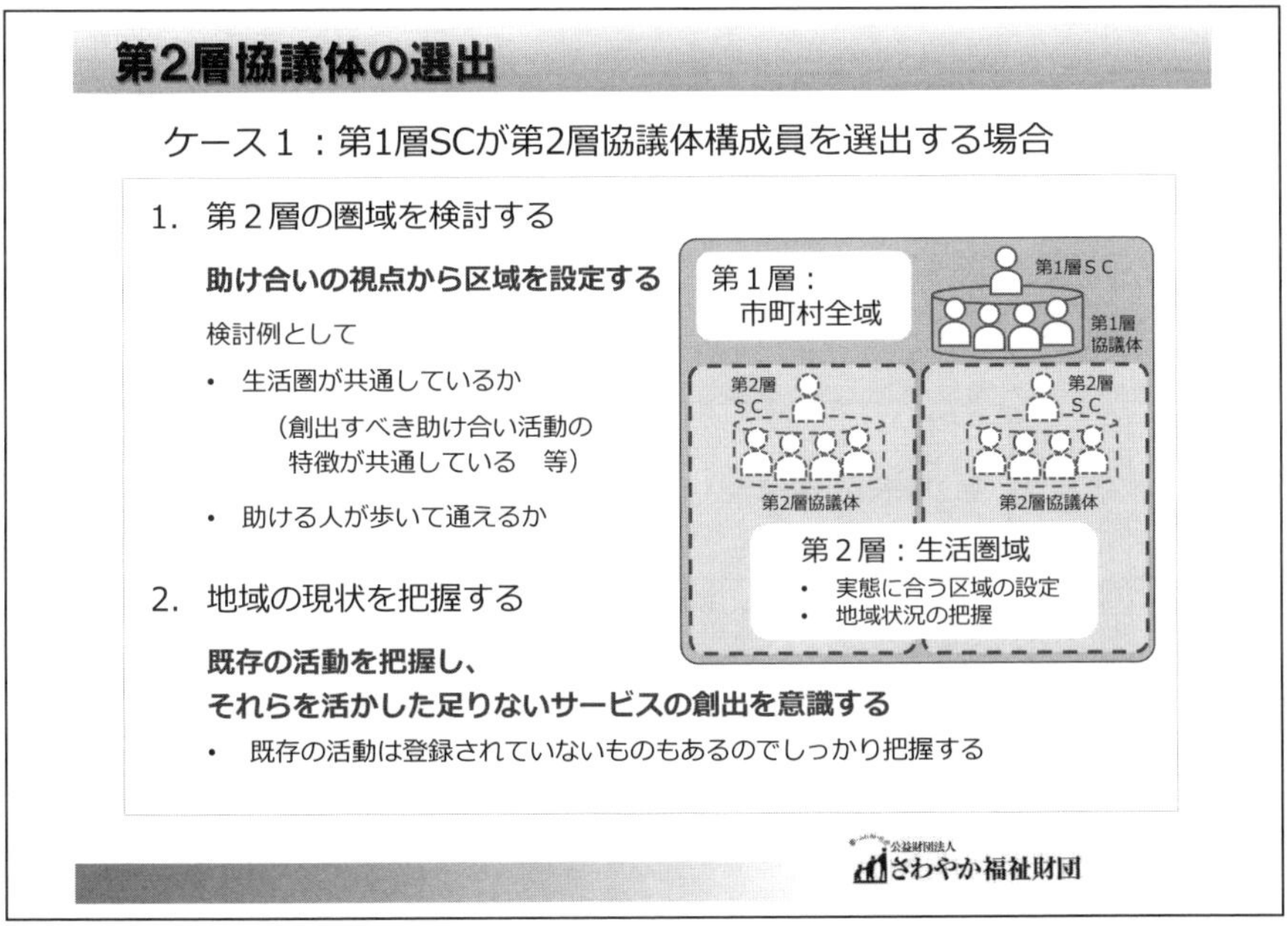
第2層協議体の選出
ケース１：第1層SCが第2層協議体構成員を選出する場合
1.　第２層の圏域を検討する
助け合いの視点から区域を設定する
検討例として
・　生活圏が共通しているか
（創出すべき助け合い活動の
特徴が共通している　等）
・　助ける人が歩いて通えるか
2.　地域の現状を把握する
既存の活動を把握し、
それらを活かした足りないサービスの創出を意識する
・　既存の活動は登録されていないものもあるのでしっかり把握する
第１層：
市町村全域
第1層ＳＣ
第1層
協議体
第2層
ＳＣ
第2層協議体
第2層
ＳＣ
第2層協議体
第２層：生活圏域
・　実態に合う区域の設定
・　地域状況の把握
公益財団法人
さわやか福祉財団

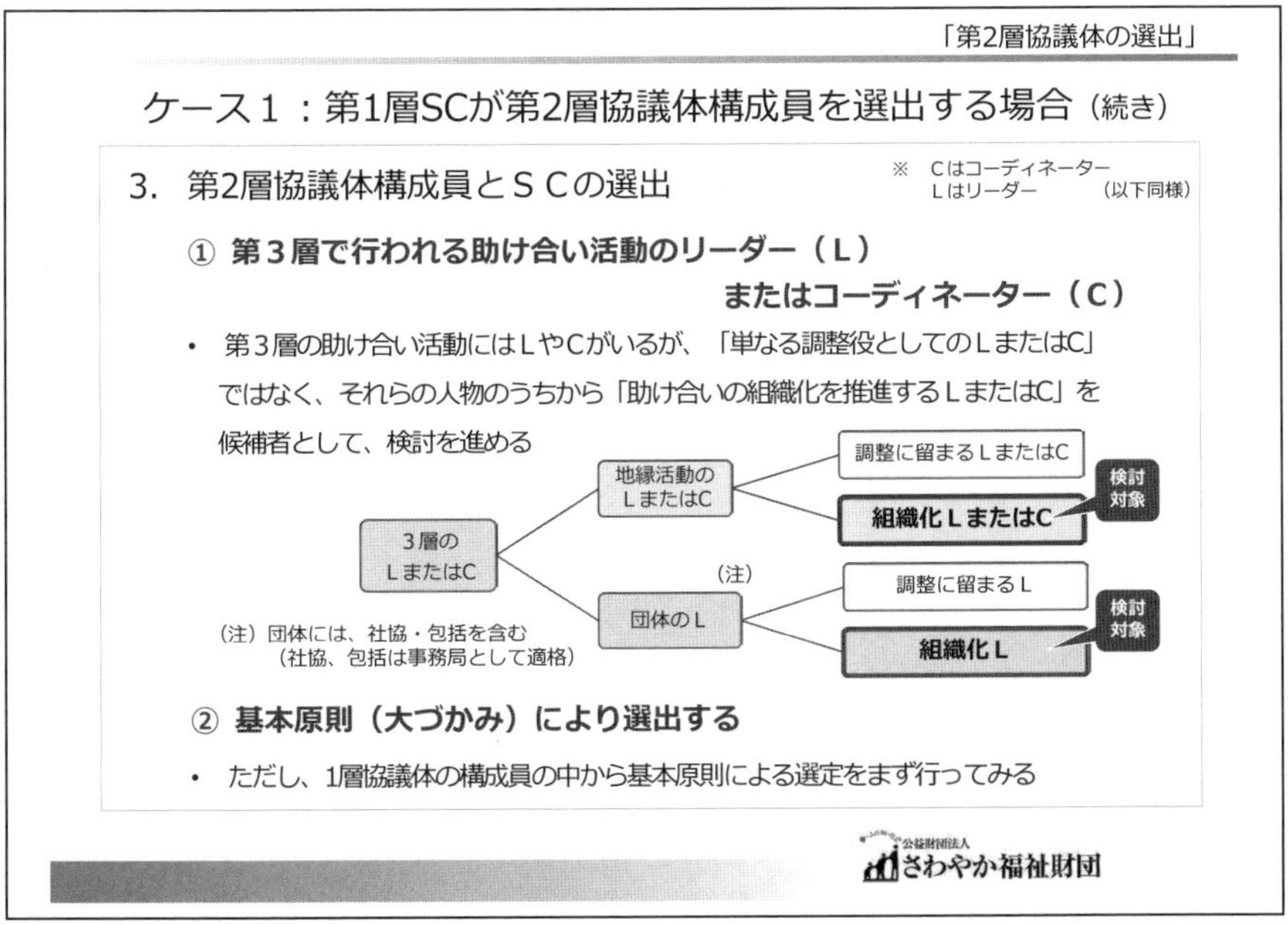
「第2層協議体の選出」
ケース１：第1層SCが第2層協議体構成員を選出する場合（続き）
3.　第2層協議体構成員とＳＣの選出
※　Cはコーディネーター
Lはリーダー　（以下同様）
①　第３層で行われる助け合い活動のリーダー（Ｌ）
またはコーディネーター（Ｃ）
・　第３層の助け合い活動にはＬやCがいるが、「単なる調整役としてのＬまたはC」ではなく、それらの人物のうちから「助け合いの組織化を推進するＬまたはC」を候補者として、検討を進める
３層の
ＬまたはC
地縁活動の
ＬまたはC
調整に留まるＬまたはC
組織化ＬまたはC
検討
対象
（注）
団体のＬ
調整に留まるＬ
組織化Ｌ
検討
対象
（注）団体には、社協・包括を含む
（社協、包括は事務局として適格）
②　基本原則（大づかみ）により選出する
・　ただし、1層協議体の構成員の中から基本原則による選定をまず行ってみる
公益財団法人
さわやか福祉財団

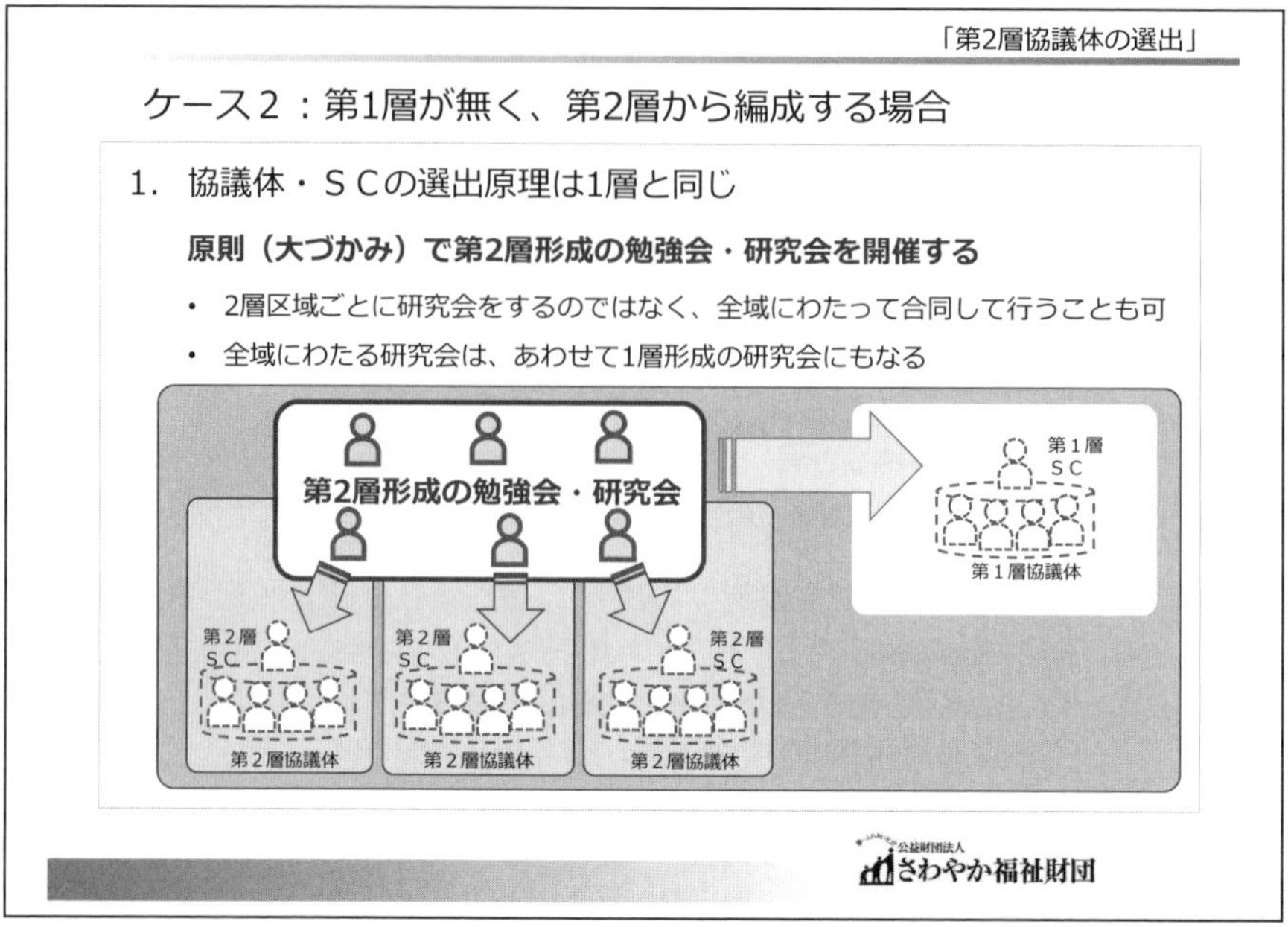

と市長に聞く人がいたので、私が「これは基本的に市長や行政がつくるものではない。つくるのは、あなたであり、あなたの地域の住民なんですよ」と言ったら、シーンとなり、しばらくして拍手が起こったんですよ。だから、住民には通じるんですよ。その方法で、動く人を見つけ、引き出していくのかなと思いました。

5　地域ケア会議等と協議体とは兼ねることができるか

地域ケア会議と協議体は、選ぶ視点も活動の仕方も目的も違う（堀田）

堀田　適切な協議体構成員が選ばれるために、地域ケア会議との関係について詰めておきたいと思います。

　地域ケア会議があるから協議体はつくらないという自治体が結構多くて、それもわけもわからずにそうしている所もあるし、将来を見越してそういう会議体をあまり増やしたくないという見通しに基づいてそうおっしゃっている所もあります。

「協議体」と言うから似た感じがしますが、地域ケア会議は、実際にケアをやっている方々が、その会議で課題を出して解決方法を考え出すもので、協議自体に意味があるものだと思います。

一方、協議体は第1層であれ第2層であれ、協議体構成員がしっかり生活支援コーディネーターと協力して、助け合いをつくり出し、ネットワークをつくり出す。その作業を進めていくうちに、その体験から出てくる課題を、この協議体の中で協議をして、全体的な視点に立って、また、それぞれの作業を進めていく。だから、協議にも意味はありますがそれはあくまでも節目であり、本来は協議体構成員が生活支援コーディネーターと協力して動くことに重要な意味があります。このように、構成員を選ぶ視点にも活動の仕方にも違いがあります。

目的についても、地域ケア会議は包括ケアが実現するような仕組みをつくるために、課題を出し解決していくという「ケアの包括」が目的です。協議体の目的は、助け合い、つまり「互助」をしっかりつくり出していくことです。もちろんケアも一つの重要な要素ではあるけれども、助け合いの面に主力を置いたもので、目的も違います。

だから実質上、メンバーが重複することがあっても、選ぶ視点も活動の仕方も違うし、協議の目的も違うので、一緒にやれるようなものではありませんと強調しています。厚生労働省のガイドラインでも両者の関係が説明されていますが、両者の違いの認識がまだ行き渡っていません。それは、結局、今回の事業の目的がわかっていないことかなという気がしています。

この事業ができる前に、他にやるところがなかったので、地域ケア会議で助け合いをつくるのもその任務みたいな形になっていることが誤解を招いているのかなとも思いますが、どうでしょうか？

地域ケア会議をしっかりやってきた地域は新しい総合事業に移行したくなる（服部）

服部　地域ケア会議とは何を行う会議なのか、そもそものイメージが人によって異なるので、話が混乱することが結構あります。ある人は困難ケースについて議論する場をイメージしますし、ある人は地域の課題を住民の方々も含めて議論する場、ある人は地域の課題を解決するための政策を検討する場といろいろです。それは、地域ケア会議には様々な目的があって、地域の実情に合わせて目的に応じたいろいろなやり方で進められてきており、厚生労働省もそのように説明してきたからです。

しかし、今回の改正で、地域ケア会議は法定化され、包括的支援事業の充実分として地域ケア会議推進事業が位置付けられましたが、地域ケア会議は地域支援事業実施要綱において個別ケースを通じて実施する地域ケア個別会議と、そこで把握された地域課題から政策形成につなげる地域ケア推進会議に大きく分類されました。特に地域ケア個別会議は、開催頻度について全てのケアマネジャーが少なくとも1年に1回は自らのケースを通じてケアマネジメント支援を受けることが例示されています。

ちなみに、なぜ大分県が突出して移行が早いのか、大分県の担当の方に伺ったところ、地域ケア会議を県内全ての市町村で進めてきたからということでした。

大分県の地域ケア会議は、埼玉県和光市に学び、個別ケースについて本人の自立支援を目指して多職種でケアプランを検討し、ケアマネジャーにアドバイスする形で行われていて、そのことがケアマネジャーに対するＯＪＴになっています。また、基本的に要支援１、２のいわゆる予防プランの検討が中心です。例えば、ケアマネジャーが立てた半年後の目標等を確認した上で、「こういう支援を入れれば、もっと効果的です」とか「この人にはこういうサービスのほうが良いから切り替えるべきではないですか」といったアドバイスをする方法で、平成24年から月に2回とか毎週とかのペースで頻回に開催してこられました。

すると、ケアマネジャーが多職種からアドバイスを受けることでケアマネジメントの力が上がるだけではなく、「こういう人には地域にこういうサービスが必要だが、今はない」といったことが続いて、多様なサービス開発の必要性が認識されてきたところに新しい総合事業が実施されることになったので、一気に移行が進んだということです。

なお、地域ケア会議推進事業には、大分県のような地域ケア会議を全国の市区町村で実施するために、1地域包括支援センターあたり年間１２７万２０００円という標準額が設定されました。月に10万円程度の会議費にな

ります よね。大変な金額です。これはすなわち、各地域包括支援センターで月に2回とか毎週という頻度で地域ケア個別会議を開催することが想定されているわけです。地域ケア会議推進事業については、会議費だけでこれほどの額をどうやって使うのかと聞かれますが、そういうことです。

新しい総合事業や生活支援体制整備事業と、地域ケア会議は車の両輪みたいなもので、新しいサービスをつくってもプランに位置付けられなければ、結局、利用されませんよね。さらに相互の関係があって、地域包括支援センターもケアマネジャーも、プランを検討する中で足りないサービスがあれば、生活支援コーディネーターに伝えてつくってもらうことも可能です。

そこまで考えると、いわゆる地域ケア個別会議と、協議体は全く別ものだということがわかります。

ただし、地域ケア個別会議については、圏域ごとに地域の実情が異なりますから、市全体ではなく圏域ごとに地域包括支援センター主催で開催すべきではあるものの、それは最終形であって、私個人としては最初からその形でなくても良いと思っています。その形でいきなり立ち上げなければならないとなると、地域包括支援センターごとに的確なアドバイスをしてくれる多職種を一斉に揃えるということになりますが、それは相当難しいことです。

和光市や大分県の市町村等の開催方法を見ても、地域包括支援センターごとにそれぞれで開催されているわけではなく、市町村が中央で多職種を確保して、全圏域を対象に開催しています。検討するケアプランの利用者の住所によって圏域は変わるのですが、各圏域の地域包括支援センターが参加し、圏域の課題も議論されますから、特に問題は聞きません。

いずれにしても、これまで開催してきた地域ケア会議が地域の足りないサービスを議論する場であったとすれば、協議体と重なる部分があるわけですから、それは協議体に置き換えることになると思います。その他の会議でも、実質、協議体と同様の機能を果たしてきた会議はあって、活用していただければと思いますが、そもそも協議体は平塚市のほか、三重県伊賀市や兵庫県神戸市等の実践から学んで制度化されたものですので、それは重なって当然とも言えます。

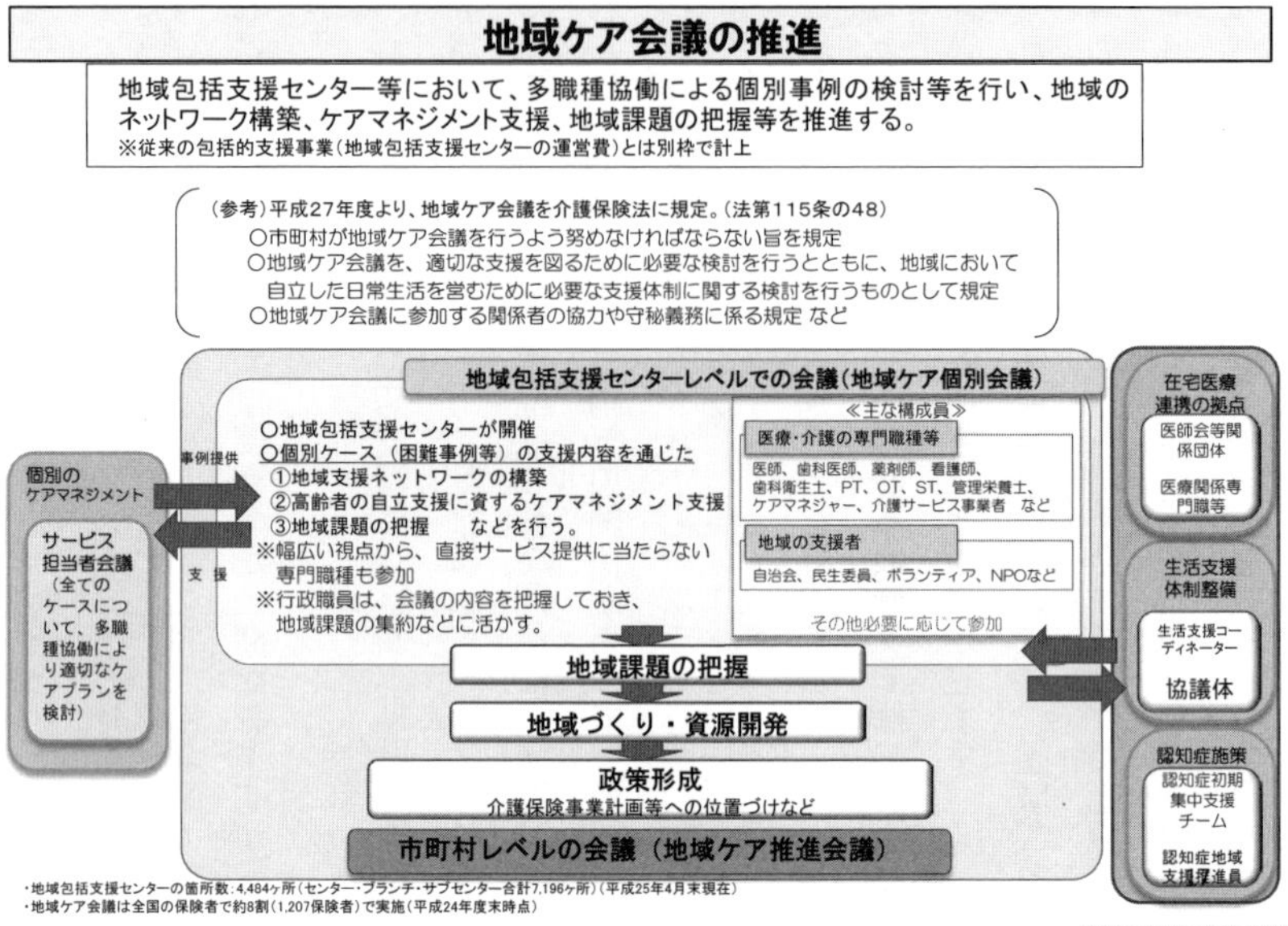

出典：厚生労働省資料

地域ケア会議と協議体は機能を分ける（堀田）

堀田　地域ケア会議で、助け合いをつくり出すことも今まで一所懸命やってきた所はそのままそれを使いながらということですが、どういう助け合いが必要かの情報は結局個別ケアの中から出てくるニーズだけでしょう。それはそれでしっかり受けていただきたいですが、協議体は地域全体を見て必要な助け合いをつくるという視点からつくられたものです。個別ケアの協議をやりながら助け合いもつくり出すことは大役だから、そこは機能を分けてはどうでしょうか。協議体は協議体で助け合いを幅広くつくり出すことが大事で、これは個別ケア会議でニーズの報告があろうとなかろうと早くやる必要があります。

服部　生活支援コーディネーターは、協議体での議論や調査等により地域のニーズを把握して助け合いをつくり出していきますが、さらに個別プランから地域ケア個別会議等を通して個別のニーズを集めるということですね。そうなると、生活支援コーディネーターは地域ケア会議には出席するべきですね。

堀田　第2層生活支援コーディネーターは個別会議に、第1層の人は推進会議に参加して欲しい。一方、地域ケア会議のほうは、インフォーマルサービスをしっかり組み合わせたケアプランを立てていただくことは絶対重要なことだから、足りないインフォーマルサービスをしっかり把握するように地域ケア会議を進めていただくという、そういう方向性を明確にすることはすごく大事です。

つまり、地域ケア会議では個別ケアプランについて、トータルな生活支援をしっかり視野に入れた、本人のニーズに応じたプランを立てていただくようにすることが重要で、そのことを実現していくのだということをはっきりしてもらって、そういうご指導をしていただくのも混乱を防ぐ方法になるかもしれないですね。

服部　厚生労働省は、平成28年1月の市町村セミナー以降、明確に和光市や大分県方式の地域ケア会議を全国に横展開しようと打ち出していますね。しかし、受け止める側には拒絶反応もあるように感じています。地域ケア会議では、あくまでも自立支援型のケアマネジメントを実施するためにケアマネジャーを支援する場として機能するわけですが、ケアプランの点検の場であるという誤解もあって、主催する市区町村に自立を支援するという観点がなくて、「とにかく安くしろ」といった給付抑制の場になるのではないかという不安の声も聞きます。多職種が専門職としてアドバイスをする場ですから、そのようなことにはならないのですが、誤解を解くためにも普及展開を強化していくと聞いています。

堀田　その辺のケアマネジャーとの微妙な関係といいますか、ケアマネジャーも生活はかかっているし報酬の問題も出てくる。そうすると、誰が払うのかで、今の仕組みで良いのかという非常に基本のところに返ってくるので、そこは大変難しいと思います。

しかし、包括ケアというのはみんなもわかってくれているから、包括ケアを個別の人について実現できるケアプランを立てる。そのために、問題をあぶり出し、決定していく地域ケア会議になれば、あまり生臭い話にならないかもしれない。いずれにしても、まだ混乱している所があるので、協議体と地域ケア会議は違うとはっきりさせていかないといけないと思います。

6 生活支援コーディネーター・協議体の事務局のあり方

参加型の会議をできるかが重要（服部）

堀田　「選定の現状」で服部さんがおっしゃっていた事務局の問題ですが、しっかり地域をつくっていくには、事務局がしっかりやってくれないと、生活支援コーディネーターが1人でやれるはずはありません。

事務局がどれだけ事務的なことを果たしてくれるかというのは、非常に大事なことです。情報の収集、会議の設定、動くためのサポートにとどまらず、どう生活支援コーディネーターが動いていくか、どう協議体と協力していくかの事務的な面をしっかり支えようと思えば、必要な情報をきちんと整理して伝えるところまでいかないと、事務局の本来の機能は果たせないだろうと思います。そこまでやるとなると大変なので、社協だけでも地域包括支援センターだけでもやれません。行政がまとめながら、両方の力を組み合わせてやるところまでいかないと、なかなか本当の意味での事務は果たせないのではないだろうかと、我々はそう感じて、そう言っています。厚生労働省で考えている仕組みの中では事務局というのは、どれだけのことをやれば良いのか。その辺りはどんなイメージですか？

服部　もう一回整理すると、第1層協議体の事務局は最も多いのは市町村、次が地域包括支援センター、そして社協という順番で、第2層は社協、次が地域包括支援センターという状況です。ただし、第1層生活支援コーディネーターが協議体の事務局機能も担うことにしている所はけっこうあり、その場合は社協が多い印象があります。

現時点では、第1層生活支援コーディネーターの選定に先行して第1層協議体が立ち上がりつつある段階ですので、事務局を市区町村で担うケースが最も多いことについては、あまり違和感はないのではないでしょうか。今の段階では、事務局のあり方は市区町村のあり方ともいえます。

事務局のあり方として最も大切なことは、協議体を参加型で運営することです。参加型の会議自体、市区町村ではほとんど開催されることはありませんから、苦手と言っても良いくらいだと思います。役所で通常開催する会議は、事前に資料や進行シナリオを作成して、座長の事前確認を済ませて当日に挑むスタイルです。準備に十分に手間と時間をかけて、予想外の展開がない会議が良い会議とされます。

一方、協議体は自由に意見を交換する場ですから、ワークショップのように参加型の会議で行われなければなりません。事前準備よりも当日の運営、事後の評価が重要です。特に課長さんや部長さんは役所の経験が長く、一般的な会議運営に慣れていますから、協議体の事務局運営には相当戸惑うのではないでしょうか。若い職員に任せてくれる課長さんなら良いのですが、私の知る限り、幹部職員は慎重な方が多いので、はみ出し職員のような方が担当でないとなかなか難しいだろうと思います（笑）。

堀田　（笑）選択肢はもう住民参加しかないです。それを仕切ったのでは全く逆方向の話です。徹底的に出たとこ勝負で住民の中に入っていく形で、その事務をゼロからたんたんとやる。それしかないですよ。

服部　それしかないのですが、ＮＰＯの皆さんは実体験としてあると思うのですけれど、役所の窓口にふらっと行って相談できるかというと難しいですよね。最低でも事前に連絡しておかないと。市区町村の職員はそういう場合も出たとこ勝負はせず、事前に想定して準備をするものです。

市区町村の職員はとかく想定外の展開を避けるものです。もちろん、協議体の場で責任のある発言をするために事前に準備するという理由もあるのですが、自由に直接、ニーズを聞くなんて、住民からどんな発言が飛び出すかわからない、苦情や無理な要求もあるかもしれないという不安もあるのだと思います。だから、協議体のメンバーにはそんな市区町村職員を少し我慢して見守って欲しいですし、事務局を担当する職員には、通常の会議とは異なるものだとはっきり区別していただいて、むしろ想定外の発言が飛び出しやすくなるような環境づくりを行って欲しいと思います。

「住民に聞く」ことが基本であると理解することが絶対条件（堀田）

堀田　服部さんが今おっしゃったのは、事務局のあり方の大前提になる行政の後方支援のあり方の話でもあるのでしょうね。それは、行政が事務局をするかしないかにかかわらず、「住民に聞く」ことの重要性をわかっていただかないと、この事業の後方支援なんてできっこない。まずそこをわかっていただいて、事務局もその視点でやらないといけない。

生活支援コーディネーターが「住民に聞く」ことをベースにするのだから、住民に聞くのを嫌がったり、上から目線で住民に言ったりしたら、事務局の仕事はできません。

特に、第2層生活支援コーディネーターはまずワークショップをやって、住民のニーズをつかんでいかないと、動く基本の方向が出てこない。だから、ワークショップをやるという話が出てきたら、「そんな面倒くさい。そんなことをやっても住民は出てきませんよ」とか「夜は嫌です」とか言わない。それをやることの意味を理解して、しっかりそこを支えますという事務局でないといけない。それは、行政では無理という話になりますか？

服部　いえ、行政は一旦、方向性が決まったら、その通りに実行します。首長さんが代わると急に人が変わったようになったりするじゃないですか（笑）。そこが良いところで、「協議体は参加型で行う会議であること」「用意するものはシナリオではなく、模造紙と付箋であること」を繰り返し伝えていけば大丈夫だと思います。

堀田　ワークショップはやりがいがあって楽しいと言う行政職員もいますよね。だから、基本的に行政、社協、地域包括支援センター等のどこが事務局をするにしても、事務局の役割として生活支援コーディネーターを支える基本精神というものを教えることがすごく大事ですね。事務局の役割を教えるというのは、選ばれた事務局対象に研修を実施するという話になりますかね。

服部　事務局は委託するにせよ自分たちでやるにせよ、まず行政から始めるので、市区町村職員には協議体の進め方もしっかり伝えなくてはいけないですね。まだまだ足りないので、もっと強化しないといけないと思います。

堀田　当財団も事務局はこうあるべきだというメッセージはまだ発していないですね。

ただ、住民の発言は大事だと理解してもらってワークショップを徹底的にやっていき、そこで住民はすごいと行政が気づけば、住民の声を聞かざるを得ないということがわかってくるのかもしれないですね。また、事務局をやる方は労を惜しまないで、「住民の声を聞く」ために生活支援コーディネーターをしっかり支えて、集まりは夜や休みの日がけっこう多いけれど頑張ってねと、もう少し意識的に言っても良いのかなと思います。

生活支援コーディネーター・協議体の役割を理解することが大事（服部）

堀田　行政の方の集まりの時に、「事務局の役割はあまり総括されていないけれど、実はとても大切なんですよ」と言うと、みんなポカンとする。あと、実質事務局と、形式上の事務局があって、協議体の実質事務局はやはり行政なんですよね。住民の方に連絡したり、情報を整理したりするのは。しかし、「そこは考えていなかった」という行政の反応が多いですよね。

実質事務局として、会議等の場所を取ったり、みんなに連絡することが必要で、それをしてくれる職員は労を惜しまずやってくれることが大事ですね。

服部　役所の職員であるにもかかわらず、あまり外に出たことがなく、役所の外では住民とほとんど話したことがないという人も珍しくないのですが、それは仕方がないとも思うのです。職員の定数削減が進められる中で、仕事はどんどん増えていますから、なかなか外に出られなくなっている。しかし、そうしていると住民のイメージが偏ってくるのです。わざわざ窓口に来る住民の方は、大概、苦情を言いに来た住民なので（笑）。

堀田　そうそう。やる気がある住民も多いのに、窓口に来る人は偏ってしまう。

服部　もちろん住民はほとんど良識のある方々で、やる気がある方も多いです。でも、役所の中で座っていて外に出られない職員にとっては、住民は怖い存在になってしまい（笑）、住民との間に壁をつくってしまう。

堀田　そこは、ワークショップをやって、多くの住民は違うというところを直接目にして、体験してわかってもらうしかない。

事務局にならなくても、行政には事務作業をやってもらわないといけない。社協が事務局なら、協働してやってもらわないといけない。いろいろな調査をしたり、課題をしっかり整理しないと生活支援コーディネーター・協議体は動いていけない。そして、課題を整理していくには、まず課題が明確でないといけない。

社協と地域包括支援センターは協議体構成員としてマストだと言っていますが、しっかり仕事をしていれば課題の情報はあるはずなので、それを地域課題として全部挙げてもらって、ワークショップで大きな課題と個別の切実な課題とを組み合わせて、しっかりした「目指す地域像」をつくり、どこに働きかけるか決めていく必要があります。動くのは生活支援コーディネーターであり、担当の協議体構成員であるにしても、事務局による全体の目から見た情報の整理がないと、しっかりした議論ができないですよね。

どこが事務局かというのは別にして、行政には実質的な意味で、情報のしっかりした整理、戦略を立てる基になる情報の編集、上に上げる作業をやっていただく必要があります。協力して、協議するという体制を、協議体の事務局としてつくっておくことが大切です。

服部　やはり、一定程度の工程表が行政にないといけないですよね。まずは、1年かけて何をやっていくかという計画を立てると思いますが、このタイミングで広報を打つ、ここで調査をする、ここで地域資源マップを作るといったレベルでの計画を作成し、それに沿って事務を進めないと、庁内の調整や議会等への説明、予算の確保等の都度、待たされることになったり、何月何日号の広報の枠を押さえておかなくてはいけないといった細かな準備にも支障が出たりしますから。
そのためには、やはり生活支援コーディネーター・協議体の役割を行政や事務局が理解することが大事ですね。また、同じ話に戻ってしまうんですが（笑）。

堀田　いやいや、そこが全ての原点になっているんだと思います。

山梨市（山梨県）

フォーラムから勉強会へ

「新しい地域支援を考えるフォーラムin山梨市」を開催

山梨市では、平成28年度中に協議体を設置することを目標に取り組みを進めている。

手始めとして、28年3月18日に区長、自治会長、民生委員・児童委員、老人クラブ代表、ふれあい・いきいきサロン代表など約80名の参加によるフォーラム「新しい地域支援を考えるフォーラムin山梨市」を開催した。

フォーラムの基調講演では、なぜ地域の助け合い活動が必要なのかを住民と行政が共有した。実践報告では山梨市等で実践されている居場所の事例が報告され、具体的な活動イメージを持つことができた。

フォーラム終了後のアンケートでは、参加者の80％から今後実施する予定の生活支援コーディネーターや協議体選出のための勉強会に参加したいと意思表明がなされ、今後の活動への大きな弾みとなった。

住民による地域支援を目指して

4月に行政の担当者が代わり、前任者の引き継ぎはされていたものの、制度や理念の理解がリセットされてしまったため、担当者の要請で担当部署、社会福祉協議会の参加による合同勉強会を行った。今後は、アンケートで勉強会に参加したいと回答した人と、協議体メンバーに加わって欲しい団体等に声をかけ、勉強会を重ねて秋頃までには協議体を選出するという方向で動いていく。

山梨市は3市町村が合併しているため、当面は第1層の協議体を選出し、第2層のあり方についても第1層協議体で検討していきたいと考えている。

山梨市における生活支援コーディネーターや協議体の選出は、行政主導で行うのではなく、住民によるワークショップで地域課題を把握し、その解決に向けて働きかけをすることができる人を選出するという共通認識のもとに進められている。

（土屋）

多度津町（香川県）

住民主体のワークショップで適切な生活支援コーディネーターと協議体の選出を目指す

住民フォーラム、住民座談会の開催

「行政、包括、社協が連携し、住民主体で生活支援コーディネーターや協議体を選出できるよう支援して欲しい」。同町の依頼で平成27年8月に初訪問したところ十数人が集まり、以降、月1回のペースで助け合いを学ぶ勉強会を行った。

このメンバーが実行委員会となり、同年12月に助け合いを学ぶ住民フォーラムを開催。第1層の生活支援コーディネーターと協議体の選出を目的とした住民座談会への参加をアンケートで尋ねた。住民座談会は28年2月と4月に開催し、地縁組織やNPO、居場所の運営者など50名前後が参加した。

住民座談会の中心はワークショップ。「困り事は何ですか」「その困り事にあなたは何ができますか」「目指す地域像」を地域ごとのグループで協議し、発表した。各グループに行政、包括、社協のいずれか1名が加わり、気づいた点などを報告して情報共有している。今後は生活支援コーディネーターや協議体にふさわしい人物像などを話し合い、秋頃の選出を目指している。

多様なニーズに応える活動

住民は、早くも動き出している。フォーラムや他町のサポーターとの交流会に参加した介護予防サポーターたちは、一体となって地域に助け合いを広げていこうと「桜サポーター会」を2月に立ち上げた。また、同町は65歳になった住民を対象にした同窓会「集まれ!!黄金クラブ」を3月に初めて開催。助け合い活動を紹介するなどして、住民の社会参加につなげることがねらいだ。

同町は、助け合いを面として広げるには地縁活動の充実が不可決だとしている。そのためにも住民主体で生活支援コーディネーターや協議体を選出して幅広く助け合い活動を創出することが大切だと考えている。また、住民座談会に参加している地縁関係者らも目指す地域像をそれぞれ自分たちの地域ごとに話し合い、住民の多様なニーズに応える活動を展開したいと考えている。　（森）

福津市（福岡県）

「大づかみ方式」で多様な主体とのワークショップを継続実施

協議体準備会を月１のペースで開催

福津市では平成27年８月に体制整備事業を推進する目的で市民向けフォーラムを開催した。参加した多くの住民の「自分のまちをより良い地域にしたい」という熱い想いを受け、同年12月から「生活支援体制整備に係る協議体準備会」を月１回のペースで定期的に開催してきている。参加者は地域包括支援センター職員や民生委員、社会福祉協議会や自治会のほか、消防署や地域のショッピングセンターやコンビニエンスストア等、多様な顔ぶれが揃っている。

この準備会は主要な関係団体に声をかける「大づかみ方式」で開催されているが、特にポイントとなると思われる団体には、市職員が直接出向き、準備会の趣旨や目的を丁寧に説明することで、参加を促している。福津市にはすでに地縁活動を主体とした「郷づくり推進協議会」が組織されており、準備会にも参加、その活動を活かした協働体制の構築を目指している。

活気ある議論で意見交換

参加者は、協議体の役割や地域の課題等についてワークショップで協議を重ねており、この中から地域での活動に取り組んでいく者は第２層協議体の構成員、地域を超えて市全体の活動を考えている者を第１層協議体の構成員に位置付け、両方の協議体構成員の選出を同時に行っていきたい考えだ。

準備会では住民のニーズに応じて目指す地域像の実現にどう取り組むか、誰が協議体構成員になってリードするかを参加者で合意していくべく、活気ある議論が交わされてきており、平日夜間の開催にもかかわらず毎回80名以上が参加している。

関心を示した市民の中には、早くも自らの地域で、いつでも気軽に立ち寄れる居場所の開設に向けて動き出した人もいるほど、住民の熱意は高い。

（髙橋）

多摩市（東京都）

大づかみでバランスの良い協議体を結成

第1層協議体は、多様な主体でいち早く発足

多摩市（人口14万余）の場合、第1層協議体は平成27年5月に設置された。構成員は17名。特色としては、地縁組織（自治会、民生委員児童委員協議会、老人クラブなど）とNPO（移動、居場所、生活支援など）のほか、社会福祉協議会、生協、シルバー人材センター、地域包括支援センターなどの参加で、構成バランスが良いことだ。加えて医師会や、社会福祉法人などの専門職のほか、UR（都市整備機構）や地元企業など地域特性を反映した組織も加わって、文字通り多様な主体となっている。構成メンバーは意欲的で、任意参加の4分科会（ワークショップ・イベント、移動、生活支援、居場所）に全員登録済みであり、生活支援コーディネーターを支える役割としてこれからの活動が楽しみだ。

ただ、第1層生活支援コーディネーター自体は現在未選定で、暫定的に当面市の高齢支援課が担当し、昨年に続き、地域ワークショップを展開する中から、第1層、第2層の適材を発掘していく予定になっている。

きっかけは、さわやか福祉財団主催のフォーラム

協議体発足のきっかけは、平成26年11月、市内で開催した「新地域支援のあり方を考えるフォーラム」だ。主催はさわやか福祉財団だが、地元さわやかインストラクター（NPO法人福祉亭理事長の寺田美恵子さん）や市の担当者などが積極的に動いてくれ、「大づかみ方式」で地域の人材を集めた準備会からスタートしたのが良かった。

このメンバーがパネリストで参加したことなどもあり、フォーラムがその後の第1層協議体立ち上げに結び付いた。準備会による下地づくりの効果で、フォーラムには市長はじめ、地元の活動主体が数多く参加してくれた。これも上記のような多様な主体による協議体立ち上げの追い風となった。

ただ、市内のコミュニティエリア10地区で予定されている第2層生活支援コーディネーター及び協議体の

選出は平成27年度後半、5地区で住民参加のワークショップを行うなど、手続きを進めているもののこれからで、一般市民の理解と参加体制づくり（ワークショップの充実）に取り組みながら、着実にやっていきたい方針である。（丹）

4分科会を含めた協議体組織図

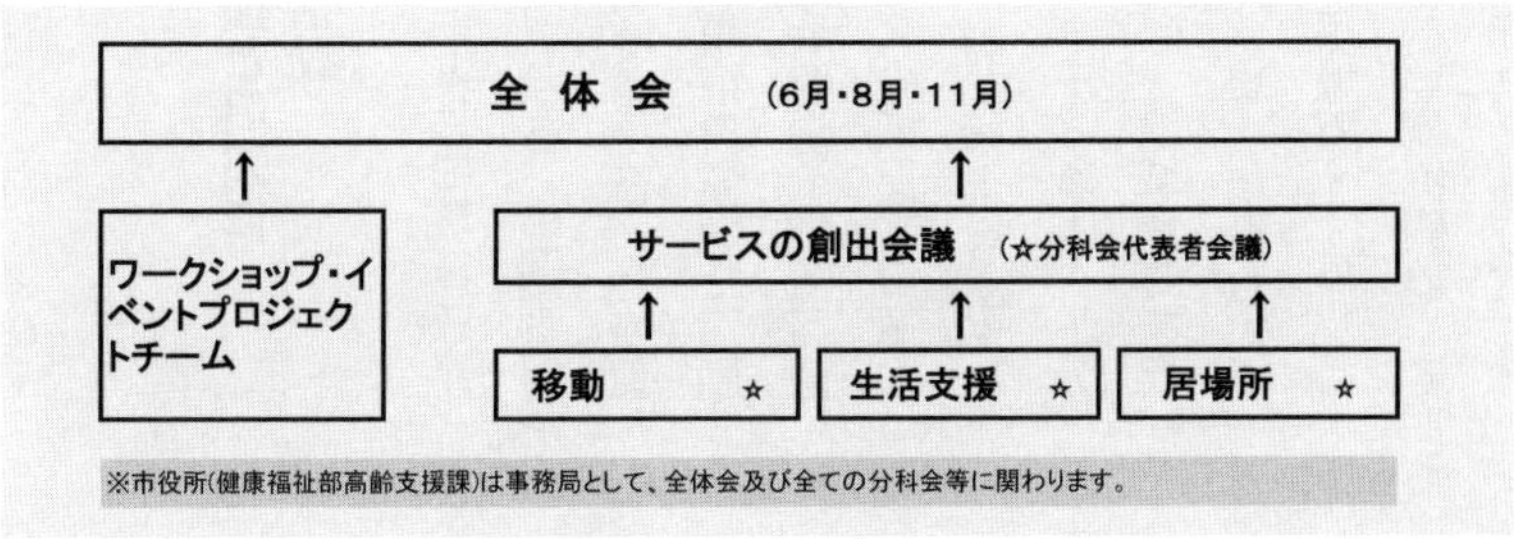

分科会担当委員名

	分科会名		担当委員氏名			
第1	ワークショップ・イベントプロジェクトチーム					
第2	サービスの創出	移動	☆			
第3		生活支援	☆			
第4		居場所	☆			

※1　分科会は、委員長を除き、各3～4人の協議体委員で構成するが、必要に応じて関係者を入れることが出来る

※2　分科会は、必要に応じて開催する

※3　☆は分科会の代表者

4 分科会を含めた協議体の全体図

所沢市（埼玉県）

生活支援コーディネーターと協議体の果たすべき役割～地域資源の把握から始めた活動

地域の福祉課題解決を住民と共に

所沢市は人口約34万人の中都市である。第1層生活支援コーディネーターは、平成27年10月に市から所沢市社会福祉協議会に業務委託され、専任4名（早稲田大学生・院生も含む）、兼任11名が選任された。協議体は28年5月現在未設置であるが、2月に開催された市民フォーラムに出席した機関（地縁組織に加え、協同組合、商店街等含む）を中心とした会議体を検討している。所沢市社協は、15年に市からの委託事業「地域福祉コミュニティ推進事業」に取り組み、子どもから大人まで、地域の福祉課題解決を住民と共に進めてきた。

地域資源の把握と周知に重点をおいた活動

こうした活動により地域資源が育ってきていることから、生活支援コーディネーターは、現在、地域資源の把握と周知に重点を置いた活動を進めている。社会資源や地域資源の把握、社会ニーズの把握、資源の創出の一連のプロセスを行う中で、第1層生活支援コーディネーターの佐藤文さんによれば、地域資源を捉える際の「柔軟な発想」が最も大切と言う。例えば、居場所・サロンには、休憩スペースを地域に開放している薬局も含めた。ある地域では、そこが地域サークルの待合場所となり、薬局主催の健康講座をきっかけに住民が在宅医療や在宅看取りを知り、在宅での暮らし方を考えるようになったという。一般開放を行う福祉施設も居場所として紹介し、地域住民と施設入所者との交流につなげようとしている。見守りには「買い物」も紹介している。これは定期的に買い物に来ていた高齢者の異変をコンビニ店員が通報し、虐待発見につながった例から、近隣商店との絆も地域資源であると捉え直したという。所沢市の活動は、生活支援コーディネーターの役割に、発想・視点を広げて地域資源を柔軟に捉え、その資源の活用方法もあわせて伝えることが大切であるとわかる好事例といえる。

（岡野）

羽生市（埼玉県）

研究会から勉強会、視察にワークショップと地道に重ねて、地域の声を反映した協議体づくり

住民主体の助け合い活動を目指して

「住民主体の助け合い活動を進めていけるように協議体を設置したいと考えている。そのための構成員の選び方や協議体の役割等、基本的なところからアドバイスして欲しい」

さわやか福祉財団に市担当者からこんな依頼が来たのは平成27年7月。

羽生市では、すでに5月から担当の市高齢介護課、社会福祉協議会、在宅介護支援センターの職員が集まる研究会を毎月行い、協議体設置に向けた制度理解と構成員の検討や、先行する他市協議体づくりの視察も行っていた。10月の協議体発足を目指していたが、住民を巻き込む重要性を強く感じ、8月からは地域への具体的な働きかけに取り組んだ。

第1回協議体の発足、行政と共に地域に働きかけ

まず「目指す地域像」と「大づかみ方式」の考え方を関係者で学び合い、11月に「新しい地域づくり講演会」を開催した。協議体構成員候補を視野に、自治会、民生委員、ボランティア関係者、ケアマネジャー等に声をかけたところ、当初の予想を超えて90名が参加。制度説明や助け合い活動推進のための講演、そして目指す地域像、地域に欲しいサービス、実現に何が必要かを話すグループワークを行った。ここから積極的に関わってくれそうな人材約30名に呼びかけて、28年２月には「協議体・生活支援コーディネーターについての勉強会」を開催。構成員にふさわしい人物像をワークショップで議論するなど地道な過程を経て協議体構成員を広げていった。

「地域の実情を知っていることはもちろん、みんなの意見を聞くことができる人柄」「若い力を入れてみては？」など熱い思いが飛び交う。自らの役割を理解し、良い地域にしたいという意欲ある構成員がこうして3月に決定、5月に第1回協議体が正式発足した。メンバーは、自治会、民生委員、NPO・ボランティア、介護事業者、社協、在宅介護支援センターで12名。行政と共にチームワークの良さと明るさで地域に働きかけていく。

（清水）

阿賀野市（新潟県）

関係課で課題を共有し、第2層ごとに勉強会

自治会、民生委員など、約60人が参加

阿賀野市では平成27年度より「大づかみ方式」により生活支援体制整備事業を進めている。同年11月には市の事業に関係する20の課が集まり庁内会議を開催し、「行政の縦割りを超えてみんなで考えていく内容」と、一緒に「目指す地域像」を考えるワークショップをしながら、これからの助け合い地域づくりについて考えた。

さらに平成28年1月には協議体になりうるメンバーを選出し、「生活支援サービス提供準備委員会」を開催した。参加者の反応は良かったが、協議体を選出していくプロセスが大事なことがわかり、28年度に入ってから第2層選出に向けた勉強会を始めている。第1回は4月27日に行った。自治会、民生委員、自主防災組織、農協、商工会、警察、社協、シルバー人材センター、サロンボランティア、地域住民代表、行政（総務課、市長政策課、市民政策課、社会福祉課、農林課、商工観光課、建設課、健康推進課）、生活支援コーディネーター候補者と幅広く声をかけ、約60人が参加した。

地域ごとの特徴と課題をイメージ

阿賀野市は四つの市町村が合併した市である。そのため地域ごとに求められるニーズも多様である。このような事情から地区単位で第2層を立ち上げることにしている。第1回は、「新地域支援事業の意義」について学びながら、市全体での「目指す地域像」について2層ごとのグループに分かれてグループワークを行った。

第2回は、事務局である地域包括支援センターが、第1回に話し合った阿賀野市全体の「目指す地域像」について振り返りを行った。そして、その際に出された「こんなまちにしたい」という各グループのキャッチフレーズから、第1層の目指す地域像の共通目標のイメージとして「あったかい思いやり、やさしく気づき合える街～あなたの思いかなえ隊～」というキャッチフレーズを考えた。お互いに思いやるあたたかいまちづくりに取り組んでいき

たいという思いをみんなで共有した。次に市全体の目指す地域像を基にし、第2層ごとの目指す地域像をグループワークで具体的に考えた。足りない助け合い活動は何か、5年後、10年後を考えながらワークショップ（KJ法）で議論した。「移動サービス」「居場所」「家事援助」「ちょっとしたボランティア」など各地域から同じような助け合い活動が出されるが、「お店がなくなった」など、地域ごとの特徴を共有し、地域の課題をイメージし合った。全体の発表を受けて、新潟県庁の担当本間淑之さんと共にまとめを行った。「新事業要点確認」の資料**（P216参照）**を基に、地縁での支え合いがベースであること、第2層と第3層の違い、生活支援コーディネーターと協議体がチームとなり、住民の声を聞きながら広げていく助け合い地域づくりなどポイントを確認した。

第3回以降は、5月末に「生活支援コーディネーター・協議体の役割」、6月に「目指す地域像を実現するための協議体の構成員の選出」を目的に勉強会を実施。信頼される第2層生活支援コーディネーターと協議体をみんなで選んでいく計画である。（鶴山）

ワークショップでの
グループごとの発表の様子

4 生活支援コーディネーター・協議体構成員が果たすべき役割

1 適正な体制の構築

3層構造のアイデアが出た経緯（堀田）

服部　私が新しい総合事業の担当に就いた時（平成26年4月）には、生活支援体制整備事業を生活支援コーディネーター・協議体という体制で実施することはほぼ決まっていました。事業内容の検討にあたって、全国介護保険担当課長会議（平成26年7月28日）などでも紹介されていましたように、さわやか福祉財団ほか13団体で構成される「新地域支援構想会議」**（注2）**が重要な役割を果たされましたが、その経緯について堀田さんに振り返っていただきたいと思います。特に、これまで地域では地域包括支援センターの職員や自治体の保健師、社協のCSW（コミュニティ・ソーシャルワーカー）などが地域づくり、助け合いの創出といった役割を果たしてきたわけですが、こうした仕組みとは別に生活支援コーディネーターや協議体が必要とされたのは、どのような理由だったのでしょうか？

堀田　大雑把な話になりますが、まず社会保障制度改革国民会議の方から「助け合いの地域づくり」という発想があって、それをどうつくっていくかについては、本当に手探りで厚生労働省もやっておられたと思います。厚生労働省が検討していたのは平成25年秋頃で、その頃我々は話し合いには入っていませんでした。

最初に出ていた考え方は、実際に現場で活躍していらっしゃるリーダーとか団体の指導者、助け合い活動をコーディネートしていらっしゃる方たちを、NPOが中間支援団体として養成していこうというくらいの本当に漠然とした仕組みでした。

それで果たして幅広い助け合い活動をつくれるのかという問題意識を我々が持ち、新地域支援構想会議を、全国社会福祉協議会（以下、全社協）、日本生活協同組合連合会と共に呼びかけて、計14団体で立ち上げ、12月5日に発足しました。会議には14団体の構成メンバーに加えて、毎回厚生労働省からも参加を得ました。最初の会議では、構想として、助け合いで行くことと幅広くつくるということだけは決まりました。

その後、当財団としては12月半ばに、どういう仕組みで助け合いをつくり出すかについて知恵を出してもらって固めるために、全国の主だったさわやかインストラクターに東京と大阪の2か所に分けて集まってもらい、徹底的に議論しました。その中には、ＮＰＯ主体で現場の第3層を養成していくという考え方もあったのですが、それでは幅広い地域の助け合いはつくれないだろう、幅広い地域の助け合いをつくるには地縁活動をベースにして全体を見る視点で助け合いをリードする人たちが必要で、それも生活圏域ごとに助け合いをつくり出しリードしてくれる人たちが必要だろうという話が出ました。それが今でいう第2層の生活支援コーディネーターですね。話し合いをしていくうちに、助け合いは第3層で行うのだが、その助け合いをつくるとなると生活圏で第3層をリードする第2層が必要だし、それをまとめて市町村に政策を提言する第1層も必要だろうという3層論が出て、助け合いをつくり出す構造は3層論しかないということで一致しました。現場、つまり第3層の養成が大事だという人たちも、そういう仕組みが必要だということはわかってくれました。

すぐに新地域支援構想会議の幹事会でこの3層構造の仕組みについて協議をし、全社協は大賛成でした。3層構造で助け合いをつくることが大事だという発想は、12月の中旬から下旬くらいまでの間に一気に浸透し、12月から翌年の1月くらいには厚生労働省も3層論だと言ってくれて、一挙にこの仕組みができあがったという感じです。

服部　これまで高齢者の生活を支えてきた団体と老健局が一堂に会して、既存の仕組みだけでは難しいと判断し、新しい仕組みが必要だと合意されたことに驚きます。わずか半年の間に、消費税を引き上げた財源を使って生活支援コーディネーター・協議体を設置するという決定がされたのですから。

3層構造にして、第1層、第2層は生活支援体制整備事業で実施するという最初のアイデアは、さわやか福祉財団の勉強会で初めて出てきたのですか？

堀田　そうですね。第1層、第2層、第3層で整理して、第1層、第2層をつくるべきだというアイデアはその勉強会で出ました。

服部　それはすごい。

（注2）「新地域支援構想会議」構成団体

公益財団法人さわやか福祉財団／認定NPO法人市民福祉団体全国協議会／住民参加型在宅福祉サービス団体全国連絡会／NPO法人全国移動サービスネットワーク／社会福祉法人全国社会福祉協議会／全国農業協同組合中央会／一般社団法人全国老人給食協力会／公益財団法人全国老人クラブ連合会／宅老所・グループホーム全国ネットワーク／NPO法人地域ケア政策ネットワーク／一般財団法人長寿社会開発センター／認定NPO法人日本NPOセンター／日本生活協同組合連合会／一般社団法人シルバーサービス振興会（現在はオブザーバー）

生活支援コーディネーターは資格が問われないということが重要（服部）

堀田　服部さんが厚生労働省においでになったのは、王道で行こうということが固まった頃ではないかと思います。

服部　はい。方針が固まり、各地の事例を集約して検討していたところでした。ただ、担当者内には、体制を整えたとしても、全国の市区町村で助け合いをつくっていけるのかという不安もあったように思います。

私も実践事例で確認したいと考えていた4月下旬、福岡市でさわやか福祉財団主催の「新しい地域支援のあり方を考えるフォーラム」に講師として招かれ、神奈川県平塚市福祉部福祉総務課の木村知宏課長代理（当時）から福祉村の組織体制について教えていただきました。すぐに平塚市に視察に伺って、協議体と同様の仕組みで住民たちが行政と協働しながら主体的に助け合いを実践している姿を見て、これならやれそうだという手応えを感じました。

改めて生活支援コーディネーターの役割を考えてみると、平成18年の改正で各日常生活圏域に地域包括支援センターという仕組みができ、保健師、社会福祉士、主任介護支援専門員の３職種が配置された経緯があるわけです。例えば、市区町村の保健師の役割は地域を歩き回って地域の課題を把握し、健康な地域をつくっていくことなどですが、実態としては外に出られず事務仕事に追われている現状があり、そこで、地域包括支援センターの保健師が各担当圏域の介護予防を担うことになったのです。地域のネットワークづくりも、包括的継続的ケアマネジメント業務としては、主任介護支援専門員を中心に担ってきました。また、社協も支え合いの地域づくりのために徐々にＣＳＷの配置を進めてこられ、頑張っている所は少なくありません。

今回の改正では、地域の様々な関係者のネットワークを構築してきた地域包括支援センターがあり、一部の社協にＣＳＷが配置されているのに、新たな制度で生活支援コーディネーターを置くことになりました。それは、地域包括支援センターに期待される役割が拡大し、特に支援困難事例などの個別対応支援の重要性も高まる中、地域の生活支援体制の構築については別の仕組みが必要とされたということです。しかも、生活支援コーディネーターについては、資格は特に問わず、地域をよく知り、愛し、おせっかいな（笑）人、つまり実質で選ぶとしました。私はそのことに大変な意味があると思っています。生活支援コーディネーターは保健師や社会福祉士、あるいはＮＰＯのリーダーでないと駄目だという意見もあると思いますが、新地域支援構想会議では資格について、どのような議論がされたのでしょうか？

堀田　新地域支援構想会議が12月５日に発足して、その後の流れがとにかく速くて、翌年の２月中旬には国会で審議が始まるだろうということで、新地域支援構想会議で一番基本のところをまとめようと、その議論を集中的にやり、２月17日に「新たな地域支援事業に対する基本的な考え方」を厚生労働省に提出し、21日に厚生労働省の記者クラブで新地域支援構想会議による「基本的な考え方」の記者発表をしました。その時に、住民の主体性が絶対に大事だと言って、それを幅広く、主体的につくっていく人が必要だということを打ち出しました。裏を返せば、資格などで縛られず、実質的に何にでも対応できる人、つまり、今言っている生活支援コーディネーターの姿を打ち出したのです。

協議体は全体をカバーするアシスタントのイメージ（堀田）

服部　次に、協議体ですが、生活支援コーディネーターが3層構造の第1層と第2層に置かれた上に、さらに協議体が必要だということになったのはどのような理由だったのですか？

堀田　実際、ある分野の助け合い活動はその分野の人がつくるのだろうから、いろいろな分野が連携しなくてはいけません。イメージとしては全体をカバーするアシスタントですね。当財団の清水肇子理事長が委員として参加していた厚生労働省の「生活支援サービスのコーディネーター育成に関する調査研究委員会」の第1回の会合が平成25年12月26日に行われましたが、その時にすでに「協議体」ということは言っていたそうです。ただ、その時点では、まだ具体的な階層の考え方や役割ははっきりしていなかったそうです。

服部　ガイドラインには、生活支援コーディネーターは第1層、第2層、第3層と3層構造で示されていますが、協議体は第1層、第2層と限定していません。生活支援コーディネーターはサービス提供主体を第3層とし、第2層から構想されていますが、協議体は市区町村の規模等によって様々なあり方があるのではないかという理由です。厚生労働省が、協議体について、生活支援コーディネーターと対になる2層構造を図示するようになったのは、協議体の役割が理解しにくいという声を受け、協議体は生活支援コーディネーターの活動を組織的に補充する役割であることを伝えるためでした。

堀田　我々は、議論するまでもなく、第1層、第2層の両方にあるのは当然だろうという認識でおりました。「協議体」ではなく、あくまでもアシスタント。いつ「協議体」という名称になったのかは、我々は知りません。

「生活支援コーディネーター」という名称にもびっくりしました。我々は、名称をぜひ変えようと、最初は平成25年12月に申し入れ書を作りました。

服部　生活支援コーディネーターの「コーディネーター」はあまり良くなかったかもしれません。一般的な意味で「コーディネート」をするわけではないですから。

堀田　そうなんです。協議体という名称もそうですね。どちらもつらいです。

服部　役割が想像できない名称がついてしまいました。

堀田　厚生労働省は「コーディネーター」という言葉が外せないということで、私たちは「助け合い活動推進コーディネーター」と提案しました。厚生労働省から「地域支え合いコーディネーター」という提案がありましたが、私たちは「推進」で行きたいという言葉が必要だと主張し、結局、厚生労働省の判断で今の「生活支援コーディネーター（地域支え合い推進員）」という表現になりました。

服部　（　）の中の「地域支え合い推進員」のほうが役割を表していますね。生活支援コーディネーター・協議体は何をするのか、それはまさに「地域の支え合いを推進する」ことですから。

ソーシャル・キャピタルの概念で支え合いを推進（服部）

服部　地域の支え合いを推進していく時に何を大切にするべきか、厚生労働省の資料では出てきませんが、私個人はソーシャル・キャピタルの概念で理解してはどうかと思っています。人と人、人と組織、組織と組織が協調して動くことを活発にすることが、社会の効率性を高めるという概念ですね。１＋１が３にも４にもなるようなイメージです。

そう考えると、ガイドラインには生活支援コーディネーターや協議体の役割がいくつか列記されていますが、一人ひとりの個人レベルから様々な主体を「見つけ」て「つなげる」こと、課題や目的を「共有する」こと、つまり協議体の構築自体にまず重要な意味があるのだろうと思います。堀田さんはどうお考えですか？

堀田　ソーシャル・キャピタルの理論は福祉の世界で非常に注目を集めてきていて、今回の事業が始まる十何年前から、日本でもそういう流れになってきていることは承知しており、非営利の活動、つまり助け合いの活動を評価して、それを社会資源として捉えていこうという点は賛成です。しかし、日本の現状はまだ助け合い自体が顕在化されていないと思うのです。

ソーシャル・キャピタルとは、いろいろな社会資源を認識して、その連携の力が発揮されるような体制をつくっていこうというものです。アメリカでもヨーロッパでも、ボランティア活動が社会的な一つの力を持ち、すでに形成されていて、ボランティア活動をしないと恥ずかしいような、ボランティア活動が当たり前の社会になっている。そこからソーシャル・キャピタルの認識及びネットワークの社会的な力が説かれる。一方、残念ながら、日本はまだボランティア活動が社会資源といえるほど十分な形になっていない。特に、地域での助け合いというのは、個人間で成り立っているようなもので、ソーシャルなものになっていません。やっとソーシャルなものにしているのがNPOです。しかし、NPO法ができたのは、恥ずかしいほど日本は遅いし、法ができる前からNPOは動き出していますが、とてもソーシャル・キャピタルとして論じていくまでの実態ができあがっていないというのが私の認識です。

かつて当財団の理事に日本社会事業大学名誉教授の三浦文夫さんがいらして、「ソーシャル・キャピタル理論でしっかりやっていきましょう」とおっしゃられました。私が、「それはそれで良いのですが、まずつくり出していかないといけないし、やはりまだ日本の場合は、一つのパワーとして認識されるような組織体やつながりをもっとつくっていくための努力の方が先行するのではないのですかね」と言うと、三浦さんも「そうだ」とおっしゃってくださり、我々の活動はずっとそちらに重点を置いてきました。そして、今の状態を考えても、やはりもっともっと顕在化しないと間に合わないだろうと思います。

助け合いをつくり出す協議体構成員が大事（堀田）

堀田　アメリカ、ヨーロッパ流のソーシャル・キャピタル理論とは違って、日本は、やはり地域のつながりがそのベースにあって、これと組み合わせないと、NPOも活きない。これはアメリカ、ヨーロッパ人には理解できないし、逆に、個人の自立を冒す古いねばっとした封建的なつながりのような感覚で受け取られます。日本人の悪い面を除いた、つまり「新しいふれあい」というのは、たぶんアメリカ、ヨーロッパ人には理解できないし、一方、アメリカ、ヨーロッパ社会を前提としてつくられた理論には、日本のこの現代化された地域の助け合いの部分、つまり「新しいふれあい社会」という要素をしっかり補わないと、適合しないのかなというのが正直な感覚です。

服部　堀田さんがおっしゃるように、まず、今ある助け合いを顕在化することが必要で、それは生活支援コーディネーターの大きな役割だと思います。

一方、協議体では、その時点で集まった方々が課題を共通認識して、「これは私がやります」「これはあなたならできるのではないですか」といった協議をしていきます。それらの協議や実際の活動を通してつくられる信頼感や絆、あるいは役割分担といったものが、ソーシャル・キャピタルの概念と同様だと考えています。

これが両輪で動いていくと、おそらく良い形になるのではないかと思います。

堀田　それはおっしゃる通りです。そして、お互いが補い合い、もっと有効なネットワークをつくることはすごく大事です。地域ケア会議もそういうことを議論する会議で、それぞれの分野でケアをしている人たちが集まって協議し、ここが足りないということが浮き彫りになり、協力の仕方も生み出します。

ところが、協議体の方は、助け合いが十分行われていて、それぞれの分野で十分役割が果たされていれば、それぞれの分野の代表者が出てきて、「あそこの地域では こういう状況だから、これがちょっと足りないぞ」とかいうことを議論してもらえば事足りるのですが、その協議をする前に、そもそも助け合いがつくれていない。特に地縁活動がつくれていない。そうすると協議する前提がないわけです。それぞれの分野で助け合い活動や地縁活動をつくり出してもらい、つくり出す時には効率的にやることが大事です。役に立たないものをつくっても仕方ないし、片方でできることを両方でやっても仕方ない。特に地縁とＮＰＯとの間の区分けのようなものについて一般論はないから、地域ごとに、どこで役割分担をしたらそれぞれが一番効率的になるのか、それぞれが協力的に協議することが一番大事です。

しかし、その前に、それぞれが助け合いをつくり出す人であって欲しい。だから生活支援コーディネーターと協議体構成員は協議して、つくり出しながら、そのつくり出す過程でもっとも有効なものになるよう協議をしながらやって欲しいです。そこのところを、どう表現したら良いのでしょうね。

協議体に参加する人は、地域の助け合いの人もいれば

NPOの特定分野の人もいる。例えば、移送サービスがないからこれをつくり出さなくてはいけないという人もいる。それぞれレベルが違う。一方、協議体に行政や地域包括支援センターも入って欲しいけれど、この人たちは助け合いをつくり出す役目ではない。

それで、協議することだけに重点を置くと、つくり出さなくてはいけない人たちの役割が埋もれてしまって、つくり出さなくて良い人たちだけの偏った会議になってしまう恐れがある。足りないところをつくり出す人たちがすごく大事だということを、どう表現してどういうリードの仕方で要綱を作るのか。そして、要綱の中で、つくり出す人をどのように評価して、そこの重要性を強調するか。その点が欠けているので、その辺の言葉も欲しいし、役割の認識の仕方も欲しいと思います。

服部　確かに、協議体のメンバー構成については地域の実情によって異なることもあって、私も「高齢者の生活を支えている方々を全員集めてください」というような程度でしか説明していません。

堀田　「目指す地域像」を強力にあちこちで言っているのは、これをやることによって、足りない部分の認識が共有化され、そうすると、そこの分野でつくる人が必要だということも認識され、その人が大事な人だということも認識される。だから「目指す地域像」をあらかたで良いから合意して決め、その足りないところを目指して、生活支援コーディネーターと協議体で協議してやりましょうと言うことによって、つくり出すことが大事だということを事実上わかってもらうようにする。つまり、実践の過程を通じて、協議体構成員それぞれの役割と重要性を地域で認識してもらうことでしょうか。

そういう戦術で、「目指す地域像」を考えていくワークショップが大事だということを強調しています。助け合いをつくり出す重要性が自然に浸透していくし、そういう人が選ばれるだろうという期待でワークショップをやっていますが、協議体構成員のそれぞれの役割みたいなものをどういうふうに認めてあげて、強調してあげるかというのはなかなか難しいです。

服部　適切な体制の構築ということで言えば、逆説的な言い方ではありますが、「慌ててつくらない」ということですね。ワークショップはできるだけ早く始めて、ワークショップに参加される方々で何が足りないかなど

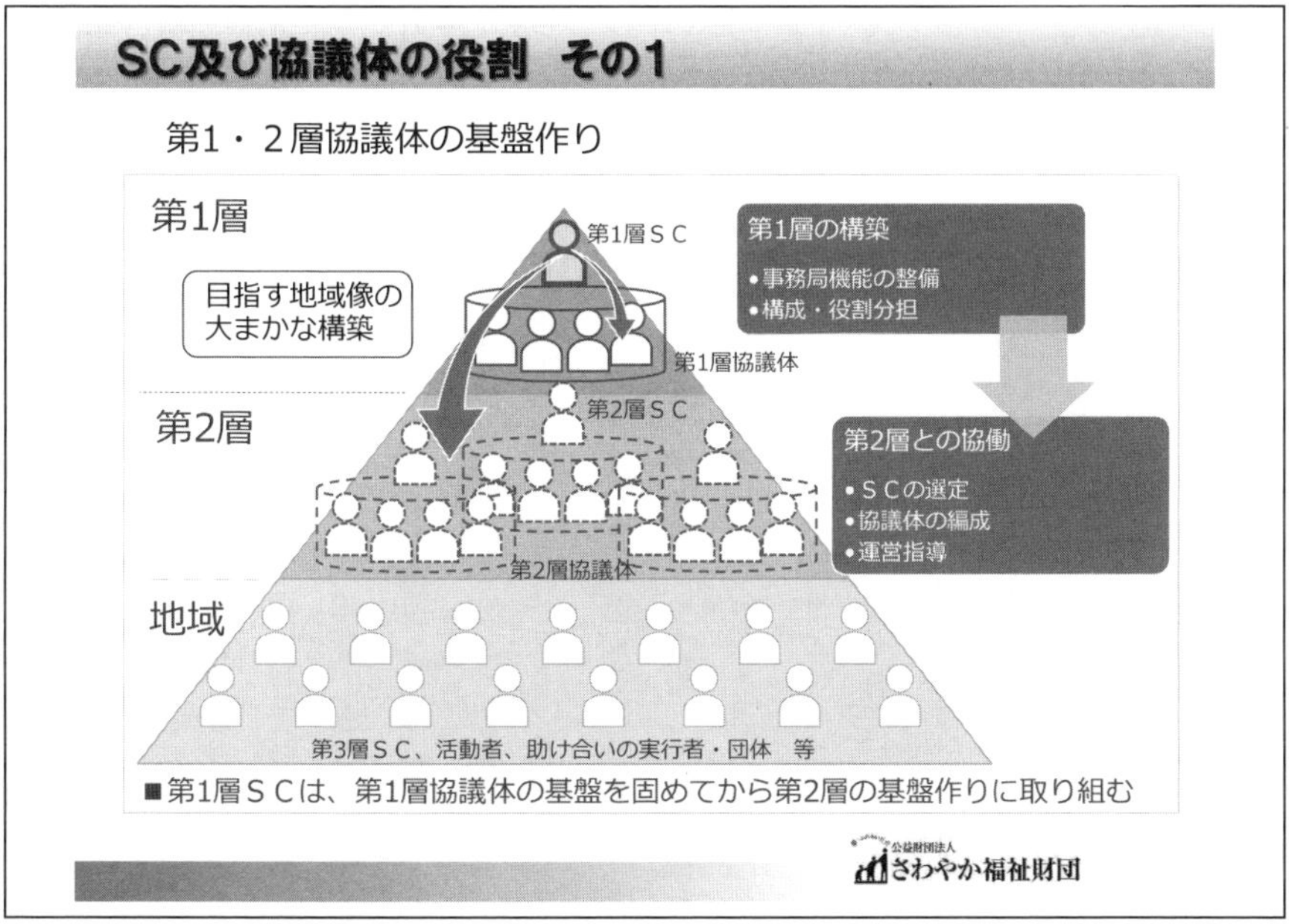

を認識して、そうすると必要なメンバーが揃っていき、そこで初めて要綱を作って協議体を立ち上げると。その過程がなく、いきなり要綱に「社協1名」「介護事業者1名」などと具体的に書いて固定してしまうと、遠回りしてしまう可能性があります。

協議体は成長していく。つまり、現状認識の変化によって必要なメンバーも変わっていくものなので、協議体のつくり方といえば、結局、「『目指す地域像』等を考えるワークショップなどを何回もやりながら、その地域に合わせてメンバーを揃えていく」ということですかね。

堀田　そうですね。協議体のつくり方を一般的に認識してもらうことは非常に大切ですね。

2　ニーズと担い手の掘り起こし

ワークショップが効果的な方法（堀田）

堀田　ニーズと担い手の掘り起こしが一挙にできる素晴

らしい方法は、住民のワークショップです。しかし、住民のワークショップでニーズと担い手を掘り起こす作業というのは、1つの団体ではもちろんやれないし、行政がやろうとしても何かタイミングがないとなかなかできません。例えば、平塚市は、最初は福祉村をつくり出そうとしてうまくいかなくて、平成13年春にさわやか福祉財団が入り、ワークショップと「助け合い体験ゲーム」をやり、それをやった所では福祉村づくりが活気づきました。その後の各地域の福祉村の立ち上げではワークショップ方式でずっとやっていて、当時の担当者は、あの時にワークショップをやったのが今でもしっかり福祉村が続いている大きな基礎になっていると言います。その頃は、担い手づくりを意識したワークショップはやっていないのですが、ニーズを聞いて、それで担い手も出てきていて、その仕組みが今も続いています。

ワークショップの効果を高く評価しているのですが、その平塚市にしても、最近あまりワークショップをやらないようですね。住民のワークショップというのは、何かしらタイミングがあって、一気にやらないと、なかなかやれない。担い手たちからは、どんなニーズの変化があるのか平塚市でも聞いてきているし、担い手から聞くのは意外とやりやすいのですが、担い手ではない利用者、あるいは潜在利用者、要するに住民全員を対象にワークショップを仕掛けるというのはなかなか力仕事です。

そういう意味では、今度の事業で生活支援コーディネーター・協議体がデビューするということは、彼らが「私たちはまさにあなた方のためにやるので、あなた方の気持ちが一番大事だと思っている」ということを住民の方々に知らせる絶好のチャンスだと思います。

その時に、第一に心がけて欲しいのは、こういう会にはほとんど出ない、例えば体の不自由なおばあちゃんたちでも出て来られるように、根気強い働きかけをして欲しい。ただビラをまくだけでは駄目で、なんとか出て来てくれるように努力して欲しい。そういう人たちが参加してくれることが、ニーズと担い手の掘り起こしに成功する大事な要素になると思います。東日本大震災の被災地に入ってワークショップをした時は、ほとんど全員が参加してくれました。すると、貴重な「生の声」がしっかり出てきました。

しかし、平時には100人に1人来てくれるかどうかです。そこのところをどう掘り起こしていくか。それはやはり1回、2回ではなく、山形県のＮＰＯ法人きらりよしじまネットワーク（Ｐ１６５参照）がやっているように、「あなた方の意見、全部取り入れます」ということが浸透するくらいまで何回か重ねてやることが必要だと思います。

やる気のない人がやる気を起こす（堀田）

堀田　それから、ワークショップはＫＪ法で、参加者全員にその意見をいくつも付箋に書いてもらうことが大事です。議論から入ると、声の大きい人が仕切ってしまうから、「生の声」がなかなか出てこない。とにかく参加者全員にたくさん書いてもらい、書いた意見を整理して模造紙などに貼り付けた上で話してもらう。

その時に、ニーズは何か、そのニーズを誰が満たすのかの議論を併せてやる。すると、目の前に困っている人や、やって欲しいことが出るわけですから、気持ちが動いて、アンケート調査では全くやる気のなかった人がやる気になり、「やる」と言ったりします。誰かがやるとなると、他の人も「組んでやろう」と言い出す。何を言っても良い雰囲気なのだとわかると、本音のニーズが出て、担い手も何倍と言っても良いほど出てきます。

これが今度の事業で、一斉に助け合いを広め、深める大きな効果になります。仕組みとしては、要支援者から要介護者まで全部支えるくらいのことを狙っているわけだから、ぐーんと広げることが大事で、それには住民のワークショップが効果的で、今こそこれをやるチャンスだと思います。大分県竹田市の暮らしのサポートセンターの取り組みのように、1人1時間程度の聞き取り調査という方法も良いですが、やはりお勧めはワークショップだと私は思っています。

服部　そうですね。現時点で市区町村がどんな手法でニーズを把握し、また担い手を掘り起こそうとしているかを見れば、ニーズの把握は、地域に何が足りないかを住民アンケートやケアマネジャーアンケートで聞き出すところが多いように感じます。一方、担い手づくりは、ボランティアをやりたい人を対象とした研修でしょうか。

堀田　平時はそんなものですね。

服部　しかし、これでは全然間に合わないし、結局、うまくいかないのではないかという声も多いです。

堀田　アンケート方式は、竹田市のように聞き取り調査をしてくれる人をたくさん養成しないと無理です。あそこまでいかないと本音は引き出せないでしょう。また、聞き取り調査の場合、1対1だと本人の頭の中にあることしか本音が出てこない。ところが何人かでやると、人の話に刺激されて、平素意識していない潜在意識がどんどん出てきて、本音が出てくる。自分にはこんなことができるという新しい発見も出てくる。アンケートでは出てこない本音を引き出して住民の力にする点で、ワークショップの方が優れていると思います。

今まで全国のあちこちでワークショップをやっていますが、地域包括支援センターの方とかケアマネジャーたちの中には、地域の住民の方たちの生活上のニーズがわかっていない方が少なくないということがわかりました。ワークショップに地域包括支援センターの方とかケアマネジャーが多いと、健康上のニーズとか観念的なニーズが多くて、生活上のニーズがあまり出てこない。住民の方々の生活上のニーズは何かと聞くと、地域包括支援センターの方とかケアマネジャーたちは30代、40代とまだ若いから、彼ら自身の生活上のニーズしか出てこない。ですから、ワークショップをするなら、対象は地域の住民にして、住民たちの「生の声」を聞くことがニーズや担い手の掘り起こしにつながると思います。

ワークショップでの注意点（服部）

服部　ワークショップをやっていく上での注意点ですが、私がよく相談を受けるのは、「ワークショップを毎月やって、これで3回目です。しかし、やっていくうちに、参加者がだんだん疲れていってしまい、『これは何のためにやっているのですか』『毎回、同じようなことをやっていませんか』と言われ、だんだん参加者が減ってきた」というパターンです。ワークショップは1回やるだけならそれほど難しくありませんが、継続するのは難しいようですね。

堀田　ワークショップは住民のニーズと担い手をつかむ方法ですが、それは何のためにやるかというと、「目指す地域像」を協議し、その足りないものを誰がやってくれるのかをつかむためです。ところが「目指す地域像」は絶えず動いていくし、足りないものも新たに出てくる。そこで新たなニーズを誰がやってくれるのかと改めて聞く。こうして深まっていくものだと思います。

住民のワークショップをする場合、まず「目指す地域像」を大雑把で良いので1回やり、2回目で、その足りないものを誰がやるのかを協議して、3回目には協議体構成員を選んでしまう。実際、今までで一番良かった住民のワークショップは鹿児島県奄美市で、4回で生活支援コーディネーターと協議体構成員を選びました。他の市区町村では、「目指す地域像」の話し合いで止まってしまったり、誰がつくるかという具体論に入ると、「うちのNPOが良い」とか、自分のやりたい狭い一分野の主張になって、そこでまとまらなくなってしまったり、おっしゃるような失敗例がいくつもあります。

住民のワークショップは、目的、誰がやるのかという順にしっかり段階を踏んで、協議体構成員を選ぶところまで行く。そして、生活支援コーディネーター、協議体構成員に選ばれたら、そこからが本番のワークショップ

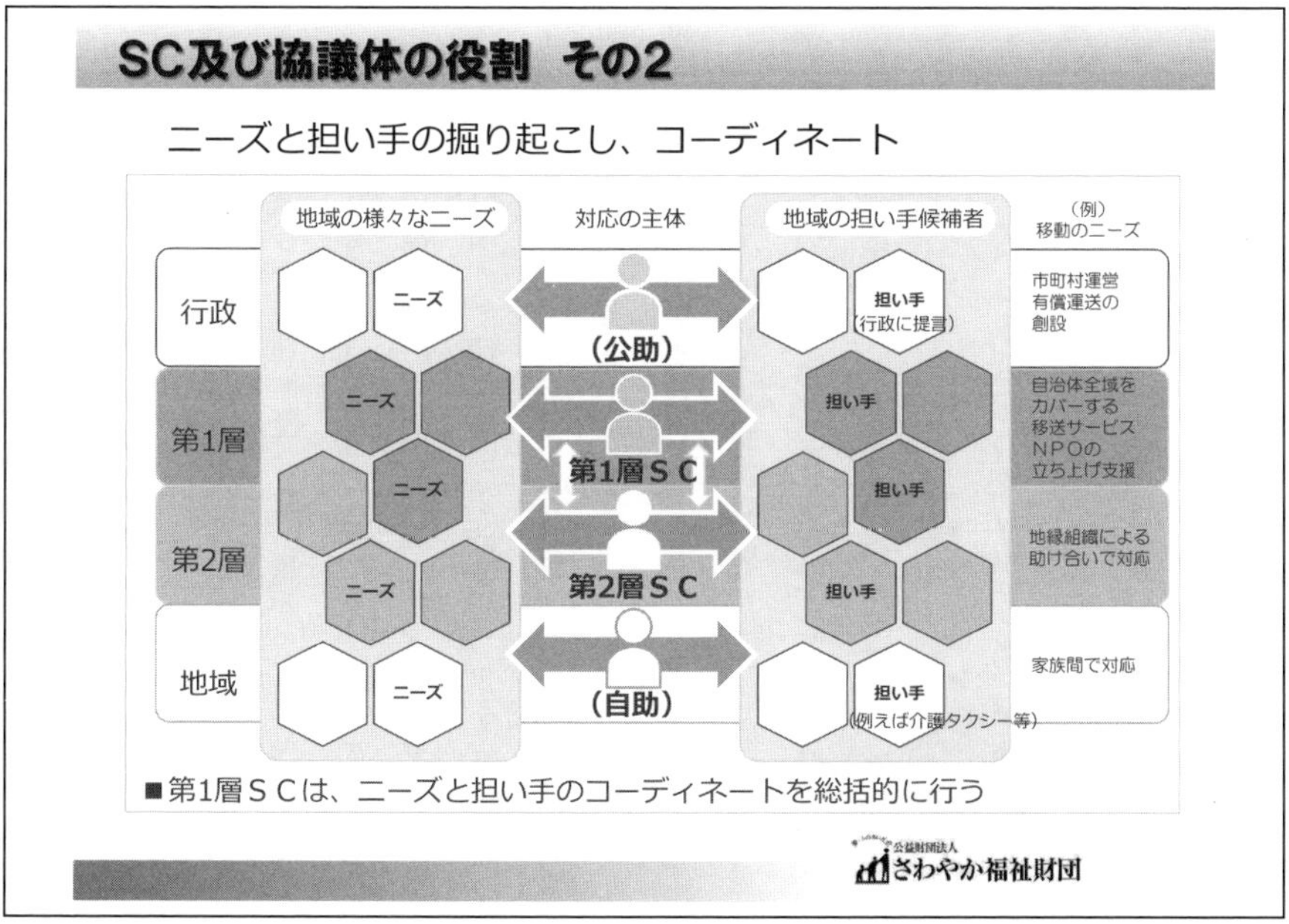

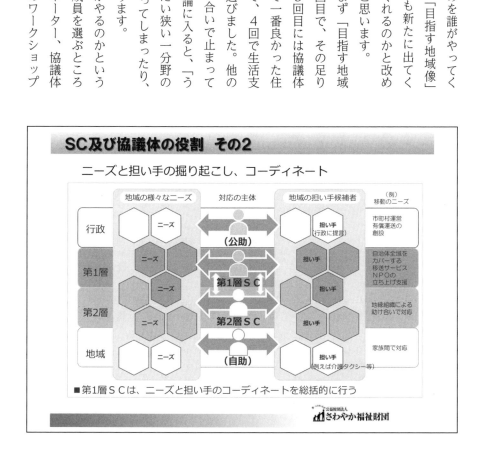

で、住民のニーズと担い手となる意思をきめ細かくつかんで、やることを決めていく。そこはしっかりしたプロセスを、地域の実情に合わせて柔軟に変えながら進めて行かないといけないと思います。

服部　ワークショップは目的を明確にしてやっていく必要がありますが、さらに中長期的な目的と短期的な当面の目的と両方が必要だと思います。

短期的な目的としては、地域の資源マップ作りなど、いくつか具体的な作業を設定してはどうでしょうか。例えば、広島県尾道市の「ねこのて手帳」には、介護保険制度内外の福祉サービスに限定せず、お弁当や日用品を配達してくれる商店、集配してくれるクリーニング店といったリストが掲載されていますが、協議体での地域資源の把握の際には、このような成果物の完成を目標にする方法もあります。さらに、その先のステップとして、例えば、「リスト化された各事業主体に対するヒアリング」などを設定しておけると良いですね。

第2層のワークショップを始める2つの方法（服部）

服部　ワークショップは非常に良いのですが、そのファシリテーションは簡単ではなく、誰がやるのかが問題になったりします。生活支援コーディネーターの役割だとすると、特に第2層の生活支援コーディネーターが決められない所は多く、第2層の生活支援コーディネーターが決められないので、結局、第2層のワークショップも開催できないということになっています。

堀田　第2層の生活支援コーディネーターがなかなか選べないというのは、第1層より選びにくいのは当然で、その地域ごとの特性をしっかりつかんで、地域の住民の方たちに大雑把で良いので「目指す地域像」を聞いて、その生活圏域の中で「目指す地域像」をつくり出し、そこから足りないニーズをつくり出せる協議体構成員を選び、その中でリードできる人を生活支援コーディネーターに選んでいく。こうした住民の信頼を受ける作業、選び出す作業をしないといけない。しかし、それをやる人がなかなか出てこないのが実態です。

第1層なら、各団体の代表や自治会連合会の会長など、全体をまとめる人はこの人だというのが行政にも見えるし、「目指す地域像」も話していれば出てくるので、わりと早く協議体構成員を選び出せますが、第2層はワークショップや全戸調査などをしないと「目指す地域像」自体が浮かび上がってこない。一つひとつ手間をかけていかないと進まない。その手間を行政がやるのか、竹田市のように調査する人を養成するのか。大きな自治体は、第1層の方がつくりやすいので、まず第1層をつくってしまって、特に協議体の構成員をしっかり選んで、地域地域に入ってもらって、第2層をつくってもらうという方法が一つあると思います。

だから、王道は、地域の住民の代表が集まって、生活圏域ごとの協議体をつくり、しっかり下から固めていくと最高のものができますが、この事業は急がないといけないという面があります。第1層からつくり出すか、それとも、行政の中で生活圏域ごとに動く担当者を決めてやるか、あるいは、社協からそういう役割の人を引っ張り出して、動く核になってもらうか、いくつか方法はあると思いますが、しっかりした第2層をつくり出すことこそが、この事業が本物になる道だと思います。そこは、相当に自治体に覚悟を決めてもらわないといけないだろうと思います。

服部　第2層のワークショップを早く始める方法ですが、二つ考えられます。一つはモデル事業と位置付ける方法です。全圏域で適切な第2層生活支援コーディネーターを選ぶのは難しいけれど、少なくともあの圏域のあの人は素晴らしいといった場合、公平性の観点からの批判も配慮してモデル事業と位置付けて先行する方法はやりやすいと思います。

もう一つは、暫定で配置する方法です。例えば、各地域包括支援センターに暫定的に生活支援コーディネーターを置いて、その人たちの役目はワークショップのファシリテーターとし、まずはワークショップでの議論を進めることに重点を置く方法です。

堀田　平塚市も竹田市もモデル方式で行っており、やれそうな所からやっていくのは本当に良い方法だと思います。暫定も良い方法だと思います。

その時に、それと並ぶ別の方法になるのか、それと組み合わせる方法になるのかわかりませんが、公民館がけっこう地域単位でつくられていて、それぞれに行政が関わっているし、公民館の役割の一つは地域づくりにもなっているわけだから、それぞれの公民館を拠点にして、そこで活躍しているメンバーからとりあえずつくり出す人、人望のある人を選んで、そこから広げていくという方法もあると思います。

この事業を始める前から取り組んでいる島根県雲南市や岩手県大船渡市も、公民館をしっかり活用して、それもモデル方式で進めています。平塚市も公民館があるので福祉村の拠点としています。モデル方式であれ暫定方式であれ、公民館を拠点として、これまでの活動を進めていくというやり方もあると思います。

公民館以外にも、例えば、北海道札幌市は在宅医療の推進の関係者連絡会議のようなものをつくり、そこには行政も入れています。そういう仕組みがいくつかあるので、こういうものをうまく活かすのも良い方法だと思います。それから、地区社協。地区社協は従来の社協とは違う地縁の組織みたいなものですから、それを上手に活用して、核にして、広げていく。

このように地域の実情に合わせて、あるものを上手に使いながら、モデル方式でいくのか暫定方式でいくのかも判断して、やっていくのだと思います。

服部　合併市町村の住民協議会も活かしても良いですよね。あるものを活かしつつ、まずはワークショップをやりましょうと。

堀田　そうですね。すでにあるものがある所はそこのリーダー、例えば、公民館の館長さんたちに実行委員会をつくってもらって、地域のリーダーに集まってもらう。すると、地縁組織とＮＰＯ、ＮＰＯとＮＰＯが驚くほどお互いを知らなかったりしますよね。いろいろな活動を引っ張り出すだけでも、地域の協議体の大きな力になります。これが実行委員会になって、ワークショップをやって、本物の協議体になっていくという道があります。

まずは、市区町村でどう仕掛けるかをしっかり協議して、やり方を選び、進めてもらうということですね。

ニーズと担い手の掘り起こしの話から、また協議体の選び方の話に戻ってしまいましたが、生活支援コーディネーター・協議体の本来の役割である助け合いの広め方に話を進めましょう。

NPO法人
きらりよしじまネットワーク
（山形県東置賜郡川西町吉島地区）
平塚市町内福祉村
（神奈川県）

ワークショップで住民主体の地域づくりを実践

話し合いが何よりも大切

725世帯、2558人（平成28年4月現在）が暮らすのどかな農村地帯の吉島地区では、徹底的に皆で話し合うことを何よりも大切にしている。平成28年2月に行ったワークショップは、午後から夜、さらに翌日午前中までびっしり時間が充てられた。タイトルは、新よしじま物語「夢未来ミーティング」。

「これまでのように役員や事務局が上で決めて、さぁ、参加してください、では人は動きません」。

こう語るのは、NPO法人きらりよしじまネットワークの事務局長の髙橋由和さん。このNPOは他に例を見ない、地域全世帯加入で運営されている。

高齢者も若者も皆が一堂に会して、身近な問題を話し合う、考える。そしてできることはそれぞれ実行する。ワークショップは地域への愛着や住民同士の連帯意識を強める場にもなっているという。出たアイデアから新プロジェクトを立ち上げるなど課題解決の実践にもつなげている。

ワークショップの大きな役割

同様に住民ワークショップを活用して市内全域に住民主体の地域づくりを地道に広げてきているのが平塚市の「町内福祉村」の取り組みだ。市内を25の圏域に分け、全戸にチラシを配って話し合いから呼びかけていく。

さわやか福祉財団が関わった花水地区の福祉コミュニティづくりは、平成13年春のこと。スタートシンポジウムで意識の共有と地域課題を確認したあと、続く3か月間に4回のワークショップを実践した。地域で支え合うための土台づくりという目標を明確にし、施設や学校訪問、アンケート調査等も行い、生の声を持ち寄ってさらにワークショップで深めていく。自分たちの「福祉村」を皆でつくる、そんな意識づくりにワークショップが大きな役割を果たしていた。今、これらの福祉村を中心に協議体が形成され始めている。

1人で考えているとできることはないと思ってしまいがち。でも皆と一緒に語り合い、困り事が具体的になればそれくらいならできるよと、自然に手が挙がる。何よりもワークショップは楽しい。それが本音を自然に引き出す秘訣となっている。

（清水）

きらりよしじまネットワーク
地域住民によるワークショップ

「助け・助けられゲーム」（さわやか福祉財団 作成）を体験することで、
参加者自身が「助け合い」を実感し、その意味と重要性を理解していく

平塚市講演資料より　ゲームを通じて
助け合いを実感する住民たち

郡山市（福島県）

フォーラムで担い手を発掘

大規模な自治体での協議体編成に向けての取り組み

大規模な自治体では、協議体の編成に向けてその候補者を選出する場合、その対象範囲も広くなり、絞り込みに苦労するケースは珍しくない。郡山市は33万人を超える自治体だ。同市の生活支援体制整備事業に向けた取り組みに協力する中、さわやか福祉財団で提案している「大づかみ方式の勉強会」の実施を検討したが、勉強会としては規模が大きくなってしまう。そこで、まずは地域で活動する方々を対象にしたフォーラムを平成28年４月開催することになった。

こうした経緯から、このフォーラムを情報発信ではなく、参加者に対するメッセージを明確にし、参加者の意思を確認できる仕掛けを行うことになった。参加者には、今後郡山市の協議体が創出する助け合い活動に対し、各々の関わり方を考えてもらう。

助け合い活動の創出に向けて

具体的には、助け合い活動の指標として「地縁組織における活動」「居場所」「無償のボランティア活動」「有償のボランティア活動」の４項目を挙げ、それぞれの項目ごとに参加者の意見を「自分の周りにない」「欲しい」「参加したい、協力したい」の３項目で確認した。約300名の参加者はこの問いかけに対し、項目によって２割から７割が助け合い活動が必要だと感じ、必要と感じた多くの方々がその活動に何らかか関わりたいと挙手した。

そこで、具体的に「協力する活動」の項目をアンケート用紙に記して氏名と連絡先を記入するよう呼びかけたところ、90名を超える方々が記入し、自由記入欄には助け合い活動への各々の思いを記された。この情報は、協議体の編成だけでなく、協議体が進める助け合い活動の創出においても、担い手の発掘など広く活用していくことができる貴重なものである。郡山市ではさっそくこれらの方々に呼びかけて勉強会などを開き、体制整備や助け合い活動の創出を進めることとしている。（長瀬）

竹田市（大分県）

前提になったニーズ調査

くらサポによる高齢者の生活課題調査

竹田市で展開されている住民の生活を支える拠点である「暮らしのサポートセンター」（くらサポ）の整備は、まずは地域の高齢者の生活課題の実態調査を徹底的に実施することからスタートしている。

具体的な手法は調査員の訪問による聞き取り調査で、調査員は事前セミナーの修了者で、年齢も65歳超の方が多くいる。

直接面談方式にしたのは、地域住民の生の声を聞き、地域の課題を知るとともに、住民自身が主体的に取り組む意欲を高めてもらう目的もある。調査時間は1件当たり1時間程度を想定しているが、調査票の約40項目の設問だけでなく、「なぜそのような課題が生まれたのか」「5年後、10年後をどのように考えているのか」「そのためにはどのような生活支援サービスや人材が必要か」等、対話の中で住民の思いを引き出し、真のニーズを把握する独特な手法を採用している。

対話の中で昔得意だった特技がわかり、「その活動をくらサポの中で活かしてもらえませんか」と言うと、「ぜひ行きたい」という声につながる例も多い。

また、高齢の調査員自身が地域の困り事を直接聞くことで、「それだったら自分でも手伝える」という気づきにもつながっており、担い手創出の効果も発揮している。（髙橋）

平成28年4月オープンの拠点・双城のオープニングセレモニー

3　助け合い活動の拡大及び各種ネットワークの構築

選ばれた生活支援コーディネーター等を住民に紹介することが重要（堀田）

堀田　助け合い活動の拡大で、今の段階で重要なことは、選ばれた生活支援コーディネーター・協議体構成員を住民に紹介することだと思います。生活支援コーディネーター・協議体は選ばれたけれど、そこから先に進んでいない自治体がけっこうあります。生活支援コーディネーターも行政も先に進めようと言わない。ただ選ばれただけじゃないのという状態です。

選ばれたら、第1層は第2層をつくり出すとか組織固めに頑張るし、住民のワークショップでニーズと担い手の掘り起こしもするし、助け合い活動の具体的な団体の結成もするなど、いろいろな活動をやり出すのだけれど、結局、助け合いをやるのは住民です。ですから、生活支援コーディネーターと協議体の構成員を住民に紹介するというのが、今の段階では極めて大切というか基礎で、それなしに生活支援コーディネーター・協議体は動けません。

生活支援コーディネーター・協議体を選んだ自治体には、今回の事業を住民に理解してもらいたいので、住民を集めて、助け合いをやりましょうと呼びかけるフォーラムを開きますという所がけっこうあって、当財団にも協力依頼があります。声がかかれば受けてやらせていただきますが、それは本来、生活支援コーディネーターがやることです。

そして、フォーラムをしても、選ばれた生活支援コーディネーターを表に出さない所がけっこう多いです。そういう場合、我々は生活支援コーディネーターを壇上に上げて、まず住民に紹介しています。

そして、この生活支援コーディネーターの前で、例えば「居場所はありますか」「居場所が欲しいですか」などと参加者に聞いていき、生活支援コーディネーターに「このニーズに応じてつくるのがあなたの仕事ですよ」と言います。そして、「あなた1人でこのニーズに応えてつくれますか」と聞くと、生活支援コーディネーターは当然「できません」と言います。「なので、協力してつくってくれる協議体が必要ですよ」と言い、協議体の役割を説明します。これから協議体をつくる場合は、さらに「協議体として活躍してくれる人は誰ですか」と参加者に呼びかけています。こうして、つくる主体は生活支援コーディネーターだということを、本人にも行政にも自覚してもらい、住民にもわかってもらいます。最後に、生活支援コーディネーターに「今日やったようなフォーラムを地域ごとにやって進めていくんですよ」と言います。

助け合いづくりに入る第一歩のところでもある、選ばれた生活支援コーディネーター・協議体構成員を住民に紹介することも全然されていません。今、我々がやらなくてはいけないことは、その段階に入ってきているのではないかと思います。

情報交換会には基金の活用も（服部）

堀田　しっかり第2層を選んで、住民のワークショップをやって、やるべき分野が決まって、例えばいくつかの配食とか移送のＮＰＯをやる人が決まったり、あるいは、地域の地縁活動の担当が決まり地縁活動が生まれたり、ＮＰＯがいろいろ生まれてきたら、それぞれの地域ごとに生み出してきたものを、年に1回でも2回でも良いので、地域の人が集まって、それぞれ情報交換することが極めて大切です。

第1層の生活支援コーディネーターにとって、全地域で情報交換会が開かれるように取り組むことは重要な仕事になると思います。活動内容はそれぞれ違うので、いろいろな情報が入ることで、住民が「ここはうちは考えていなかった」「そういうのをつくると、そんなにうまくやれるのか」などがわかると、伝播効果があります。

最初は、例えば子どもの伝統芸能の継承などから入る地域もあるし、助け合いには関係のない趣味の会から入る地域などいろいろあります。しかし、集まって、その活動状況を報告する情報交換会をすると、必要な助け合い活動をやる方向に進化していくし、活性化します。活力がなくなっていかないためには、情報交換会が非常に大事なやり方だと思います。

服部　生活支援コーディネーターは助け合いを広げていく手法などを身につける必要がありますが、他の市区町村の実践から学んでいくことも効果的ですよね。消費税財源を活用して都道府県に設置した地域医療介護総合確保基金は、生活支援コーディネーターの養成研修だけではなく、フォローアップ研修や、生活支援コーディネーターの指導者等が生活支援コーディネーターの個別指導や共同指導を行い資質の向上を図ることなどにも活用することができます。都道府県には、ぜひ基金を活用して、都道府県内の生活支援コーディネーターを集めた情報交換会や生活支援コーディネーター向けの現任研修、先進事例の視察などを行っていただきたいと思います。

生活支援体制整備事業の活用例

前提

○市町村全域において実施する必要はなく、地域を限定してモデル的に取り組むことも可能。
○当初は生活支援コーディネーターや協議体が配置、設置されていなくとも、活用が可能。
○協議体の機能を有するような既存の会議等も積極的に活用しつつ、最低限必要なメンバーで協議体を立ち上げ、徐々にメンバーを増やしていくなどといった方法も有効。

活用例

○協議体の設置に向けた生活支援・介護予防サービスの充実に関する研究会等の立上げや開催に係る経費
研究会等出席に係る謝金（報償費）、開催調整に係る旅費、資料印刷費（印刷製本費）、会場借上料（使用料及び賃借料）　等

○研究会や協議体等が中心となって実施する地域資源の実態調査等の情報収集に係る経費
調査様式印刷費（印刷製本費）、調査様式郵送料（通信運搬費）、調査に係る委託料　等

○生活支援・介護予防サービスに係るボランティア等の担い手に対する研修等実施に係る経費
研修の講師謝金（報償費）、研修調整に係る旅費、資料印刷費（印刷製本費）、会場借上料（使用料及び賃借料）　等

○生活支援コーディネーターの配置及び活動に係る経費や協議体の開催に係る経費

【地域医療介護総合確保基金の活用例】
○広範囲にサービスを提供する担い手や基準を緩和した訪問型サービスの従事者の養成
○生活支援コーディネーターの養成研修に加え、フォローアップ研修や実践研修の実施
○生活支援コーディネーターの指導者等が生活支援コーディネーターの個別又は共同指導を行い資質の向上を図る事業

出典：厚生労働省資料

秋田県

県内生活支援コーディネーター・協議体構成員等の情報交換会

3者協働で新地域支援事業を推進

秋田県内では平成27年春からこまち助け合い推進研究会という県内全域のネットワークによる推進組織を核としながら、LL財団（公益財団法人秋田県長寿社会振興財団）とさわやか福祉財団との3者協働で、新地域支援事業を推進している。この研究会は年数回行っているが、本事業をLL財団に委託している秋田県も参加し、市町村の取り組み状況を把握しながら、さらなる後方支援をしている。

さわやか福祉財団は、生活支援コーディネーターと協議体の選出、その役割について市町村での勉強会、県域での研修会などを通じて、市町村の取り組みを応援してきた。

平成27年度末には、県内の約半数の自治体で生活支援コーディネーターと協議体選出に向けた取り組みが始まっており、いくつかの自治体で生活支援コーディネーターや協議体が誕生してきている。しかし、その生活支援コーディネーターや協議体から「どう取り組んで良いかわからない」という声をよく耳にする状況でもあった。また、これから選出する市町村には、どうやって選出を進めていけば良いのかわからないというところもある状況であった。

三つのポイントをおさえた情報交換会を開催

そこで、県内すべての市町村にLL財団が周知し、生活支援コーディネーター・協議体やその候補者を主な対象として28年3月に情報交換会を開催した。役割である「①体制づくり」「②ニーズと担い手の掘り起こし」「③助け合い地域づくり」をポイントにした情報交換を行うことで、理解を深め、各地の活動が進み出すことを目的とした。①〜③のポイントについて事前に質問と良い事例を各市町村から出してもらい、その内容をもとに、①〜③について全員参加による情報交換で理解を深めていく内容とした。

15市町村からの参加があった。27年4月に第1層生活支援コーディネーターとなり、またその前から行政と連携しながら、地域づくりに取り組んできた長崎県佐々町の大浦むつみさんと行政職員の江田佳子さんをゲストにお呼びし、当財団の堀田力会長を加えた3名をアドバイザーに、全員参加による情報交換とした。三つのポイントに沿って、いくつかのやり取りを紹介したい。

①第1層・第2層の体制づくりについて

Q・これから体制づくりに取り組んでいくが、会議の立ち上げ方、会議の進行方法、生活支援コーディネーターの人選など教えて欲しい。

A・まずは、地域全体で取り組む助け合い地域づくりに関係するメンバーに大づかみで声をかけ、メンバーが協議するプロセスで、住民に信頼される生活支援コーディネーターの人選をする。次に、選ばれた生活支援コーディネーターが中心となり、必要に応じた取り組みや会合などに取り組んでいく（事例を交えて紹介）。

Q・ケア会議と協議体の違いは？

A・ケア会議はケアのあり方について協議する会議。協議体はそれぞれの分野で助け合い活動をする構成員が、それぞれの活動の進め方などについて協議しつつ、生活支援コーディネーターと共に助け合いを創り出していく組織。

②ニーズと担い手の掘り起こしについて

Q・住民のニーズ把握のためのアンケートや手法は？

A・ワークショップが最も有効な手法である。何に困っているのか、地域で何ができるのかを同時に聞き出すことができる。また、共感や気づきが生まれ、新しいニーズや「それならやれるよ」という意欲を引き出すなど大きな効果を生み出す。佐々町では32町内会を回って生活支援コーディネーターが中心となり聞き取りをしている。その際にニーズだけでなく、一緒に強みを発見することが解決につながる。

③助け合いの創出（スパイラル）について

Q・住民主体の助け合いの仕組みづくりに関する取り組みの好事例について知りたい。

Ａ・取り組み例として、新潟市の「実家の茶の間・紫竹」と「実家の手」や、大分県竹田市の暮らしのサポートセンターによる「寄り合い場」と「生活支援サービス」のように、居場所と有償ボランティアを合わせて取り組むことが、絆をつくり助け合いを広げていくことにつながる。

「地域の力は必ずどこにでもあり、キラリと光る人は必ずいます。行政は住民の声を聞くことが重要であり、それに取り組むのが生活支援コーディネーターと協議体です。意識の切り替えが大切です。困った時、立ち止まった時は住民の声を聞く。それが一番の解決策です。住民と行政の距離感を補い調整することが生活支援コーディネーターの役割です」と大浦さんと江田さんから実践者としてのメッセージを堀田会長が引き出した。参加者からは、「まずは、住民の声を聞く。自分の住んでいる地域をどうしたいかビジョンをつくり、目指す地域像を共有するところから始めたいと痛感した」「佐々町の取り組みを通して方向性が見えてきた」「他の取り組みが聞けて良かった。また情報交換、意見交換したい」などの感想が出された。

生活支援コーディネーターと協議体の役割については、常に確認をしながら進めていく必要性を実感した。今後もＬＬ財団、こまち助け合い推進研究会と共に情報交換会を開催しながら市町村の取り組みをバックアップしていくことにしている。

（鶴山）

秋田県生活支援コーディネーター
情報交換会の様子

つながって協力し合える楽しみ（堀田）

堀田　例えば、島根県雲南市の小規模多機能自治推進ネットワーク会議は三重県伊賀市など全国の２００近くの自治体とつながってネットワークを広げています。静岡県も、県内で動き出した所がいくつか集まって情報交換をしています。お互いに目的を共有していますから、それぞれ役に立つ情報交換をする。それこそネットワークです。

服部　生活支援コーディネーターは生活支援コーディネーター同士でネットワークをつくり、協議体のメンバーも、社協は全国にあるわけですから社協同士、地域包括支援センター同士、ＮＰＯ同士と、圏域や市区町村域を超えてネットワークができると、お互いに学び合いながら、進めて行くことができますね。しかし、まだまだできていません。

堀田　ネットワークは本当にできていないですね。いろいろなタイプのネットワークを分析して、さわやか福祉財団作成の『助け合い活動創出ブック』**（注3）**では、こういうネットワークが必要だという観点から書いていますが、実例が残念ながらあまりありません。連合会とか事業者仲間の会のようなものはいろいろあるし、ＮＰＯにもつながっている所はありますが、残念ながら、何かの利権の主張団体みたいなネットワーク（連合体）になっているのが日本のネットワークの現状です。

それぞれの情報を交換して、より良いものをつくるとか、違う分野とネットワークをつくって、しっかり情報交換して、足りないところをお互いに活かし合うとか、本来の効果に結びつくようなネットワークが非常に少ないです。

各種ネットワークの構築は、まさに第1層生活支援コーディネーターの頑張りどころであり、勉強のしどころだと思います。ネットワークができれば楽しみは多いし、つながって協力し合える。自分たちの活動と違う分野とつながれるのは一種の快感で、一度生まれるとわりあい自動的に広がっていく力はあると思います。だから、うまく広がっていくようなネットワークをつくってみせれば、一挙に広がるのかなと思います。

本当に融通無碍なものですが、効用は大きいですから、各種ネットワークの構築は心ある生活支援コーディネーターの力の発揮どころだと思います。そういうネットワークがたくさんできたほうが行政も良いのではないですか。勝手につくってくれて、自分たちで勉強してくれて、情報をまとめてくれるから、それをつかんでおけば、お金と労力がかからず、一挙に効果が広がると思いますが。

服部　まさにソーシャル・キャピタルですね。

堀田　そうですね。

（注 3）『助け合い活動創出ブック』

生活支援コーディネーター・協議体構成員が助け合い活動をつくり出す際、実務的にも考え方の点でも参考になるように、地縁活動や居場所、地域通貨、有償ボランティアその他助け合い活動の種類ごとに、その立ち上げ方や運用のポイントを、多くの実例を交えて解説したブック。ネットワークのつくり方、社会参加の進め方、資金の集め方など、実務を進めるにつれ必要になる事項についても解説している。

なお、ブックの内容は、当財団のホームページからダウンロードできます。

http://www.sawayakazaidan.or.jp/new_community_support_project/support_book.html

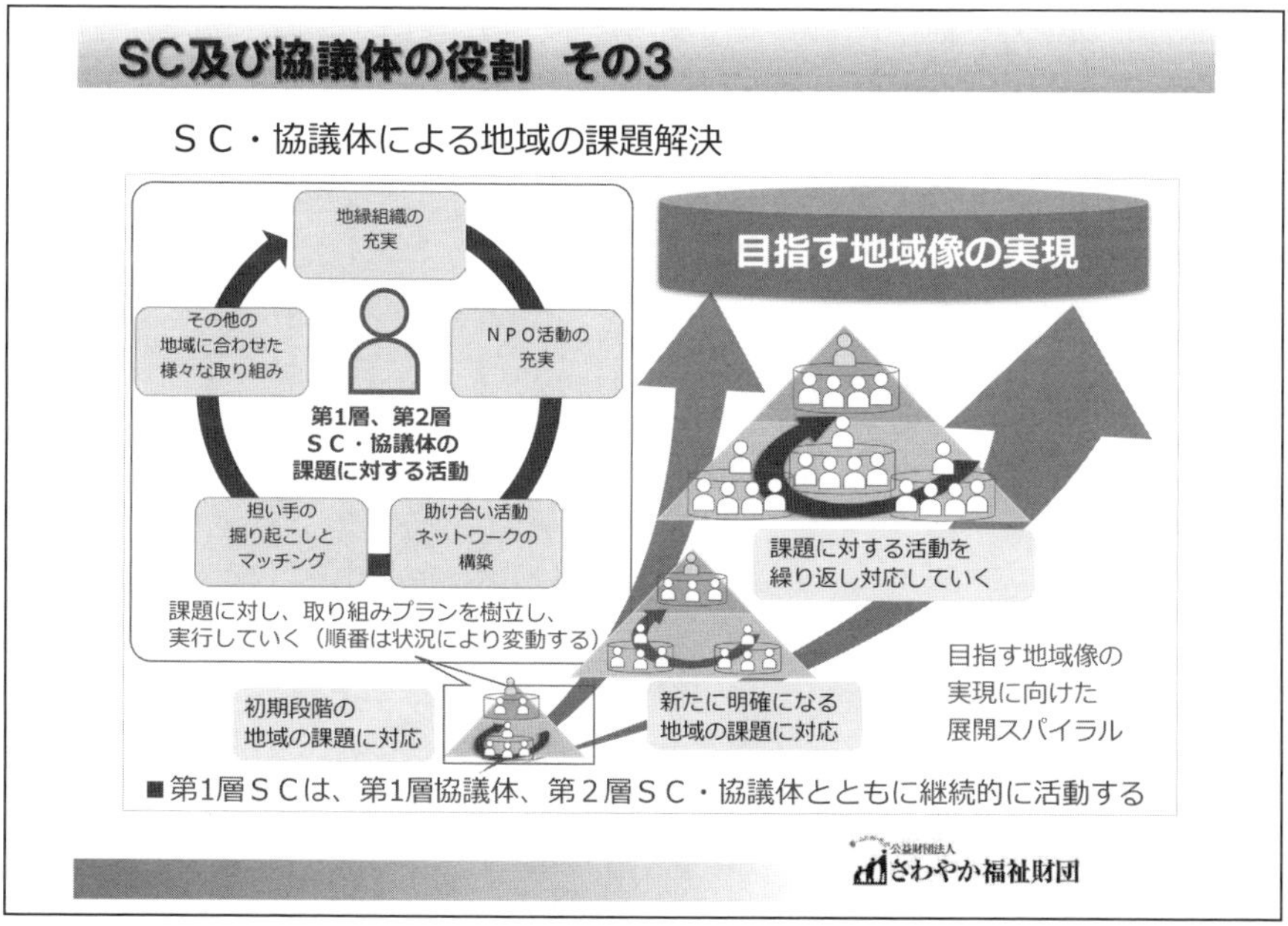

4　第1層、第2層、第3層の関係

適正に動き出すと、あるべき姿になっていく（堀田）

服部　第1層、第2層、第3層の関係ですが、これもネーミングが良くないという指摘があります。第1層、第2層、第3層と聞くと、第1層は市区町村全体、第2層は中学校区、第3層は小学校区と、だんだん小さくなっていくイメージです。例えば、兵庫県の宝塚市社協さんは協議体と同様の仕組みをすでに構築されていますが、第1層は宝塚市、第2層はブロックが7つあり、そのブロック、第3層は小学校区、第4層が自治会レベルと4層構造になっているということでした。このように担当する地域で層を整理するのが自然ですが、生活支援体制整備事業では第3層は地域を指すのではなく実施主体のこととしていて、実施主体の活動範囲は様々ですから、そもそも層と呼ぶのが適切なのだろうかということです。

　また、例えば神奈川県横浜市で考えてみれば、第1層を横浜市とすると、第2層は港北区や青葉区となり、それぞれ30万人もいまして、では日常生活圏域は何と呼べば良いのかということになってしまいます。

これは、第2層から考えると良いと思います。例えば政令市でも第2層を日常生活圏域に置けば、第1層は行政区となります。もちろん、政令市であっても市全体の統括は必要だと思いますが、交付金の標準額の積算上、生活支援コーディネーターの配置までは想定しておらず、政令市は区が第1層とされています。小学校区単位でワークショップを展開していく場合も、第2層の生活支援コーディネーターは日常生活圏域である中学校区に配置して、各小学校区を受け持つ形が現実的だと思います。

また、第3層は、生活支援コーディネーターという名称が一番しっくりきます。その費用は生活支援体制整備事業ではなく、新しい総合事業の対象になります。実施主体の中にいて、生活支援サービスの利用者と提供者のコーディネートをする方を指していますから、新しい総合事業のサービス実施に必要な費用だということです。

その第3層の生活支援コーディネーターと、第2層の生活支援コーディネーター・協議体、第1層の生活支援コーディネーター・協議体の関係ですが、第2層を各日常生活圏域に置くと、第2層の協議体には第3層のリーダー、生活支援コーディネーターが入る形が望ましいと思います。そして、第2層の生活支援コーディネーターは第1層の協議体に入るべきでしょう。厚生労働省の資料にはこのような整理はありませんが、好事例として紹介されている岩手県大船渡市の地域助け合い協議会は、まさにこのような構成です。

堀田　地域の規模によって違うのかもしれませんが、第2層で助け合いなどをつくり出す人は第3層のその分野で活躍している人、つまり、自ら現場で助け合い活動をつくり出した人であって、この人なら説得力もあるし知識もある人格者だと思います。第3層ではコーディネーターをしている人というより、むしろリーダーをやっている方が第2層の協議体に入る。そして、その中から全体をまとめ上げられる人が第2層の生活支援コーディネーターに選ばれる。そこで協議しながら進めていきますが、第2層でそれぞれの分野から選ばれている協議体構成員や第2層生活支援コーディネーターの中には、もっと広くまとめ上げられる人は必ずいますから、その人が第1層の協議体構成員を兼ねる。その中で全体をまとめ上げることができる人を第1層生活支援コーディネーターに選ぶというのが一番機能的に動くし、一番信頼される関係になるのだろうと思います。

そういう選ばれ方をすると、全体の情報交換会や分野ごとの情報交換、地域ごとの情報交換など、いずれもスムースにできると思います。理想を言えば、この方式です。

服部　第1層の協議体で、「A圏域はどうですか?」「C圏域は?」と各圏域の課題やニーズ、対応策などの情報交換ができると良いですよね。

堀田　一番良いですね。だから、今は早く形を整えるために、第1層からつくり出す所が少なくありませんが、運用が始まって、それぞれが揃ってくると、やはり今言った系統で情報も上がるでしょう。

また、地縁活動に熱心で一生懸命に地縁活動をつくり出すが、従来の枠組の中ではうまく広げられない場合は、例えば行政から自治会に対する補助金はこうあって欲しいとか、自治会の規則を調整して欲しいとか、あるいは、自治会ではうまくいかないからNPOを立ち上げたいので自治会連合会と調整して欲しいなど、地域が動き出したら必ず、熱心な所ほどニーズがいっぱい上がってきます。そして、第1層の自治会・地縁関係担当の協議体構成員に言ってくることになるでしょう。ニーズを言ってきた人に「あなた自身が第1層の協議体に入って頑張ってくれませんか」というようなことも起こるでしょう。このように動き出すと、誰が第1層の協議体構成員にふさわしいかが嫌でも見えてきます。そうやって、協議体はあるべき姿になっていくのだと思います。

第1層のほうで言えば、第2層から上がってくる、全体でこうあって欲しいという要求にどれだけ誠実に応えられるかというのも見えてきます。そうすると、第1層のほうも誰が適正な人かが見えてくる。第1層と第2層はそういう関係になって欲しいと思います。

第2層の圏域設定は実質で（服部）

服部　各層の適切な関係を築くために気をつけなければ

ならないことが二つありそうです。一つは、やはり協議体メンバーの構成は融通がきくようにすること。最初から固めないことが重要で、むしろ、どんどん変わっていくものという認識を持っておくことです。

もう一つは、第2層の圏域設定は実質重視で行うこと。第2層を介護保険事業計画上の日常生活圏域でなければならないと考えてしまうと、例えば、人口が少ない地方では、面積にかかわらず市町村全体を日常生活圏域とする場合が少なくありません。地域包括支援センターの専門職の確保や効率性などが検討されてのことですが、しかし、実質は住民の生活圏域が異なっていて、合併等を経ていて住民の意識的なつながりが薄い場合さえあります。つまり、生活支援体制整備事業においては市区町村が実質で日常生活圏域を設定して、それを第2層とすべきだということです。交付金の計算上も、標準額は事業計画上の日常生活圏域としていますが、一つの日常生活圏域の中に小圏域を設けている場合、生活支援コーディネーターや協議体を複数配置する場合などには協議により標準額が超えられるとしました。

堀田　そうだと思います。実際には生活圏域と言っても、まとまった村みたいなものがあるわけではないから、そのベースの所があればそれに依るし、行政区画がまた別にあって、できあがっていればそれに依るけれど、そうでない所もあって、そこが難しい。それぞれ生活圏域を考えているけれども、地域包括支援センターの区域も地区社協の区域も公民館の区域も違っている所は、どこを中核にするかの選択も行政は大変だろうと思います。

だから、やはり助け合いで顔が見える、そういう地縁の関係をベースに判断するという基本の考え方を立てて、そして、何が適切なのかを決めるのは住民の便宜なので、そこを基本にして欲しい。行政はだいたい地域包括支援センターの区域が好きですよね。地域包括支援センターが事務局的な役割を果たすのなら、その区域でスタートしても良いですが、区域も固定化しないで、いつでも協議できるような余地を残しておくことが大事です。また、ビシリと境界を決めるのでなく、相互乗り入れができるゾーンがあるのも良いでしょう。

協議体も、おっしゃったように固定化しないで、いつでも適切な人に代えられるということを要綱に書くくらいのルールにして欲しいですね。そうしないと、適していないのにずっと協議体構成員でいたい人が必ずいますから。柔軟にもっと適切なものをつくれる体制であることを、最初から約束事に入れておくことが大事なのではないでしょうか。

服部　協議体に限りませんが、組織の構成員の任期の設定などは難しいですね。不適切な人に退場していただくためには任期を短く設定しておきたいところですが、例えば活発な自治会などでも、任期満了で会長が代わったら、途端に活動が停滞してしまったといったことは聞きます。

堀田　信頼されてやっている人は10年でも良いし、逆に信頼のない人はすぐに代えられるという両方ができる仕組みをつくるということに関して、住民の信頼がその人にどれだけあるか、そこのところで決めるというルールをつくると、続ける方はわりあい仕組みとしてつくりやすい。任期は1年単位だけれど、あなたは信頼されているからもっとやって欲しいというのは言いやすいです。逆に、信頼されていない人で、続けたい人をいかに辞めさせるか、ここが仕組みのつくり方として一番難しいところです。住民に信頼を得ているかのチェックをしましょうというようなルールをつくっておかなくてはいけない。そして、協議体の中で、それぞれの人がどれだけの実績を上げたか、「目指す地域像」に向けてどれだけやるかという目標があって、どこまで達成できたか、達成出来なかった場合はなぜ達成できなかったのか、それをみんなで評価し合うという、そういう仕組みをつくるのかなと思います。

5 生活支援コーディネーター・協議体が適正に職務を遂行できるための行政のバックアップ

1 行政と生活支援コーディネーターのあるべき姿及び行政の基本的姿勢

行政のバックアップにかかっている（堀田）

服部　新しい総合事業や生活支援体制整備事業では、市区町村の事業として助け合い活動を拡大していくのですが、役所が住民の方々に直接、「助け合いをしたほうが良いですよ」と言えば、住民は腹が立つのではないでしょうか。「もう、今の給付は維持できないので、自分たちでやれることはやりましょう」と言われれば、「役所の責任はどうなるのか」と言いたくなりますよね。また、「社会に参加することが介護予防につながります」と言うことも、生き方そのものに口を出しているわけですから、住民は「役所の思い通りにはならない」と反発するかもしれません。

その意味でも、行政はできるだけ早く生活支援コーディネーターに任せたほうが良いと思っています。住民の仲間である生活支援コーディネーターが地域の状況を説明し、共感を得ていくほうが受け入れやすいですよね。

堀田　おっしゃる通りで、だから、暫定的に生活支援コーディネーターになった行政の人は、本物の生活支援コーディネーター・協議体選びに徹して、できるだけ早く代わることが大事です。暫定的な行政の人が「助け合いをつくろう」と言っても、住民は気づいて、反発すると思うのですよね。だから、生活支援コーディネーター・協議体の自立性を重んじるところまで、早く進めることが大事です。

そして、本物の生活支援コーディネーター・協議体を選んだら、行政は、必要な補助金の調達や、必要な仕組みをつくるためのバックアップをする。生活支援コーディネーター・協議体が適正に職務を遂行するためには、行政がいかに上手にバックアップするかにかかってくると思います。

佐々町（長崎県）

行政と生活支援コーディネーターのあるべき関係

住民主体で、最期まで在宅で暮らせる町づくり

佐々町は、第1層生活支援コーディネーターが平成27年4月、協議体がこれに先立つ26年12月に発足、第2層は設けないが、にっこり会（P85参照）のメンバーがその役割を担っている。

かねてから行政の働きかけにより住民のボランティア活動が地域に根づいていたが、その作業を担当した行政職員で保健師の江田佳子さんには、住民の気持ちも、住民に働きかける関係者のこともよくわかっていた。今回の制度改正で生活支援コーディネーターを置くと決まった時、江田さんの頭には「地域づくりができるのは大浦むつみさんしかいない」という思いしかなかったそうである。

大浦さんは元社会福祉協議会の職員で、社協勤務時代から2人は佐々町を最期まで在宅で暮らせる町にしたいという同じ思いを持っていた。26年に主婦業宣言をし社協を退職した大浦さんだったが、江田さんから生活支援コーディネーター就任の話があり、地域で助け合いをつくり出す担当者という任務に心惹かれ引き受けた。

「佐々町元気カフェ」オープン

大浦さんは、地域包括支援センター主任介護支援専門員という職との兼職で、日々多くの住民の声を聞いて歩いている。その中で出会う喜び、発見、悲しみなどを江田さんと共有し、一緒に泣き笑い、そして課題があればそれをどう解決していくかを高齢者見守りネットワーク、介護者の会ほか関係機関も含めて協議している。このようにして地域の課題を一つずつ拾い上げ、解決していく中で、顔の見える関係が広がっていくのと同時に、2人の信頼関係をベースに地域のあちらこちらで自然と笑顔が生まれるようになった。そして28年6月1日には、10年間温めてきた誰もが集える居場所「佐々町元気カフェ」が福祉センターの2階に住民主体という形でオープンした。地域を愛する2人の情熱で最期まで在宅で暮らせる町が確実にできあがっている。

（鶴山）

池田町（北海道）

行政と事業受託者社協との連携

町づくりの全体概念図

池田町は社会福祉協議会に委託して事業を開始しましたが、〝やってください〟と社協に丸投げしてお願いしたわけではありません。今後変更しながら進めていくとは思いますが、最終的に協議体をこのような形でやっていきたいということで今考えている案を全体概念図にして進めています。いろいろと担当によって、例えばケアマネジメント部会、サービス事業部会、医療関係の部会、資源開発部会として生きがい事業団、ＮＰＯ、農協、タクシー会社も含めた町内の資源開発をしていくためのもの等々部会に分け、それぞれに会議を持って進めていきたいと考えています。

それぞれの部会の方向がバラバラにならないように、保健福祉課、高齢者支援係、包括支援係等町の担当者と社協とで、月に１回程度会議を持ち、意思統一をはかり調整をしながら、進む方向性を間違えないように進めていきたいと考え、最終的に町として近づけていく目標として全体概念図を作っています。

〝町としての意思決定〟が必要

今回の改正については、介護保険制度の改正だけの問題ではなく、町を変えていくという事業だと考えています。町を変えていく事業ということは、町としての意思決定が必要な事業ということです。地域包括支援センター（以下、包括）だけで考えてできるということではなく、社協がやれば良いということでもなく、保健福祉課がやれば良いということでもない。本来一番根底にあるべきなのは〝町としての意思決定〟です。

誰かが言い出して、町としての意思決定の場を持つことが必要です。包括がどうやって良いのかわからず悩んでいるのであれば、包括から上に上げてもらう、上からまたもっと上に上げてもらい、最終的に町としてどう考えどう進めていくのかを決めてもらう。そこから始めるということが一番必要なことではないかと思っています。

これは行政の側の考えだと思いますが、その裏付けがないと「社協だけで突っ走った」「包括だけで何かやっている」「町は知らない」と、好きなところで好きなことを言っているということになってしまいます。ですから、そこからの積み上げを行うことをぜひお勧めします。

（平成27年8月7日（金）池田町保健福祉課高齢者支援係係長鈴木聞さんの「生活支援コーディネーターと協議体に係る研修会in十勝」における発言）

（「さぁ、言おう」平成27年10月号より抜粋）

平成 27 年 8 月 7 日開催の研修会で
取り組みの説明をされる鈴木聞さん（左）

住民と行政が交流する場が必要（服部）

服部　しかし、せっかくの生活支援コーディネーターや協議体も、管理できないと不安だからと住民から遠い人を選んだり、活動を縛る役所も見受けられます。一方、住民も、地域で困っている人がいるから早く助けたいと役所の窓口に相談に行って、「急に言われてもできません。少なくとも予算を取る必要があるので1年後になります」などと冷たく言われる経験をしていて、依頼はあったが、どうせ思うようにやらせてもらえないので断ったという話も聞きます。残念ながら、行政も住民もお互いを不信に思っている状況は否定できません。

このような状況に陥っている市区町村で助け合いを広げていくためには、最初に行政と住民が交流する場を設ける必要があります。そのためにも、やはりワークショップやフォーラムが重要になりますが、行政の中に、それらをやろうと言い出す人がいないと始まらない。いない場合には、やはり堀田さんが行くしかありません（笑）。

堀田　（笑）例えば、千葉県流山市健康福祉部介護支援課（当時）の早川仁さんにしろ平塚市福祉部福祉総務課（当時）の木村知宏さんにしろ、彼らは住民の中に入っていて、住民はすごい力を持っていて、それを引き出したら楽しいということを体で実感しています。彼らは本当にその仕事をやりたがっています。彼らのような行政職員を我々は「カリスマ」と呼んでいますが、彼らは、それが本来の住民のためにやる行政の仕事の醍醐味だということを実感しています。

もう一つ、行政はお金がなくなってきたので、住民の力を引き出すことがこれからの行政の本来の仕事で、今までのように予算をたくさん取ってきた人が偉いのではないことを伝えていくしかないでしょう。

また、担当者は今回の事業を理解しているけれど、頭が固くてわからない上司がいる場合もあります。柔軟で、住民の中に入っていくのが楽しい担当者が、そういう上司や部下を説得してくれれば良いですが、実際はなかなか説得できずに、上司がいつまで経っても壁だったりします。頭が固い上司も一緒にフォーラムに出てくれ、その後、一緒にお酒を飲んで話すこともありますが、その後、柔軟に変わったという例のほうが少なく、なかなか難しいですよね。

2 バックアップする行政の組織のあり方

理想的な上司は、部下をバックアップできる人（堀田）

堀田　行政の組織のあり方として、先ほども言った「上司の壁」があると思います。『おごるな上司！』（注4）を読みました。サインしてください」と言ってきた上司が何人もおられますが、中には部下が「そんなの読んで勉強しているのですか。信じられません」と言ってきたような上司もいました（笑）。良い上司像を書いても、簡単には浸透しないと思いました。でも言わないよりましかなとは思います。

理想的な上司は、しっかり市民協働を理解して、部下をバックアップする人でしょう。しかし、なかなか少ない。その次に良いのが、黙って部下に任せる人。そして、部下からSOSが来たらフォローしてあげる。それまでは黙って見ていて、できれば褒めてあげるというタイプの人ですが、服部さんはどう思いますか？

服部　おっしゃる通りだと思います。市民協働の重要性はかねてから盛んに言われていますが、それは、これまでのような仕事の仕方ではうまくいきません。しかし上司、管理職の中には、国や県から言われたことをこなすことに慣れていて、管理職でありながら自身で物事の判断をすることを避け、前例踏襲を重んじる方がまだ見受けられます。何年もそういう仕事をしてきたわけですから、委託と同様の意識で住民と接してしまう管理職も少なくありません。

また、減点主義で、公務員は何もしなければ少なくともマイナスではないなどと揶揄されますが、現実に、議会で説明できるかできないかが物事の判断基準になっている管理職もいらっしゃいます。説明できるかどうかは管理職の能力次第というところもあるわけですが、そもそも新しいことを始めなければ議会での説明は「去年と同じ予算です」で済んでしまいますから、部下から提案があってもできるだけ先に送る（笑）。

しかし、地方分権が進んで、仕事がどんどん市町村に下りてきていますから、さすがにそういうわけにはいかなくなってきました。かつて、役所は企画や財政、人事などが動かしていると言われていましたが、そういった情報が集まる職場で統制が取れるような状況にはなく、地域支援事業にしても管理職個人の認識、判断力に多分に左右されます。全国の先行事例を見ても、結局、「カリスマ」と呼ばれるような方が担当課にいらっしゃるかどうかが大きいと言わざるを得ないわけですが、堀田さんは上司自身が「カリスマ」でなくて良いから、部下に任せて欲しいということですよね（笑）。

（注４）『おごるな上司！』
堀田力著／日経ビジネス人文庫
２００３年発行／本体価格５７１円

上司が持ち出す三つの壁（服部）

堀田　全国を回っていて、この事業の担当者は助け合いを理解し広めることをわかっていて住民協働でやろうとするのだけれど、上司が壁になってできないという話をよく聞きます。

そういう上司のタイプはいくつかあって、まず、２、３年後には退職なので「何もやるな」という逃げるタイプ。次に、住民と協働してやるのはとんでもない、やりたくないという行政としての感覚があるため、やらせてくれないタイプ。そして、自分は福祉畑の人間でわかっていると何にでも口を出すが、それは４、５年前の、住民協働とは関係のない仕事から来る思い込みで言っていて、助け合いについては何も理解していないタイプ。

このような上司がいるため、せっかく担当者がこの事業をわかっていても、やらせてもらえないという話をよく聞きますが、どう解決していったら良いでしょうか？

服部　新しい総合事業に関して、特に助け合いを広げていこうという際に上司が動かない理由として挙げる三つのキーワードに対して、どう反論できるかを考えてみましょう。

一つ目にまず「公平性が担保できない」です。例えば、あるNPOが新しい総合事業に積極的に取り組みたいと申し出てきて、部下としては有望だと思ったとしても、上司は「特定のNPOに肩入れすることは公平性に反する」として見送ることがあります。NPOは介護事業者のように市区町村内に協議会をつくることはあまりありませんし、さらに、住民グループからの提案などの場合、そもそもグループ自体が組織化もされておらず、強く公平性を問われると部下としては途方に暮れてしまうわけです。

二つ目は「自立可能性がない」です。「サンセット補助」「サンセット事業」などと言われたりしますが、通常、団体等の活動は自主的に行われるべきものという観点から、例えば補助は3年を限度とか、立ち上げ支援のみなどとし、その先は自主財源で運営できるよう自立を求めます。そのこと自体は良いのですが、しかし、新しい総合事業で助け合いを行う団体にも同様に自立を求められてしまうのです。例えば、自治会や老人クラブなど助け合いを行う団体は類似していて、自治会や老人クラブには継続的に補助金が入っていますが、それと助け合いを行う団体は何が違うのでしょうか。さらに言えば、そもそも介護予防訪問介護や介護予防通所介護は介護保険制度から9割が給付されて初めて成り立っており、それが新しい総合事業に移行したのです。3年を期限などとされると担当者としては担い手が見つかりません。

三つ目は、「住民の活動、助け合いはあてにならない」です。助け合い活動は自主的に行われているものですから、そもそも、役所の思うようには動いてくれるわけもないのですが、さらに、これから助け合いの団体を立ち上げるという段階では確かに非力で、役所側の一定の支援が必要な場合もあります。協働ですから、お互いに徐々に経験を積んで成長していくのですが、その団体は実績がないからなどと否定され、それでは一つも立ち上がらないとやはり部下は途方に暮れてしまいます。

壁への対抗策（堀田）

堀田　この三つへの反論ですが、まず、助け合いを広めるのに「公平」ということはあり得ません。助ける方にも助けられる方にも公平というのはあり得ないのです。助け合いは志でやるものだから公平はあり得ないと、そこはしっかり反論して欲しいと思います。

支援論もおっしゃる通りで、観念論は自立を目指してやるのですが、本来自立してやるべきことかどうかという問題が一つある。特に今回は、行政が給付事業でやっていたものを助け合いに移行していくわけですから、とりあえず相当期間をかけて、自分たちでやっていけるところまでは当然支援しなくてはいけない。給付事業で、つまり自立は求めないということでやってきて、この度、財政上の理由で引くわけだから、すぐに自立というのはめちゃくちゃでしょうという話なのだと思います。給付でやってきたことを助け合いにすることは今までなかったことですから、相当の期間をかけてつくるための支援をしなければならないと、しっかり上司を説得して欲しいと思います。

三つ目の助け合いのシステムがあてにならないからというのは、だからしっかりやるわけです（笑）。

服部　（笑）そうですよね。

堀田　助け合いに持っていくことにしたのだから、頑張るしかないという話になるのでしょう。「あてにならないから駄目だ」と本心で言うのは真面目な人でしょうが、逃げる口実として「あてにならない」と言う人がやっかいで、実は理由は何であれ本音はやりたくないのです。その時には、住民の力をバックにして、住民に声を上げてもらう方法があります。

もう一つは首長にわかってもらうように働きかける。上司を飛び越えて首長に「大船渡市のような組織を横断したプロジェクトをつくって欲しい」と直訴するのは、公務員として反則でしょうか。

服部　担当者レベルで首長と直接話すのは、なかなか難しいかもしれませんね。

堀田　いずれにしても、上司に「駄目」と言われて、諦めて欲しくない。いろいろな働きかけ方があるので、へこたれずにやって欲しい。

住民側も、住民としてこういうことを望んでいるということを、首長に直接でも良いし、何らかの形で行政に届けるように頑張って欲しいですね。

服部　上司の壁にぶつかったら、担当者としては外に出ることですね。住民の方と知り合いになり、つながりをつくっていくと、どこかで必ず助けてくれる人が現れます。

堀田　そうですね。今回の事業は、住民の生活基盤をしっかりしていくという事業だから、上司の命令でやっているという職務上のものを超えて、住民の方を向いて、適正な体制になるように頑張るのが王道でしょう。

私が講演などで申し上げているのは「今度のこの事業は逃げられない。今ここで助け合いをどこまでつくったかで、その成果ははっきりした数字で現れる。認定率に表われ、それが介護保険料に影響する。近隣市区町村と比べられて保険料が周辺よりずっと高いとなると、助け合いに取り組まなかった責任者は誰だということになる。そのご本人が他のセクションにいても辞めていても、いつまでも不名誉な話として残ります」と（笑）。

保険料は、住民の生活の幸せに関わる数字ですから、高くなれば問題になります。「今いる限りは絶対に逃げられない。選択肢は真正面から取り組むしかない」と申し上げていますが、これは今後もしっかり伝えていきたいです。

地方分権された現状に合った人事異動を（服部）

堀田　人事異動によって今回の事業が停滞したり逆行してしまう話もよく聞きます。まさにこの4月に各地で落胆のため息やら失望の声が上がっていて、実際、順調に進んできた作業が中断することがしばしば起こっています。それは当然で、行政と協働で助け合いをつくり出すわけですから、お互いの信頼関係、理解がないと、協働してやれません。時間をかけて人間関係をつくり、一緒に学習しないといけないのに、その一方が突如ゼロに戻るわけですから、事業を進める上で大きなマイナスだと思います。

私も法務省の人事課長をやっていましたので、人事の論理はわからないわけではないです。良くないことですが、善意の人事権者は、今の目先の事業をどう進めるかよりも、部下たちが出世していくようにと考えて、どんなことがあっても人事異動させますという姿勢だし、中には、人事異動はやっている事業への影響など関係なしに、時期が来れば一斉にやるのが公平だという論理を盲信して動かす人もいます。いずれにしても、人事異動されるほうはどんな配慮でそうなったのかわからず、今やっている事業の適正執行より優越する組織の理由があって人事を組んでいるのだろうと推測するしかないわけです。人事異動の理由は聞けないし、その判断は尊重しなくてはいけない。だからやりたい事業から外されることになっても、文句を言わず受けなくてはいけない。そういう理不尽な、人事の論理だけの人事異動が組まれていて、文句を言うと将来の人事にマイナスになるというルールが暗黙のうちに成り立っている。しかし、そういう事情は住民にはわからないから、「なんで今、人事異動するのか。今までやってきたことがつぶれるじゃないか」という不満が溢れてくる。それが今の現場の状況だと思います。これは何とかならないですかね。

服部　市区町村では幹部を任せられる職員はそう多くはないという実態があって、落胆やため息の声が上がるような方は優秀なので昇進させたいという方だと思います。ある分野で活躍していた方は、どこに行っても活躍される方なので、基本的には、善意で人事課はその人を役所の重要なポストにと、あるいはいろいろな経験をして将来、役所の柱になって欲しいということだと思います。

それは仕方がないことですが、地方分権が進み、権限が地方に下りてきているのに、人事異動だけは旧態依然で3年から5年で行われるというのは、さすがに見直したらどうかと思います。福祉から教育に行き、次は都市整備にと、ジェネラリストとして育てていくことも良いですが、一方で、どんどん地方に仕事が下りてきて大変だとおっしゃるのですから、では、スペシャリストも養成すれば良いのではないでしょうか。ジェネラリストとスペシャリストの組み合わせが重要と何年も前から言われていますが、福祉職や保健師はともかく、行政職でスペシャリストを養成している所はほとんど聞きません。

あと、市の職員と国の職員の両方をやってみた感じで言うと、国はさらに異動が早いですよね。2年です。2

年で本当に恐ろしいほどガラリと変わりますが、しかし市区町村のようにひどいことにならないのはなぜでしょう。国の人事が省別に行われていることがもちろん大きな理由ですが、私はやはり国の仕事はいろいろな人が見ているからではないかと思っていまして、緊迫感が全く違うのですね。新しく着任しても1週間で一人前になると言われたりしますが、そうならざるを得ないほど、いろいろな指摘・意見を日々受けて、すぐに対応に迫られるという状況がありました。一方、市区町村は、住民がそれほど関心を持っておらず、「まだ異動して半年なので」と言えるし、上司が「退職まで半年だから、おれはもう何もしないよ」と言ってもみんなが「そうですね」と言う、そういう雰囲気が残っています。役所の人事のあり方についても、実際には、役所の担当者を知っている住民は本当に少なく、住民から専門性を求める提言があるかと言えば、まだほとんどないのではないでしょうか。

地域支援事業がまさにそうですが、市区町村次第で住民生活は大きく変わりますから、住民は役所がやっていることにもっと関心を持たないといけません。現状では、役所が何をやっているか住民はわかりませんし、それどころか役所とはあまり関わりたくないという声さえ聞きます。生活支援コーディネーターや協議体には、住民の関心を高めることも期待しています。

人事のルールを変えていくことが望まれる（堀田）

堀田　行政は今までは税金と保険料を使っていろいろやってきたわけですが、財政が厳しくなって、市民と協働で、市民のエネルギーを引き出そうという方にだんだん動いていく。そうすると、市民のエネルギーを引き出してやっていく分野というのは、やはり市民との信頼関係がないとやれないわけです。信頼関係はそんなに簡単に築けるものではないので、特にその分野の異動については、専門職として処遇し、なるべくその分野で経験を積んでもらう。そして、本人の出世という点については、ジェネラリストの人たちに遅れないように、責任を持って対応してあげるという人事のルールをつくっていくという特段の配慮が必要だと思います。人事のルールは首長がこうやれと言えばできるはずの話なので、この仕事は専門職であり、住民との間に信頼関係を築くことが大事だということを首長なり幹部の方が理解し、人事のルールを変えていくことが非常に望まれます。

逆に、いつまで経っても信頼関係を築けない人は、さっさと他に異動してもらう。住民と直に接する部門は適材適所が重要です。住民との信頼関係はその人の人間性そのものですから、向かない人をいくら置いても成果は上がらないし、異動してきてすぐに信頼関係を築けるものではないので、その適性を評価した人事の仕組みをつくって欲しいと切に思います。

6 助け合い活動を広めることに対するネックとその除去

1 それぞれの固有の性質

お互いをつなぐ仕組みが大事（服部）

堀田　それぞれが持っている固有の性質というものがあると思うのですが、例えば「行政の縦割り」「地縁組織の硬直性」「NPOの非協調性」「専門家の優越感」など。これらがネックになって、助け合いの拡大を阻害することがあると思うのですが、服部さんはどうお考えですか？

服部　行政は予算を区分して執行することにメリットがあって縦に分かれていますし、地縁組織もその地域で暮らしてきた方々の間で暗黙の了解が蓄積されていくものですし、専門家は、もちろんその分野で優れているわけですし、そもそも、そういうものだと思うのですよね。こうした固有の性質が悪さをすることがある場合、それを防ぐには、私はそれぞれをつなぐことが重要だと思います。地縁組織やNPOといった主体、あるいは行政がお互いにつながって意見を交換でき、修正していけるような仕組みが必要です。

ただし、市町村事業において行政、地縁組織、NPO、専門家は横一列ではなく、行政には強力な権限があって他より上位にいます。行政が動かないとどうしようもないところがありますから、これを最初に認識した上で、協議体は同じ机で同じ高さで議論できる関係をつくっていくことが重要です。

堀田　なるほど。おっしゃる通り、問題はそれぞれの組織が持っている、行政の場合は持たざるを得ない組織の特性から来ているわけで、それを今回の地域づくりで、対等の関係でネットワークをどうつくるかという視点から言えば、ネットワークをつくる時に捨ててもらわないといけない、そういう特性だと思います。

固有の性質がネックにならない方法（堀田）

堀田　「行政の縦割り」について言えば、東日本大震災の被災地で住民の提言を行政につないでいった時に、岩手県釜石市に非常に柔軟に対応してくれる、つまり自分の担当課を超えて、柔軟に考えてくれる方がいました。被災地はゼロからの出発ですから、縦割りではできるはずはないのに、「それは私の担当ではない」と逃げる公務員が多くて話がなかなか進まない中で、しっかり受けてくれる素晴らしい公務員でした。釜石市は地区のよろず相談所をつくり、そこに係長クラスの公務員を派遣していましたが、彼は平素から地区のあらゆる問題に対応せざるを得なかったので、その経験が被災地のいろいろな問題にも対応できる素質を培ったのだと思います。

もちろん釜石市も予算は縦割りですが、それでもなぜできるかというと、話を聞いて理解すれば良いことだからです。柔軟に対応してくれた公務員は自分の担当以外の相談でも聞いて、それを担当につなぐという方法で対応していました。だから予算が縦割りだから聞けないというのではなくて、問題を聞いて、自分でも判断できることは決断し、そうでないものは担当の課につなげば良いのです。結局、個々の公務員の聞く姿勢、そして他課の問題でも、問題を理解する能力、そしてネットワークにつなげる姿勢さえあれば、協働の中に入って、きちんとやれると思います。

「地縁組織の硬直性」というのは、これは地域住民が良い地縁をつくろうと思わないで、旧態依然の受け身でやっているから生じます。こうした受け身の姿勢を破れないのであれば、有志で助け合い活動をつくり出せば良いし、山形県のきらりよしじまネットワークのように地縁組織全体のＮＰＯをつくれば良いのです。動かないから硬直するのであって、動き出せば良い。全部の活動を自治会等でする必要はないので、いろいろな組織をつくり、それで対応すれば良くて、現に対応している所は少なくない。

「NPOの非協調性」というのは、NPOをやる動機が、その活動が大好きだからやるのであって、そのため自分の活動がすべてのように思えてきて、その意義を誇らしく思うあまり、他を認めない姿勢になってしまって、協調性を失ってしまっているわけです。「自分の事業だけでは全部はやれない」「自分がやっている助け合いだけでは利用者は暮らしていけない」ということを認識することが大事です。そして、今回の事業の一部を分担するために参加するという認識をNPOが持ってくれれば、非協調性は解決できるのではないかと思っています。これは、そんなに大きな問題ではないでしょう。

「専門家の優越感」は、けっこうな障害です。勉強して特別な資格を取ったのでしょうから、プライドを持つことは当たり前で、そのプライドが自分以外の者の価値を低く見てしまうことになって、それが態度に現れてしまう。しかも本人がそれを自覚していないところがある。しかし、助け合いの視点から言えば、優越感を持っている人でも、協調してやってくれれば良い。例えば、看護師やヘルパーに対して威張っている医者でも在宅へ来てくれれば良いので、威張らせておいて、ネットワークの中に入れ、うまくやっている例も多いです。

専門家である保健師さんが、助け合い活動を認めなくて、助け合いが伸びにくいという話はあちこちで聞きます。この事業をしっかり理解してもらって、協調することの必然性を理解してもらう以外に方法はないのかなと思います。

服部　いずれにしても、世界が狭くなっているということですね。他との交流が少ないので、そうなっている。専門家からは、住民の方々と話し合ってみたら、住民がそんなことまでやっているのかと驚いたという声もよく聞きます。とにかく、つなぐということが重要でしょう。

市区町村が向かう方向を上位計画として位置付ける（服部）

服部　行政の縦割りについてですが、例えば厚生労働省と経済産業省は全く文化が違うと言いますか、人種が違うとさえ感じます（笑）。しかし、市区町村では基本的に職員は同質で、介護保険課長と産業振興課長は友達といったことは珍しくありません。国では難しいことが、自治体では職員のつながりで簡単に突破できることもあるのではないでしょうか？

堀田　被災地で、ほとんどの市町村は、復興計画を決定していく時に土木のセクションが圧倒的に先行していました。我々はせっかくだから、地域包括ケアのあるまちに復興しようと働きかけて、バスツアーやフォーラムなどで住民の絆づくりをし、ワークショップで住民の方のご希望、例えば復興するならどんなまちが良いかとか、地域包括ケアを頭に置いての地域づくりの場合、診療所をどこに置くかとか、１つの大きなアパートにいろいろなものを組み込んだ設計にした建物の方が良いなど、いろいろなニーズを聞いて、提言にまとめて行政に持って行き、掛け合いました。しかし、福祉のセクションが復興の計画から外されていて、まず土木建築のほうでつくってしまい、それがある程度できあがってから、福祉の視点を加えようという所が多く、ハードが決まってから福祉に来るので、地域包括ケアのまちづくりにならない。

それで、いろいろ申し入れて、一番話を聞いてくれたのが岩手県大船渡市で、戸田公明市長が本部長になって、土木、建築、福祉まで全部入ったプロジェクトチームをつくって協議して、復興のまちづくりを決めていました。

大船渡市の例を考えても、大きなプロジェクトチームをつくってもらうのが縦割りを突破する一つの方策だと思います。今回の事業でも大船渡市はプロジェクトチームをつくってくれています。しかし、実際は実質的に機能するようにトップが入って調整、統合するようなプロジェクトチームをつくるのは難しい。

服部　縦割り度が薄い課というのもありまして、そういう課に行くと話が早いということもあると思います。例えば、介護保険課よりも市民活動推進課や地域福祉課の方が縦割り度は薄く、助け合い活動にも近いです。介護保険課は、基本的に給付や認定、保険料計算といった業務を専任で担っている場合が多いので、ここから突破するのはなかなか大変です。

首長が動いてくれれば、一気にトップダウンで行くことがありますが。

堀田　まちづくりだから、首長の理解がすごく必要ですね。プロジェクトチームをつくるかどうかを協議するのも首長の理解でできますし。
最近、あちこちでつくり出している地域包括ケア推進室みたいなものは、縦割りを破って、包括的に対応していこうという現れだと思うのですが、うまく機能しているのでしょうか。国で言えば、復興庁をつくったけれど、権限を持っている省庁に割り振ってしまって、実質はそっちで決めていくから、復興庁は中身を統括していない。復興庁の委員をしていたのでそれを実感するのですが、地域包括ケア推進室ももしかしたら実質の統合の機能を果たさない恐れがあるのではないかというのが私の心配です。そこはいかがですか？

服部　縦割りを破るために地域包括ケア推進室をつくるならば、地域包括ケアの推進を基本計画に明確に位置付けるか、地域包括ケア推進計画といった包括的な計画をつくらないとうまくいかないと思います。ただ室があるだけでは、役所は動きません。役所は計画をつくり、事業化し、予算を取ってはじめて動けますから。私が見る限り、うまくいっていない所は、単に室をつくりましたというだけの所です。

堀田　そうすると今回の事業を地域包括ケア推進室でするとなると、関係する所の予算も仕事もまとめて権限を持ってきてやればもちろん包括的にできるでしょうけれど、それはたぶん難しいでしょう。そうすると、例えば内閣府と厚生労働省の高齢化対策では、内閣府はただまとめて抽象的に政策のあり方を言っているだけで、それだけの予算しか持っていないし、ほとんど厚生労働省の実質的な事業の統合には役立っていないというのが実態ですが、地域包括ケア推進室もそういう問題は起こらないですか？

服部　地域包括ケア推進計画を上位計画として位置付けて、その下に個別計画をぶら下げるところまでやらないと縦割りはなかなか突破できないと思います。例えば、神奈川県川崎市は慶應義塾大学名誉教授の田中滋先生を委員長にして、「川崎市地域包括ケアシステム推進ビジョン」をつくりました。これはビジョンですから計画ではないのですが、個別計画の上位概念に位置付けられていて、高齢者福祉計画や介護保険事業計画だけではなく、子どもや地域医療、教育、住宅など関連する個別計画についても、ビジョンを具体的に実現するために施策を定めるとされています。

堀田　そこまでいくと統合してやれますね。そうすると、自分の仕事を全体的に見られる組織になるのでしょうね。川崎市みたいにうまく縦割りを破っている市町村は、どれくらいありますか？

服部　まだまだです。都道府県では、地域包括ケア推進課といった組織ができ始めていますが、市町村レベルでは、むしろ高齢者福祉課の中に地域包括ケア推進室が置かれるような場合が多く、上位にある例はほとんどありません。

堀田　これからですよね。期待しましょう。

2　助け合いによる移動サービスに対する過剰な行政規制

訪問型サービスＤ類型には二つある（服部）

堀田　国土交通省は道路運送法の有権解釈上、助け合いによる移動サービス、特に有償ボランティアでしている移動サービスは、白タクにしています。いろいろあって、国土交通省は、福祉有償運送を認めたのですが、それは例外的に認めてあげたのだというのが基本的な考え方です。過疎地の空白地域を含めて、事業者が入った協議会で合意ができなければ認めないという法律にしていて、それは結局タクシー業者に決定権を預けたことになり、彼らがＯＫと言わないと会議も開けないような所もあるし、会議を開いて駄目という所もある。非常に福祉有償運送を認める穴が小さくなっているというのが実態です。

人口減少地域では、タクシー事業者がいない、あるいはいてもなかなか利用できない、またはタクシーの費用を払えなくて足を確保できないなどの実態があって、そこに住めなくなっている。厚生労働省でも、今回の事業を機会に、助け合いタイプの移動サービスが普通の助け合いと同じようにできるようにと考え、厚生労働省と一緒に国土交通省と話したのですが、国土交通省は有償ボランティア悪魔論（笑）で、従来の対応を変えない。だから新しい総合事業の中で訪問型サービスＤ（移動支援）をつくらざるを得なかったという経緯もあって、これは何とかしないといけないのですが、服部さんのご意見はいかがですか?

服部　全国を回れば、多くの地域で移動手段に大変困っていることがよくわかります。人口の減少を受けて公共交通もどんどん撤退しているのが実態で、厚生労働省としては、新しい総合事業で生活支援を充実していくにあたり、今後、さらに移動支援のニーズが高まることも踏まえて、訪問型サービスDを例示しました。

訪問型サービスDの基本的なコンセプトは住民主体の支援であるB類型と同じと位置付けていて、いわゆる間接経費だけを補助するとしています。間接経費だけを補助するということは、いわゆる運送の対価にはお金を出していないので、道路運送法の問題は生じないというのが基本的な考え方です。

また、通所介護から住民主体の通いの場・居場所に移行していくことを考えた場合、送迎手段の確保が問題になります。一般的にデイサービスには送迎バスがありますが、住民主体の居場所にはありませんので、それが理由で住民主体の居場所に参加できない場合がかなりあるからです。

そこで、訪問型サービスDには2種類あると整理しました。一つは買い物や通院の際の送迎前後の付き添い支援で、間接経費だけを補助するもの。もう一つは通所介護から切り出した送迎のみを行う支援で、これは市区町村判断で間接経費だけでなく直接経費についても補助できるとしています。デイサービスで送迎に必要な費用は車代もガソリン代も介護報酬に含まれていますから、それらには補助できるという整理です。

国土交通省は個別事案でしか応じない(堀田)

服部　堀田さんは移動サービスについて勉強会(登録又は許可を要しない移動支援に関する勉強会)を立ち上げて、現在も国土交通省との協議が継続中だと思いますが、現状はいかがですか?

堀田　基本のものの解釈、つまり、少しでもお金を取れば白タクだというところが絶対に変わらない。それを前提にして、様子を見ながらゆるめたり見逃したりという、取り締まる方にしてみれば都合が良いけれど、取り締まられる方にしてみればどこまでやって良いのかが全くわからないという独裁国のような状況になっています。

国土交通省は、すべて個別事案に応じて考えるということで、なかなか解釈を出してくれません。解釈でこれは駄目とか言ってくれれば、こちらの争い方もあるのですが、個別事案と言うのでなかなか争い方が難しくて、相手の尻尾を捕まえられないのが客観的な状態だと思います。

先ほど服部さんがおっしゃったように、お金をもらったらいけないとなると、対価とは何か、どこまでが対価なのかという解釈問題になりますが、支局によってその解釈はバラバラです。車を買ってもらったら、その車が対価なので、運転は無償でも車を提供してもらったら有償だと解釈する所もあります。

まだまだ法的でない解釈があって、あまりに非常識な解釈はどうにかしようということで、ここまで来ました。しかし、駄目という分野と、駄目かどうかわからないと言っている分野が非常に広すぎて、どうにもならないところです。

こうなると、正直な人は、駄目になるかもしれないなということで止めてしまう。それは一般的な態度としては法令を守るということですから正しいのですが、それをやっていると、目の前のニーズに応じられないことになります。

道路交通法によって運転技量の保障はされているのに、道路運送法でそれ以上厳しい規制をしているのは、営利事業者が競争に勝つために無理で危険な運転をするという恐れがあるためで、その恐れをなくすための厳しい規制です。助け合いの移動支援は営利のためにやるのではないからこの規制に関係がありません。助け合いの移動支援は儲けるものではないし、競争するものではない。それなのに規制することがおかしい。規制する根拠がないのです。

だから、国土交通省へ「解釈がおかしい」と言うのですが、そこは絶対に聞く耳を持ちません。そこがこの問題のこじれている理由です。有償ボランティアがない時代に道路運送法ができて、あの頃はお金をもらうのは白タクだけでしたが、今、社会が変わってきているということをわかってくれない。これも縦割りの弊害ですよね。しっかり取り組む腹は決めています。

7 軽度者（要介護1及び2）の生活援助等の見直し

1 どう考え、どう対応するか

【いわゆる軽度者問題】

平成27年6月1日、財政制度等審議会（財務省）は、軽度者（注・要介護1及び2）に対する掃除、調理などの生活援助サービス等を、原則自己負担（一部補助）の仕組みに切り替えるべきと建議。

同月30日、政府の骨太の方針は、これら生活援助サービス等について「給付の見直しや地域支援事業への移行を含め検討を行う」という方針決定。

同年12月24日、経済財政諮問会議は、この問題等について、審議会等で「平成28年末までに結論」を出すという工程表を決定。

国民・市民の立場に立てば、制度の基本を変える必要はない（堀田）

堀田　今、要介護者に関する制度は完璧ではないけれど、細かいところは別にして、基本を変える必要がない姿で運用されています。国民・市民もなじんでいるので、国民・市民の立場に立てば、制度の基本を変えてくれとも思わないし、軽度者に対するサービスをどうするかという問題に関してこれを変えようというニーズも必要性もないと思います。誰もそんなことを言っていません。

この問題が出てきたのは財務省で、やはりお金の問題から出てきている。それを国民・市民サイドとして無視して良いかというと、介護を受ける側の国民・市民ではなくて、介護保険料を納める側の国民・市民としては、あまり上がることは好ましくない。そこがあるので、この提言自体は、国民・市民サイドから見れば、少しでも保険料を安くするための一つの案としてどうでしょうかという投げかけになる。だから、国民・市民の懐具合と勘案して考えざるを得ないのかなと思います。

　まず前提ですが、この議論を国民・市民に考えてくれと言うならば、国としてどれくらい国民・市民の懐具合が助かることになるのか、そこのところはしっかり提示しないと、まともに国民・市民は考えてくれないだろうと思います。要支援の場合は、額はそれほど変わらないけれど、その気持ちはわかるというので取り組みましたが、要介護となると、1、2にも認知症の方はたくさん入っていますし、生活支援サービスを給付しないとなると、国民生活に影響する範囲は要支援の比ではありません。だから、相当に強い懐具合のメリットが提示されないと、一挙に反対のほうに行く恐れがあります。すると、冷静な議論になりませんから、火がつく前に考えておくことが大切だと思います。

　軽度者の生活支援を介護保険から外して、助け合いのほうに持っていこうとなった時に、要介護1、2とそれ以外を分けるのは国民には納得いかないだろうと思います。一方、今の要支援でもなかなか助け合いが広がらないことはみんな実感していますから、要介護者全部の生活援助を助け合いでやっていくことは大変だとわかります。その大変さと、将来これだけ保険料が上がるという懐の傷み具合の両方を比べてみて、そんなに保険料が上がるなら助け合いで頑張ってやるとなるか、やはり助け合いで全部やるのは無理だとなるか、国民サイドの感覚からすれば、これが分かれ目になるでしょう。実は、その議論は介護保険制度を始める時にやっています。その時は、生活援助を助け合いでやるのは現状では無理なので、基本的な生活援助は介護保険でやりましょうということで、国民は納得したわけです。

　この度、要支援者に対して助け合いでやる制度を始めたけれど、実際にどれだけ助け合いでやっているかを見ると、やろうという機運は生まれているけれど、まだほとんどやれていない。要支援者でもなかなかやれないのなら、要介護が簡単にはできないことはすぐわかります。助け合いで要介護までやるのはすぐには無理だから、当面は頑張って保険料を払いながら、要支援のほうでやり出している助け合いの広がり具合を見てから決めても良いのではないかというのが、現段階における国民多数派のまともな感覚だと思います。我々も、助け合いで全部できると説得するだけの材料はないので、そのような感覚で、今回のことには対応するしかないかと思います。

ただ、なるべく保険料は安いほうが良いというのは国民のニーズですから、助け合い活動をやっている我々は、将来助け合いが広まっていけばここまでやれるとか、こういう助け合いの広め方をしたら良いとか、そういう提言はしっかりしていきたいと思います。それが我々の義務だと思います。また、要支援と要介護で生活支援の方法が違うのかどうかとか、助け合いで生活援助をしている方々と介護保険で身体介護をしている方々との関係をどうすれば良いのかとか、その辺りもしっかり議論して詰めていかないといけないと思います。

有償ボランティアの仕組みをしっかりつくる（堀田）

服部　そもそも、要支援者の新しい総合事業への移行については状態像に着目していて、ほとんどの方のＡＤＬ（日常生活動作）が自立であることから、本人の意欲や力を引き出し、できることは自身でやっていただき、できないところは支援する、いわゆる自立支援に取り組みやすいですし、支援される側だけではなくて支援する側にもなれるということが根本にありました。しかし、要介護者となればＡＤＬにも介助が必要な状態像となり、認知症の方も多く、同じように考えられないと思います。

対談冒頭でＡ型について議論した際、堀田さんは、生活援助については決め方の問題だから市区町村がばしっと「助け合い」で担うと決めるのが良いだろうとおっしゃいました**（Ｐ50参照）**。理由としては、生活援助は本来自助でやってきたことだから、プロがやらなくても良いのではないかということです。そうなると、要介護も同様に「助け合い」で担うと決められるのではないかということになりませんか？

堀田　決め方の問題だと言ったのは、Ｂ型の助け合いでやっているのに同じサービスをＡ型でもやっているという競合状態についての話で、まだまだ助け合いではやれていない要介護者の生活援助については、とてもとても決めることはできません。

服部　また、助け合いには様々な形がありますが、例えば継続的に掃除を支援するということを考えると、無償のボランティアでは受け止められないのではないかと思います。

堀田　そうですね。

服部　生活援助の内容として、具体的に掃除、買い物で考えてみます。買い物は現在でも特に都市部で介護保険外サービスの活用が進んでいて、例えば生協さんとかネットスーパーなどで買った物を届けてくれるサービスがあり、あるいは、自治会館などのそばに移動販売に来てもらう、または、隣近所で助け合って買い物に行くとか、いろいろな形態があります。財政審で訪問介護が市場の発展を阻害しているという趣旨の指摘があるのは、ヘルパーが１割負担で行っている買い物支援がそれらと競合しているのではないかという理屈だと思います。

　しかし、掃除については、継続的に支援する助け合いはほとんどなく、また、市場のサービスは価格が高く、競合するような状況にはありません。そう考えると、仮に要介護者の継続的な掃除の支援を新しい総合事業で新たにつくると考えたら、大まかに考えればA型で資格を持たないほうを活用するか、有償ボランティアで対応するかということになると思うのです。

堀田　買い物については、市場のサービスがヘルパーさんのサービスより便利なら利用者はそちらを選ぶので、阻害の問題ではなく市場サービスの充実の問題だし、買い物の代金は本人負担でしょう。

　掃除については、助け合いの一つのやり方である有償ボランティアでやるべきで、要介護者の生活支援にA型を入れるのは反対です。A型は安い報酬による雇用で、労働報酬の格差をさらに広げるからです。

　有償ボランティアについては、それは一方的なサービスで、助け合いではないのではないかと言う人もいるので、要介護度の重い人を頭に置いて言いますと、助けるとは、体を動かしてやることに限らず、「ありがとう」と言ってお礼を言うことも、喜んで微笑むこともお返しになり、助け合いになります。寝たままでものを教えたり、話し相手になることもできます。有償ボランティアの場合、謝礼のほかに、相手の「ありがとう」や相手が誰かのために頑張る姿が大きなお礼となります。だから、我々が言っている助け合いというのは、要介護度が重くなってもできます。そして、精神的な自立感、いきがいを感じられます。

重度者について、身体介護は一般に助け合いではできませんが、重度者についても生活支援は必要で、それは要支援者や軽度者の場合と同じようにできますし、むしろ重度者の方が、助けてもらう喜びを大きく感じるのが一般だと思います。

ただ、現状はどうかというと、要介護者全部を助け合いでするのは無理だと思います。段階的に介護度が低いほうから広げていくほうが実践的だと思います。しかし、すでに助け合いをしている人たちは要介護5の人たちも支えたいという気持ちは強いし、現に重度の方々も助け合いで支えているグループもいます。ですから、助け合い活動を広めるための基盤として、市区町村が支持できるように、有償ボランティアの仕組みをしっかりつくっていかないといけないと思います。

【有償ボランティア】

有償ボランティアとは、ボランティアによる活動に対し、謝礼金が交付される仕組みをいう。

家事援助、外出支援（移動サービス）、配食サービスなど、特定の人に継続的に行われるボランティアの援助活動に対しては、援助を受ける側の人が全くの無償では気が引けて受けにくいことがあり、活動の継続のために、謝礼金を受ける仕組みが自然発生的に形成された。

謝礼金の額は一般に標準化されており、労働の報酬（対価、対償）と誤解されないように、最低賃金以下に定めている団体が少なくない。

2025年に、どういう形だったら良い世の中かを想像することが大事（服部）

服部　介護人材の確保は、今後、さらに難しくなってくると思います。また、保険料が5500円を超えて、できるだけ上昇を抑制するとすれば、身体介護と生活援助を分け、生活援助は新しい総合事業で実施するという選択肢もあり得ます。ただ、それを助け合いで受け止めることができるかというと難しい。

堀田　その通りで、一挙にやれる解決策はないですよね。要支援でもなかなか広がらないのに、要介護でもっと広がるというのはあり得ない。

服部　軽度者についての議論はともかく、助け合いは広めていきたい。実際、助け合い活動をされているＮＰＯの方に伺うと、「別に要支援、要介護で区別はしませんよ」とおっしゃいます。当然そうで、「助けたい人を助けている」ということだと思います。誰かから指示を受けてではなく、私がそうしたいからそうしている。そういった方々の活動を支援していくためには、要支援と要介護は分けたくないという思いはあります。

そこで私は、新しい総合事業は要介護者も対象とすべきだと思っています。ただし、要介護者については給付も利用可能とする。給付と助け合い、新しい総合事業のB型の両方が利用可能となり、利用者とケアマネジャーが適切なサービスを選択する制度になります。

堀田　生活支援は要支援者、軽度者、重度者で基本的に変わらない。掃除、洗濯、買い物は同じで、調理も基本は同じ。そしてこれらを助け合いでやったほうがやるほうもやってもらうほうも楽しい。となれば、当然やるべきで、助け合いを要介護５まで導入するのが良い。ただ、要介護者については、生活支援の中で身体に触れざるを得ない状況も生じるでしょうし、何より助け合いは一挙には広がらないから、従来の給付を存続させておく必要があるでしょう。そして、利用者がどれにするか選ぶ。我々としては、利用者が助け合いを選ぶよう、その楽しさを強調していきたい。楽しくやりましょうよと呼びかけます。

現に我々の助け合いをやっている仲間たちで、要介護４とか５の方のお世話をしている人たちの話を聞くと、利用者が選択して、助け合いのほうに来ているのですね。助け合いのほうがお金は高くつくのですが、でも助け合いのほうが楽しいからと選択する。しかし、そこまで助け合いを広げて一般化するには、時間がかかると思います。

服部　要介護まで対象となれば、居場所は良い形になると思います。要支援者だけの居場所は不自然で、少なくとも要介護1になっても同じ居場所に通えるとなれば、B型の広げにくさがかなり解消されると思います。訪問型サービスDも同様です。

堀田　そうですね。居場所で要介護4とか5の方も利用されている所では、結果的に、利用者は元気になり、「ハッピーだ」と言ってくれていますから、やれることはやれます。

そこまでの腹を決めたら、月に1回とかいう今の居場所のつくり方は駄目です。もうやるなら、常設型で毎日開き、困り事を助け合えるような居場所にしましょうという働きかけを我々はしなければいけないです。

服部　今、すでにB型が動き始めている市区町村は、要支援者も要介護者も同じ居場所にいたり、助け合いで支えていくイメージもあると思いますが、大半の市区町村では非現実的なことと思うのではないでしょうか。2025年に、どういう形だったら良い世の中かを想像することが大事だと思います。どのように助け合いを広げていくかを真剣に考え、取り組んでいかなければ、結局、A型だけしかない、助け合いのない地域になってしまうかもしれません。

堀田　それは最悪だと思います。さわやかインストラクターたちに「軽度者も助け合いでやれるか」と聞いたところ、みんなやる気でした。「要介護1と2について」と言ったら、1人のさわやかインストラクターが「介護度で分けることはできないでしょう」と言って、他のみんなも反対しませんでした。それが現場の感覚なのだと思います。

資　料

市町村の覚悟

公益財団法人さわやか福祉財団　理事長・弁護士　堀田　力

2年後から、要支援者に対する生活支援が市町村に移される。ほかにも国は福祉分野のいくつかの魅力的な事業を、任意事業として提示している。

市町村は、どう対応するのか。

第1に問われるのは、市町村が「わが町を、住民が最後まで安心して暮らせる町にする」覚悟を持っているかである。その覚悟があれば、市町村は、住民が住み慣れたところで最後まで暮らせるよう、定期巡回随時対応型サービスや地域密着型のサービスを取り入れるであろう。あわせて、生活や心を支える活動を、大きな視野に立って組み立てようと努めるであろう。逆にその覚悟のない市町村は、無気力な町として魅力を失うであろう。

第2に問われるのは、市町村が住民に参加を呼びかける覚悟があるかである。乏しい財源の中で住民が満足するサービスを実現するには、住民に参加してもらうほかない。住民に参加してもらうには、市町村は、自らできる限りの努力をしていること、しかし財源（住民の負担）に限度があり、満足するサービス実現には住民参加以外に方法がないことを説明しなければならない。あわせて、住民が参加しやすい仕組み、たとえば地縁団体やNPOの基礎整備、団体立ち上げ支援、自発性、自律性を損なわない限度での活動支援（必要な情報提供やネットワーク支援など）を実施していく必要がある。さらに、住民参加の得られない地域で生活支援等の事業を行う際、その事業を優遇しすぎて、NPOの行う有償ボランティアなどの活動を圧迫しない配慮が求められる。

第3に問われるのは、行政のタテ割りの壁を破る覚悟があるかである。住民参加は、財政（住民）負担軽減をもたらすことに重点があるのではなく、参加する住民にも対象となる住民にも、より大きな満足をもたらすことに重点がある。だからその形は助け合い（互助）になるし、参加者も対象者も、高齢者から子ども、障がい者、生活困窮者、健常者まで幅広いものとなる。それは自然な人の本性に由来する。しかし、国の事業も市町村の組織もタテ割りである。市町村長が各種事業や組織を束ねて総合的、包摂的な事業にするには、強力な指導力が要る。市町村長にはやりがいに充《み》ちた課題である。

出典・「厚生福祉」時事通信社／第６０４２号（２０１３年（平成25年）12月27日）

決め手はワークショップ

公益財団法人さわやか福祉財団　会長・弁護士　堀田　力

「できるのに地域に貢献しないのは恥」。そういう文化を確立するほかないと考えている。これまでボランティア活動を広めるのに力を合わせてきた仲間たちが鼻白む顔が目に浮かぶ。しかし、これだけ生活に困る人々（厳しい競争社会の中、自助努力では生きていけない人々）が増え、公助のための財政を国民が支えられなくなっている実態を考えると、あとは共助（互助）の力で助け合ってやっていくほかない。

そうなると、これまでのような、やることが快感だからボランティアをやろうというボランティア自己充実説では間に合わない。あなたのボランティアがなければ社会は成り立たないというボランティア社会的任務説に立たざるをえない社会になっている。多くの先進諸国も同じである。

とはいえ、ボランティア、助け合いを広めるためには、当事者の自発性は不可欠の要素である。

では、当事者の自発性と社会的任務とをどう両立させるか。

その答えは共感の拡大であり、その有力な方法が住民相互のワークショップであろう。

これまで講演会、セミナーなどでボランティア、助け合いの薦めを数限りなくやってきたが、一般住民向けの会では、その気のある人しか来てくれないし、その気になってくれても2、3週の内にいい受け皿に出会わないと、高まった参加意欲が薄れてしまう。受け皿を紹介するセミナーもあるが、人数が限られる上、お金も結構かかる。

行政が行う担い手アンケートという方法もあるが、個別面接でていねいに気持ちを引き出さないと、おざなりの答えになる。

その点、地域住民相互のワークショップでは、目の前で困っている人々のSOSが具体的に出るので、アンケートでは「オレはもう年だからやれない」と答えていた人が、「そのことならオレでも少しは役に立てるよ」となる。共感の拡大である。そして、それはすぐ実行に移すことができる。

今年から実施されている新地域支援事業は、住民相互のワークショップを全地域で実行するチャンスである。そこに参加した人々による助け合いが地域の心を呼び起こし、参加しないのを恥とする文化が静かに広がることを期待している。

出典・「厚生福祉」時事通信社／第６２０１号
（２０１５年（平成27年）11月24日）

新事業要点確認

（生活支援体制整備事業の要点を簡潔に理解してもらうため、フォーラム等で配布している資料）

公益財団法人さわやか福祉財団　会長　　堀田　力

1．生活支援コーディネーター（SC）の任務

ＳＣの任務は、支え合い・助け合いを広めること（創出、拡大とネットワーク化）にある。

――新地域支援事業は、すべての要支援者（チェックリスト該当者を含む）の生活支援に対応するものであるから、新事業の内容の解説はA型から始まるが、A型は助け合いではない。したがって、A型事業（C型も同じ）は、ＳＣの対象ではない。

2．SCの役割

コーディネーターとは、辞書では「調整役」とされている。しかし、**SCの役割は、創り出す機能が主**であって、調整は助け合い活動全体を拡大、適正化するために行う従たる役割に過ぎない。ガイドラインがＳＣの後にカッコで書いている「地域支え合い推進員」というのが、実体をよりよく表わす言葉である。言葉にまどわされないことが肝要。

3．協議体構成員の役割

協議体構成員に期待される役割は、協議に参加することだけではなく、**SCを補佐してそれぞれの分野で助け合い活動を創出し、拡大すること**である。後者の役割を自ら果たすことが強く求められるのであって、このことの重要性を忘れてはならない。

説明が「協議体は協議する機関である」ことで終わってしまいがちなので留意を要する。

4．SC及び協議体の学ぶべきこと

SC及び協議体の任務でもっとも難しく努力を必要とするのは、ほとんどの地域の場合、**地縁関係での助け合いを広め、深めること**である。その作業はなかな

かの力作業であって、NPO活動と違い、ノウハウも乏しい。しかしその学習、実践なくしてその任務が果たせることはあり得ないことを確認しておきたい。

5．社協及び地域包括支援センターの役割

社協の関係者がSCに選ばれる実務が広がっているが、SCは、地域の信頼を得る人物を実質的に選ぶべきである（社協関係者が実質を備えるときは適切であるが、肩書で選ぶべきではない）。

大切なことは、**社協及び包括が、連携をして事務局の役割を果たすこと**である。もっともよく情報を有するのが社協及び包括だからである。

事務局機能の重要性についての認識が薄いように感じる。

6．行政の役割

役割は各種後方支援であるが、忘れられがちなのが、**SCの行政に対する提言をしっかり実現すること**である。

SCの行政に対する提言は、住民サイドに発するものだから、行政には厳しいものになりがちだと思われる。

その際第1層SCは、首長と対等の立場で、提言した事項に対する協力を求めることになろう。SCの行政における位置付けは、実務では低きに失する傾向になっている。

7．第3層SCの理解

中央研修では、明らかに第3層の業務に属するような事項が講義の一角を占めている。それ自体は、高齢者支援の現場実務の理解も必要と思われるので不当ではないにせよ、このことにより、第1層、第2層のSCの任務と第3層のSCのそれとが混同される弊害が生じている。

第1層、第2層のSCは、助け合い活動を直接支援・調整するものではないことを確認しておきたい。

緊急提言　ボランティア認知法の提言

さわやか福祉財団　理事長・弁護士　堀田　力

「さぁ、言おう」平成16年11・12月号より転載

1．提言の趣旨

(1)　ボランティアは、営利事業が提供できないサービスを提供している。福祉や芸術、教育など受益者が特定できる分野においても同じである。営利事業が提供できないサービスには、精神的要素が強いため営利事業になじまないサービスだけでなく、性質上は提供できるものの、受益者側に経済的あるいは社会的理由があってこれを受けることができない場合における、そのような人々に対するそのサービスを含んでいる。

このようなボランティア活動の社会的意義の大きさについては、いうまでもない。

(2)　ところで、ボランティアによるサービスとはいえ、受益者が特定できる場合には、その受益者に可能な範囲で、サービス費用の一部を負担してもらうことが望ましい。もとよりまったく負担できない人もいるから、負担を強いることはできないし、また、負担するとしても営利事業のサービスは受けられない人々であるから、負担に限度はあるものの、なにがしかの負担をすることで受益者に自立心を持たせ、特に継続的なサービスについては受益者を提供者と対等の立場に立たせる心理的効果は大きい。

また、ボランティア、特にボランティア活動を組織し、または支援しているボランティア団体にとって、受益者による負担は、厳しい財政運営上無視できない効用がある。

(3)　このようにサービスの受益者がボランティアあるいはボランティア活動を組織し、または支援している団体に支払う負担金には、実費の一部または全部

を負担する趣旨のものと、サービス提供に対する謝礼の趣旨（労働ないしはサービスに対する報酬の趣旨でなく）のもの（スタイペンド）とがある。いずれも、労働ないしはサービスの市場価額より低い金員が交付される。このような社会慣習は、芸術や教育の分野では世界的に定着しているが、日本の福祉の分野でも20年ほど前から広がりはじめ、今では数千の団体が謝礼金（スタイペンド）の制度を採用している。ちなみに、アメリカでは、スタイペンドはボランティア振興法（１９９０年）の中核をなす制度となっている。

(4)　ところが、日本の法律は、ボランティアをまったく認知していないために、このような実費負担金及び謝礼金について、すべてこれを労働の対償（労働基準法11条）あるいはサービスの対価（報酬）として扱う構成になっている。事実認定として対価関係にないとされるものは、きわめて特殊か、限定的である。

(5)　そのため、労働の対償を得ていないボランティア活動が労働基準法をはじめとする労働関係法令違反で調査の対象とされたり、費用の実費負担はあるもののサービス自体は無償のボランティア活動として提供しているのに、無許可有償運送業（白タク営業）として取り締まられるなど、各種職業規制法の対象とされたり、あるいは法人税法上収益事業と認定されたりしている。これらの所為がボランティア活動の発展を阻害することは、いうまでもない。

よって、本法案はボランティアと労働との区別を各種法令上明確にし、ボランティア活動の活性化を図ろうとするものである。

2. 法案名

ボランティアの法的地位を定める法律

（略称　ボランティア認知法）

3. 法案の骨子及び説明

（適用範囲）

第一条　労働関係を規制する法令における労働その他の用語、職業を規制する法令における事業その他の用語、及び税について規定する法令における収益事業その他の用語であって、有償性もしくは無償性、報酬性（対価性、対償性その他、提供される財の市場価値を、これとの交換において支払う性質をあらわすすべての用語を含む）、または、収益性の有無を要素とするものの解釈は、この法律による。

（解説）

要するに、ボランティアか労働か、規制対象となる事業かどうか、課税対象となる収益事業かどうかなど、ボランティアとの区別が問題となるような法令用語の解釈は、全部この法律に従ってしなければならないということである。

（ボランティア）

第二条　ボランティアとは、雇用契約によらず、他者のために、自発的に、無償でサービスを提供する者をいい、ボランティア活動とは、ボランティアによるサービスの提供をいう。

2　ボランティア活動は、労働と区別される。

3　サービスの受益者またはボランティア活動を組織しもしくは支援する者が、サービスに対して金品を提供した場合において、サービスに対する報酬としてではなく、その実費の負担またはこれに対する謝礼として提供したときは、そのサービスは無償で提供されたものとみなす。

4　サービスに対して提供された金品の価格が当該サービスの市場価格の五分の四以下であるときは、当該金品は謝礼として提供されたものと推定する。その価格が最低賃金額以下であるときは、謝礼として提供されたものとみなす。ただし、サービスを提供する者が、ボランティア活動としてではなく、労働としてこれを提供したときは、この限りではない。

（解説）

① ボランティアの定義とその効果を定める規定である。ボランティアと認められるということは、労働者と違うと認められることで（2項）、ということはその活動には労働基準法をはじめとする労働法規も適用されないし、使用者と労働者による組織を前提とする職業規制法も適用されないし、同様の組織を前提として課税する税関係法令も適用されないということである。要するに、ボランティアは戦後の経済至上主義時代の各種の法規制の体系から脱却し、活動の自由を確保するということである。

② 1項で、ボランティア活動を、伝統にのっとり、無償で自発的で自由な活動と定義したが、本条のみそは3項と4項にある。

3項では、実費の負担金や謝礼金（スタイペンド）が支払われても、労力の提供自体は無償で、だから労働ではなくボランティアだと定義した。

そして4項で、市価の五分の四以下なら謝礼と推定するとした。平成7年、労働省は、さわやか福祉財団との話し合いで、ふれあいボランティアにつき、家政婦等のサービス価格の五分の四を目途に、それ以下ならボランティアだと認めた。ここにその基準を取り入れた。ただし推定だから、反証を挙げればこの推定はくつがえされる。

また、さわやか福祉財団及び市民福祉団体全国協議会がかねてより指導している基準及びアメリカのボランティア振興法の基準を採用し、最低賃金以下なら謝礼とみなすこととした。反証を許さないということである。

ただし、自分はボランティアとして活動しているのでなく、あくまで労働者として働いているのだという意識の人は、最低賃金以下しか貰っていなくても、ボランティアでなく、労働者ということになる。この場合には、使用者は最低賃金の規制に違反した罪に問われる。使用者が脱法行為をするのを防ぐための規定である。

（ボランティア事業）

第三条　ボランティア活動を組織的に提供し、またはこれを支援する事業は、法人税法に定める収益事業に当たらないものとみなし、また、労働関係を規制する法令及び職業を規制する法令の適用上、事業に当たらないものとみなす。ただし、剰余金を事業の資金とせず、役員に対する過剰な給与の支払いその他の方法により、または事実上役員その他の関係者に分与したときは、この限りでない。

（解説）

本条は、それがＮＰＯであると公益法人であるとを問わず、ボランティア活動を組織し、または支援する団体に対する法人税の免除及び各種事業規制の免除を定めたものである。

ただし、ボランティア支援を装うなどして私的利益を得ようとする悪質な事業者には、免除措置が働かないことを明記した。

事例執筆担当者一覧

清水　肇子（理事長）

p.38　「大都市部」大都市部で展開できる居場所や助け合いの特徴

p.145　「羽生市」研究会から勉強会、視察にワークショップと地道に重ねて、地域の声を反映した協議体づくり

p.165　「NPO 法人きらりよしじまネットワーク・平塚市町内福祉村」ワークショップで住民主体の地域づくりを実践

丹　直秀（理事）

p.110　「大船渡市」大震災からの復興体験が活かされた

p.142　「多摩市」大づかみでバランスの良い協議体を結成

鶴山　芳子（理事）

p.48　「天童市」B 型はこれまでの助け合いのやり方を変えずに実施できる

p.64　「新潟市」居場所（通いの場）の設置と合わせ、居場所で生まれる絆を活かして、有償ボランティアも行うのが住民のニーズに応えるやり方

p.85　「佐々町」住民主体の活動は住民の元気を引き出し、認定率も下がった

p.184　「佐々町」行政と生活支援コーディネーターのあるべき関係

p.100　「奄美市」「大づかみ方式」で理想的な第 1 層生活支援コーディネーターを選び、行政との良好な関係を築いた選出プロセス

p.146　「阿賀野市」関係課で課題を共有し、第 2 層ごとに勉強会

p.172　「秋田県」県内生活支援コーディネーター・協議体構成員等の情報交換会

土屋　幸己（戦略アドバイザー）

p.139　「山梨市」フォーラムから勉強会へ

長瀬　純治

p.107「平塚市」既存の仕組みを協議体設立などに活かす
p.167「郡山市」フォーラムで担い手を発掘

翁川　由希

p.90　「函館市」助け合いの基盤づくりは時間がかかる
p.108「泉南市」資源開発もしてきた地域ケア会議を協議体に

森　孝則

p.140「多度津町」住民主体のワークショップで適切な生活支援コーディネーターと協議体の選出を目指す

髙橋　望

p.66　「竹田市」居場所と有償ボランティアの全面展開
p.168「竹田市」前提になったニーズ調査
p.141「福津市」「大づかみ方式」で多様な主体とのワークショップを継続実施

岡野　貴代

p.144「所沢市」生活支援コーディネーターと協議体の果たすべき役割～地域資源の把握から始めた活動

---

p.69　「高根沢町」誰でも来られる居場所をB型に……さわやかインストラクター菅野忠雄さんへのインタビュー記事
p.185「池田町」行政と事業受託者社協との連携……「さぁ、言おう」平成27年10月号より抜粋した、27年8月7日（金）池田町保健福祉課高齢者支援係係長鈴木聞さんの「生活支援コーディネーターと協議体に係る研修会in十勝」でのご発言

おわりに

堀田　力

「おわりに」で言おうとすることは、「さぁ、始めよう」です。この魅力ある事業は、これから始まるのです。

★ この事業に取り組む方々、特に第1層の生活支援コーディネーター（SC）になられた方は、まず、**行政の担当者と緊密な関係を築きましょう。**対談でも紹介した理想的なSCである奄美市の田丸友三郎さんについて、前向きな行政の担当者島名博美さんは、「次はあの働きかけをしなきゃと考えていると、必ず田丸さんがひょこっと現れるの」と言っていました。田丸さんも、次の仕掛けをいつも考えているからです。

しかし、担当官の中には、上から目線だったり指示待ちだったり逃げ専門だったり、話に応じてくれない人もいます。その時は、同じ県内で事業を進めている市町村を持ち出して、「○○はここまで進めているのに、ここは大丈夫ですかね」とやわらかく焦りを誘いましょう。そして、小さな勉強会（打ち合わせ会）を開き、進んだ事例を研究しながら「わがまちの進め方」について戦略を立てましょう。作戦会議の楽しさを知れば、乗ってきます。それでも逃げる人には言いましょう。「うまくいかなかった時の責任は、私にあります。でも始めない責任はあなたが問われることになるでしょう」。

★ 担当官と良い関係になっても、事は簡単には進みません。新しい道を拓くのだから、いろんな壁にぶつかります。意見も対立します。でも大抵の問題は解決できる魔法の言葉があります。「じゃ、どうするか、**住民に聞こう**」。

★ 助け合うのは住民ですから、この事業の主体は住民です。その住民の気持ちを引き出し、確認するのに最良の方法は、対談でも強調している通り、**住民集会（ワークショップ）**です。2層のSCや協議体ができれば、それが中心になって、小学校単位くらいの地域のワークショップをやり、そこで細かくニーズを拾い、いろいろな助け合い活動の担い手を掘り起こして組織をつくっていくのが王道です。そこに行くまでの第1層のSCの最初の取りかかりとしては、行政の担当者などと相談して全市区町村単位でフォーラムを呼びかけ、やる気の市民活動家（自治会長や民生児童委員、NPOや社協の活動家）に参加してもらって、そこでワークショップをやるのが効果的です。そのフォーラムの計画や実施を第1層の協議体構成員が行うことにより、地域の学習、人的ネットの形成、SCと協議体の一体感の醸成などの効果が生まれます。そして、ワークショプにより、目指す地域像の骨格が大雑把ながら浮かび上がってきますし、各分野のリーダーも見えてきます。関係者によってはワークショップになじみがない人もいますが、その人たちもワークショップの大きな効果を知ることになります。

もし行政に予算がないならば、どうぞさわやか福祉財団にご連絡下さい。少なくとも平成29年度中は、ノウハウと共に資金面でもご支援させていただきます。

★ SCは、**協議体構成員**の力を借りなければ多様な助け合い活動を仕掛けることはできません。SCは、目指す地域像から浮かび上がってきた足りない助け合いを創り出すために、必要とする人を協議体構成員に加えていく努力を続けなければなりません。その視点からも、行政の担当者と話し合いましょう。

また、第1層のSCは、第2層のSCや協議体がそれぞれの地域で助け合いを創り出していくのにふさわしいものになるよう、目配りが必要です。第2層のSC等と頻繁に語り合い、情報を共有して第2層の体制整備に努めましょう。

第2層の動きにばらつきが出ますが、動くところから動かしていき、折々に第2層SC全員参加の情報交換会を開いて、進んだところの動きを広めていくようにしましょう。

また第2層では特に地域のしがらみが表に出て、人間関係が原因で動きが止まったりしますから、人脈の力を駆使して流れを良くするよう協力する必要が生じる場合もあります。平素から気軽に動き回ることです。

★　対談第4章で整理した通り、SCの役割には①適正な体制の構築（協議体構成員に必要な人材を揃えるなど）②ニーズと担い手の掘り起こし（住民ワークショップなど）③助け合いの創出という**三つの側面**がありますが、これを段階的に進めるのではなく、**同時並行的に**やれることからやっていくのが良いと思います。本来の任務は③ですが、③を進めるためにも、①と②の作業の必要性を常時点検していて、その都度必要なことを実行することが求められます。

★　どんな助け合い活動を創出するかは、住民集会で出たニーズ（目指す地域像）によるわけですが、これまで全国各地で住民フォーラムをやってきた経験から言えば、どんな地域でもまず例外なしに出るのが地縁の助け合いと居場所です。この二つは地域の絆（共感）という基礎的な活動ですから、当然といえば当然です。しかし、創り出したいニーズをにらんでいると、基礎的な活動だけでは満たせず、有償ボランティアというテーマ的、継続的な活動も併せて必要であることを気づかれる住民の方々も多く、「ここは典型的な田舎町だから、ボランティア活動とかNPOとかそんなものはありません」と行政の担当者が言うような町や村でも、ワークショップで住民の方々から、「それはちょっとお礼を出すやり方が良いだろう」などという声が出ます。

地縁の助け合い活動を創るのは、人々の暮らしのスタイル（どこまでご近所と関わるか）に関わるだけに、言うは易く行うは難しという面があります。しかし、住民のニーズは強く、やる気の人もいます。全国にいろいろなタイプの成功例がありますので（さわやか福祉財団のホームページにアップしている「助け合い活動創出ブック」をご覧下さい（**本文中P176参照**））。それらのやり方も学びながら、ワークショップで手が挙がったやる気の方々と、徹底的に話し合って欲しいと思います。

これに対し**居場所**（**通いの場**）の方は、いろいろなタイプはあるものの、先例も多く、行政の後方支援のやり方も詰めながら、成功例を学んでいただければ、比較的取り組みやすいと思います。「シリーズ　住民主体の生活支援サービスマニュアル　第3巻『居場所・サロンづくり』」（**本文中P63参照**）を参考にして下さい。居場所と組み合わせて有償ボランティアも始めた竹田市の暮らしのサポートセンターなどもあるので、全国のいろいろな事例も参考にして下さい（前出の「助け合い活動創出ブック」などに紹介されています）。

★　助け合いを創り出す作業はつらいこともありますが、トータルで言えばとても楽しく、元気がもらえる作業です。やりがいがあります。新地域支援事業の生みの親である元厚生労働審議官の原勝則さんが、本書の帯で、「地域づくりであれば、関係者みんなで楽しく続けられる」と言われている通りです。**笑顔で、明るく、前向きに**やっていきましょう。あなた自身の良い人生を築くためにも。

★　本書は、服部真治さんという類まれな頭と心とキャラクターを持つ方と、同じ夢を持てたから生まれました。厳しい日本の生活環境の下、みんなが力を合わせてもっと大きな幸せと安心を創り出したいという大それた夢です。**どうかあなたもこの夢に加わって下さい**。あなたの力が必要なのです。

★　この本のベースにある情報を、その活動で生み出したさわやか福祉財団及びさわやかインストラクターの皆さま、この本の編集に能力と努力を注いでくれた財団職員の上田恵子さん、快く出版作業を進めてくれた中央法規出版第1編集部の野池隆幸さんと照井言彦さんに心から敬意と感謝を捧げます。

編著者２人のお薦め本

これから生活支援コーディネーターや協議体構成員としてご活動される方々などに向けて、助け合いの手法や介護保険制度の仕組みなどを学ぶことができるお薦め本をご紹介します。

まちづくりや助け合い活動を進めるために

堀田　力

●山崎亮『コミュニティデザインの時代』中公新書、2012年発行

ハードでなくソフトに着目し、日本各地でコミュニティを再生させてきたまちづくりの達人が肩肘はらずにノウハウを開示しており、ワークショップなど、住民のニーズを引き出し、その動きにつなげる手法が学べます。

●佐藤良子『命を守る東京都立川市の自治会』廣済堂新書、2012年発行

立川市の大山団地（1600戸）の自治会長として、子育て支援から高齢者支援、そのいきがいづくり、そして居住者のための自治会葬まで多様な活動をつくり出したプロセスが書かれています。大山眞人『団地が死んでいく』（平凡社新書、2008年発行）にある団地再生の方法と併せて読めば、より多角的に学べます。

助け合い活動に関連する知識を広めるために

服部　真治

●近藤克則『「健康格差社会」を生き抜く』朝日新書、2010年発行

対談中「助け合いの効果は何か」でご紹介しました千葉大学の近藤先生の著書です。「健康の社会的決定要因」などを明らかにしてきた「社会疫学」において、「心」や「人と人とのつながり」が健康に与える影響についてわかってきたことなどが紹介されています。対談で触れました「因果関係」の問題についても、わかりやすく解説されています。

●イチロー・カワチ『命の格差は止められるか～ハーバード日本人教授の、世界が注目する授業』小学館新書、2013 年発行

近藤先生の著書と同様、「健康の格差」「命の格差」に関する本で、著書のイチロー・カワチ先生がハーバード大学公衆衛生大学院で教えている「社会と健康」の講義を日本人向けに直したものです。対談中、私はソーシャルキャピタルという概念について触れていますが、それと「健康」との関係について、ご関心のある方はぜひ読んでいただきたいと思います。

●古川雅一『わかっちゃいるけど、痩せられない～メタボの行動経済学』NHK 出版生活人新書、2008 年発行

太るとわかっていても食べ過ぎてしまう。人間はついつい非合理的な行動をとってしまうものです。行動経済学はそんな人間の行動パターンを明らかにすることで人々を幸せにすることを目的に、心理学の研究成果を経済学に統合した学問です。この本はメタボがテーマですが、この本で整理されている人間の行動パターンを学ぶことで介護予防などにも応用できると思います。

介護保険制度や社会保障を学ぶために

堀田　力

●介護保険制度史研究会　大森彌・山崎史郎・香取照幸・稲川武宣・菅原弘子編著『介護保険制度史～基本構想から法施行まで』社会保険研究所、2016 年発行

高齢者が増えていくのに対策が立っていない。そういうゼロの状態から、実に多様な人々や団体が少しずつ議論を積み上げていき、ついに介護保険制度を創り上げました。その過程を、作業の中核にあった著者たちが、公正に解きほぐして端的に解説した本です。市民の参加や政治の複雑なプロセスも含めて、介護保険制度がなぜ今の形になったのか、その論点と意味がしっかりとわかる最高の解説書であると同時に、政治家の動きがビデオで見るようにわかる面白い読み物でもあります。

●池田省三『介護保険論～福祉の解体と再生』中央法規出版、2011 年発行

市民の立場から介護保険制度の意義を根本的に考えることができる名著です。奥深く、しかもデータに裏付けられた議論がわかりやすく述べられており、この本を読めば、介護保険制度の全体構造がしっくりと自分のものとして身に落ちてきます。

服部　真治

●堤修三『介護保険の意味論～制度の本質から介護保険のこれからを考える』中央法規出版、2010年発行

厚生労働省大臣官房審議官（介護保険制度実施推進本部事務局長）、そして老健局長として介護保険制度の創設、実施にたずさわり、「介護保険の産婆役」として知られる堤修三先生（元大阪大学教授）の本です。一般の方向けに介護保険制度の本質、そもそもの「意味」からわかりやすく解説されており、これから介護保険制度を勉強しようという方にお薦めです。本の後半で、先生は平成22年当時の段階で市民が理解できないほど制度が複雑化していることを問題視されていますが、平成26年改正ではさらに複雑にせざるを得ない状況になりました。制度の主人公が国民であることは間違いありません。今後の制度のあるべき姿について私たちも関心を高め、提言していくことも必要でしょう。

●大熊由紀子『物語介護保険（上）（下）～いのちの尊厳のための70のドラマ』岩波書店、2010年発行

介護保険制度がどのように生まれたのか、その過程が、元朝日新聞論説委員である大熊由紀子先生ならではの綿密な取材に基づき、厚生労働省の官僚や市町村の首長や職員、政治家、介護者、団体、学者、メディア等、様々な関係者にスポットを当てた70話の物語としてまとめられています。制度は、それに関わる方々の思惑や力関係などによって、調整を重ねて作られるものです。「なぜ、そういう制度になったのか」について考える際には、そういった調整による影響もあることを知っておくことは大切です。

●西村周三・井野節子『社会保障を日本一わかりやすく考える』PHP研究所、2009年発行

本のタイトルそのまま、社会保障や社会保険とは何か、医療保険制度を中心に、その仕組みや考え方が簡潔にわかりやすく説明されており、まずは根本から学ぼうという方にお薦めです。社会保障の根本理念は国民の不安を解消することですが、その財源を巡り、むしろ国民の不安が高まっているように思います。保険か税か、またそのミックスか、あるいは自己負担はどうするか、社会保障には様々な形があります。その選択は国民自身の問題ですから、この本で基本を学んで1人ひとりが考えてみましょう。

ネットで見ることのできるお薦め情報―堀田

●NPO法人きらりよしじまネットワーク　http://www.e-yoshijima.org

川西町吉島地区（725世帯）出身の元サラリーマン髙橋由和さんら5人が呼びかけ、地区全戸加入のNPO法人を設立。地区のそれぞれが役割を持って30年先も見据え、起業、子育て、高齢者のいきがいなど、多彩な地域再生の活動を展開している状況がわかります。（参考：DR！VE　ツクルゼ、ミライ！行動系ウェブマガジン［DRIVE］　http://drive.media/posts/6948 「世帯加入率100％！まちづくりNPOが創る、山形県川西町での新しい住民自治のカタチ」）

●NPO法人さわやか徳島　http://55web.jp/sawayaka

麻野信子さんが長い年月をかけてつくり出してきた居場所から施設まで、事業もごっちゃ、来る人も子どもからお年寄りまでごっちゃの人間味あふれる楽しい活動。

写真を見るだけで元気になります。

●公益財団法人さわやか福祉財団　http://www.sawayakazaidan.or.jp/

トップページの刊行物のご案内で紹介している「さぁ、言おう」は、さわやか福祉財団の月刊情報誌の内容をそのまま掲載しています。職員が全国に散って市区町村の生活支援コーディネーターや協議体構成員選定作業や助け合いを広めるフォーラム等の開催に協力、実践しており、その進捗ぶりがわかります。

私たちが描く新地域支援事業の姿
地域で助け合いを広める鍵と方策

二〇一六年七月三〇日　発行

編　著　堀田　力・服部　真治
発行者　荘村　明彦
発行所　中央法規出版株式会社
〒110-0016　東京都台東区台東三-二九-一　中央法規ビル
営　業　TEL　〇三-三八三四-五八一七
　　　　FAX　〇三-三八三七-八〇三七
書店窓口　TEL　〇三-三八三四-五八一五
　　　　FAX　〇三-三八三七-八〇三五
編　集　TEL　〇三-三八三四-五八一二
　　　　FAX　〇三-三八三七-八〇三二
http://www.chuohoki.co.jp/

本文デザイン
印刷・製本　株式会社ジャパンマテリアル

定価はカバーに表示してあります。
落丁本・乱丁本はお取り替えいたします。
ISBN978-4-8058-5404-4